MORAL E ÉTICA

L111m   La Taille, Yves de
           Moral e ética : dimensões intelectuais e afetivas / Yves de La Taille. – Porto Alegre : Artmed, 2006.
           150 p. ; 23 cm.

           ISBN 978-85-363-0659-9

           1. Moral – Psicologia. 2. Ética – Psicologia. I. Título.

           CDU 159.9:17

Catalogação na publicação: Júlia Angst Coelho – CRB 10/1712

MORAL E ÉTICA

DIMENSÕES INTELECTUAIS E AFETIVAS

Yves de La Taille
Professor no Instituto de Psicologia da USP.

Reimpressão 2007

2006

© Artmed Editora S.A., 2006

Capa
Gustavo Macri

Preparação do original
Alexandre Muller Ribeiro

Supervisão editorial
Mônica Ballejo Canto

Projeto gráfico e editoração eletrônica
Armazém Digital Editoração Eletrônica – rcmv

Reservados todos os direitos de publicação, em língua portuguesa, à
ARTMED® EDITORA S.A.
Av. Jerônimo de Ornelas, 670 - Santana
90040-340 Porto Alegre RS
Fone (51) 3027-7000 Fax (51) 3027-7070

É proibida a duplicação ou reprodução deste volume, no todo ou em parte, sob quaisquer formas ou por quaisquer meios (eletrônico, mecânico, gravação, fotocópia, distribuição na Web e outros), sem permissão expressa da Editora.

SÃO PAULO
Av. Angélica, 1091 - Higienópolis
01227-100 São Paulo SP
Fone (11) 3665-1100 Fax (11) 3667-1333

SAC 0800 703-3444

IMPRESSO NO BRASIL
PRINTED IN BRAZIL
Impresso sob demanda na Meta Brasil a pedido de Grupo A Educação.

Para Janick e Joël

Sumário

Introdução 9

1. Moral e ética 11
    Razão e afetividade 11
    Moral e ética 25
    O plano moral 30
    O plano ético 36
    Relações entre os planos moral e ético 49
    Justiça, generosidade e honra 58
    Conclusões 64

2. Saber fazer moral: a dimensão intelectual 71
    Moral e razão 72
    Moral e conhecimento 73
    Equacionamento moral 80
    Sensibilidade moral 87
    Desenvolvimento do juízo moral 95

3. Querer fazer moral: a dimensão afetiva 107
    Despertar do "senso moral" 108
    Personalidade ética 133
    Conclusões 142

Referências 147
Apêndice 151

Introdução

Minhas leituras, pesquisas e reflexões sobre a chamada psicologia moral – ciência preocupada em desvendar por que processos mentais uma pessoa chega a intimamente legitimar, ou não, regras, princípios e valores morais – levaram-me, ao cabo de praticamente duas décadas de trabalho, à necessidade de apresentar uma síntese dos dados que fui paulatinamente coletando e das idéias que fui pacientemente burilando. Muitos desses dados e idéias foram publicadas aqui e ali, seja em revistas científicas, seja em capítulos de livros, seja ainda em livros. Mas faltava-me escrever um texto no qual o eixo central de meu trabalho estivesse presente. É esse texto que, hoje, submeto ao leitor.

No primeiro capítulo, debruço-me sobre os conceitos de moral e ética, sendo que a primeira refere-se à dimensão dos deveres, e a segunda, sobre a dimensão da "vida boa", da "vida com sentido". Como o sublinharei várias vezes, a distinção que estabeleço entre moral e ética não é a única possível, mas creio firmemente que ela é essencial para a compreensão psicológica das condutas morais. Mais ainda: creio que nos permite articular, sem reduzi-las uma à outra, as dimensões intelectuais e afetivas presentes na moralidade.

No segundo capítulo, abordo a dimensão intelectual da ação moral, ou seja, o aspecto do *saber fazer*, ou, se quiserem, da competência cognitiva. Começo por sublinhar a impossibilidade de dissociação da razão e da moral. Em seguida, sublinho o fato de a moral ser um objeto de conhecimento social, objeto este que pode ser dividido em três grandes classes: as regras, os princípios e os valores. Na seqüência, abordo duas competências intelectuais necessárias ao juízo e à ação moral: o equacionamento e a sensibilidade morais. Fecho o capítulo falando do desenvolvimento do juízo moral, com destaque para as abordagens de Piaget e de Kohlberg.

O terceiro capítulo é dedicado à dimensão afetiva da ação moral, ou seja, à dimensão motivacional que corresponde ao *querer fazer*. Após insistir sobre o fato de que o dever moral corresponde a um certo tipo de volição, trato de duas fases do desenvolvimento afetivo da moralidade. A primeira corresponde ao que chamo de "despertar do senso moral". Nessa fase, destaco os sentimentos de medo, amor, simpatia, confiança, indignação e culpa. A segunda fase do desenvolvimento afetivo é aquela que chamo de "personalidade ética". Nela, é enfatizada a importância do sentimento de vergonha e seu papel na articulação entre moral e ética. Termino o capítulo com considerações a respeito das possibilidades e probabilidades de uma pessoa construir uma personalidade ética, personalidade na qual o sentimento do auto-respeito é a motivação ética necessária ao respeito moral por outrem. Tais considerações levam-nos inevitavelmente à questão educacional. Como essa questão não se confunde com aquelas colocadas pela psicologia, mas pede tratamento especial, reservo-me a perspectiva e a tarefa de elaborar outro livro a esse respeito, que empregará os elementos teóricos aqui apresentados para refletir sobre a moral e a ética pelo prisma das dimensões educacionais.

1
Moral e ética

O objetivo deste capítulo é o de apresentar conceitos que sejam úteis para o empreendimento psicológico de compreensão das ações morais. Para tanto, apresentarei definições diferentes e complementares de duas palavras que têm cada vez mais freqüentado nossas conversas cotidianas: moral e ética. Peço, portanto, ao leitor, que faça o esforço de, momentaneamente, se despir das definições que ele habitualmente atribui aos dois vocábulos, e que aceite me seguir nos meandros de minha argumentação. Mas por que falar em argumentação, se se trata apenas de dar definições? Não seria mais simples tão-somente apresentá-las? Não, porque definir implica fabricar conceitos, e conceitos são criados para responder a perguntas. Acho que foi Edgard Morin que disse que o erro da educação (em todos os níveis) é o de ensinar as respostas que a filosofia e a ciência deram, sem deixar claro para os alunos quais eram as perguntas que as motivaram. Não quero aqui cair em erro parecido e me limitar a dar definições sem minimamente demonstrar em que medida são úteis, até necessárias, para tratar o tema deste livro, a saber: dimensões psicológicas da moralidade.

Para tanto, comecemos por avaliar um problema central das abordagens psicológicas da moral (área chamada de psicologia moral): as relações entre *razão* e *afetividade*. Será justamente para tentar lançar luzes sobre tal relação que diferenciar moral e ética será, penso, profícuo.

RAZÃO E AFETIVIDADE

Seja qual for a formação de quem lê estas linhas, certamente não ficará espantado se eu lhe disser que o fenômeno da moralidade recebeu e recebe diferentes interpretações psicológicas. Haverá algum tópico sobre o qual estarão de acordo psicólogos de diferentes abordagens teóricas? Certamente não, e esta espécie de diáspora conceitual que caracteriza a psicologia, e as chamadas ciências humanas em geral, é bem conhecida de todos. Alguns chegam a dizer que não existe Psicologia, mas sim "psicologias". Tal diversidade é, às vezes, baseada em reflexões epistemológicas conscientes, como é o caso, por exemplo, da psicanálise freudiana e do construtivismo piagetiano. Porém também é, às vezes, decorrência de laxismo intelectual e de modismos, o que faz Iraí Carone (2003) perguntar-se como uma ciência pode acreditar ter tido tantas mudanças de paradigmas em tão pouco tempo.

A psicologia moral não foge à regra: ela é palco da diversidade teórica, e também de modismos, em geral, decorrentes de demandas malformuladas de normatização dos comportamentos alheios, notadamente das crianças. Encontramos diversidade no que tange aos métodos de pesquisa, baseando-se uns em estudos de casos clínicos, outros em entrevistas clínicas desencadeadas por dilemas, outros ainda em observações de comportamento; há os que privilegiam os experimentos de laboratório, outros há que preferem o emprego de questionários. Como era de se esperar, a esta diversidade de método corresponde uma diversidade de abordagens teóricas e de conceitos decorrentes: falarão uns em superego, outros em construção, outros ainda em instinto; ali fala-se em condicionamento, acolá em representações sociais. Assim, o adulto preocupado com educação moral terá na sua frente uma vasta gama de opções pedagógicas, freqüentemente contraditórias entre si: enfatizar relações afetivas entre os filhos e os pais, apelar para a reflexão, confiar na "sabedoria" biológica do ser humano, disciplinar as crianças, dar-lhes um "banho" de cultura, e outras mais.

No seio dessa diversidade teórica – que seria benéfica, se houvesse diálogo entre as várias correntes, o que raramente acontece –, proponho que escolhamos duas linhas de demarcação. A primeira: *ênfase na razão ou na afetividade*; a segunda: *definição de o que é a moral*. Aparentemente estranhas uma à outra, veremos que essas duas fronteiras coincidem na separação dos territórios teóricos. Para mostrá-lo, vou escolher quatro abordagens representativas da psicologia moral: a de Émile Durkheim (1902/1974), a psicanálise de Sigmund Freud (1929/1971) e os construtivismos de Jean Piaget (1932) e de Lawrence Kohlberg (1981). As duas primeiras enfatizam a dimensão afetiva dos comportamentos morais e não definem um conteúdo preciso para a moral, as duas últimas enfatizam a dimensão racional e assimilam a moral a princípios de igualdade, reciprocidade e justiça. Analisemos essa afirmação, começando pelas dimensões afetivas (energética da ação: pulsões e sentimentos)[1] e racionais (operações da inteligência).

Durkheim, preocupado com a viabilidade de uma educação moral laica (começo do século XX)[2] publicou, em 1902, um belo e consistente livro sobre o tema, no qual ele analisa o processo psicológico que leva um indivíduo a pautar suas condutas pela moral. O sociólogo francês identifica tal processo ao sentimento do *sagrado*, fusão de dois outros: o medo decorrente do reconhecimento de uma força imensamente superior e a desejabilidade despertada por um ser portador de qualidades apreciáveis e indispensáveis. Durkheim, coerente com sua abordagem sociológica, pensa que um "ser" capaz de despertar o sentimento do sagrado é o "ser coletivo", isto é, a sociedade. Cada indivíduo nada pode contra ela, que obedece a leis próprias irredutíveis àquelas que regem seus membros: ela é essa força imensamente superior. E cada indivíduo nada seria, nenhuma qualidade ou riqueza possuiria, se não fosse graças à sociedade em que vive: ela é este ser portador de qualidades apreciáveis e indispensáveis. Logo, um trabalho de formação moral consiste em desenvolver, nas crianças e nos jovens, o sentimento do sagrado em relação à sociedade, à pátria, sentimento do qual decorrerá o respeito devido às normas morais. Não vem ao caso apresentar os passos didáticos de tal educação, mas sim de sublinhar o fato de o essencial do trabalho pedagógico proposto por Durkheim ter como alvo a dimensão afetiva, um sentimento. E a racionalidade? Tem ela um papel? Durkheim, longe de ser um "obscurantista" ou um adorador do "culto da emoção", tem grande estima pelas faculdades da razão, todavia não reserva a ela papel preponderante no processo de legitimação da moral. Para ele, o indivíduo deve fazer uso de sua inteligência não para construir uma moral, mas sim para conhecer e compreender aquela imposta pela sociedade, e melhor aplicá-la. Assim como seria absurdo querer legislar no âmbito da natureza, seria também pura fantasia cada um pretender legislar normas morais, pois estas, como as leis da natureza, têm sua fonte em uma esfera supra-individual. Em suma, para Durkheim, ser moral é *obedecer* aos mandamentos de um "ser coletivo" superior que inspira o sentimento do sagrado por ser temido e desejável. Eis o que, em linhas gerais, pode-se dizer da abordagem de Durkheim. Vejamos agora a de Freud.

O grande mérito do pai da psicanálise foi certamente o de ter sublinhado o caráter conflitivo da relação do indivíduo com a moral. Por um lado, o indivíduo quer a ela se submeter, pois sabe que esse é o preço a ser pago para viver em sociedade e se civilizar. Por outro, ele reluta fortemente em fazê-lo, pois tal submissão implica perda de liberdade e, portanto, renúncia a saciação de desejos. É por essa razão que o porvir moral de cada um é incerto. Freud observa que grande número de adultos segue as leis morais apenas por medo das sanções. Ele observa também que, mesmo quando a formação moral for bem-sucedida, nada garante que, em determinados momentos, forças primitivas não possam voltar a dirigir as ações dos homens. O escritor austríaco Stefan Zweig, que o encontrou na Inglaterra durante a Segunda Guerra Mundial, relata que Freud, embora muito triste, não se mostrava surpreso com a explosão de ódio e violência que assolava a Europa: seu esquema teórico admitia "voltas às trevas" e à barbárie, mesmo em povos de longa tradição moral. O Id, espécie de vulcão em constante atividade e fonte inconsciente de desejos, precisa ser vigiado e controlado a todo instante para que não faça destruidoras irrupções no cotidiano dos homens: essa é a tarefa da consciência moral. Mas que outra força psíquica pode desempenhar papel tão difícil? A razão? Na linguagem comum, a noção de consciência remete a ela. Mas não para Freud. Para ele, a consciência moral é expressão dos mandamentos de outra instância psíquica inconsciente, à qual deu o nome de *superego* (ou *ideal do ego*)[3]. Dito de outra forma, lexicalmente paradoxal: a consciência moral tem raízes inconscientes. Suas leis aparecem inteligíveis à razão, mas não todos os motivos de sua legitimação, e nem as fontes energéticas de sua força coercitiva. Em resumo, para Freud, a ação moral explica-se por um jogo de forças afetivas, cuja gênese é, ela mesma, fruto de pulsões e sentimentos experimentados pela criança em relação às figuras maternas e paternas (o Complexo de Édipo). Lembremos que Freud, assim como Durkheim, não despreza o papel emancipador da razão (senão, por que ele mesmo teria refletido e publicado tanto?), todavia suas observações o levaram a limitar – e muito – seu alcance.

Vimos brevemente duas abordagens teóricas que privilegiam o papel da afetividade para explicar os comportamentos morais dos homens. Notemos que ambas inclinam-se a considerar o indivíduo como um ser moralmente heterônomo. Em Durkheim, a heteronomia traduz-se pela obediência a algo irremediavelmente exterior ao sujeito: os mandamentos da sociedade. Cada indivíduo recebe um sistema moral pronto, ao qual deve adaptar-se. Logo, não há desenvolvimento moral propriamente dito, com diversas fases, mas sim a aprendizagem de um modelo: antes do despertar do sentimento do sagrado, a criança é pré-moral; depois, ela é moral. Em Freud, a heteronomia traduz-se por uma ilusão: o indivíduo pode até acreditar que seus comportamentos morais são devidos exclusivamente a sua "vontade boa", mas essa vontade é, na verdade, profundamente determinada por processos que escapam a seu controle, por serem inconscientes. Pode-se praticamente dizer que o sujeito age moralmente "à sua revelia", que ele obedece, portanto, a algo irredutível a suas decisões conscientes. E, como para Durkheim, não se pode dizer que a psicanálise nos apresente um modelo de desenvolvimento moral, pois a história de cada um de nós limitar-se-ia a duas fases: uma pré-moral, antes das peripécias do complexo de Édipo; e outra, moral, depois delas.

As posições teóricas de Piaget e Kohlberg nos apresentam um quadro totalmente diferente. Nelas o papel da razão é privilegiado e a autonomia é possível – o que, aliás, é coerente, uma vez que a noção de autonomia só faz sentido na esfera racional. Comecemos por lembrar as idéias mestras do construtivismo piagetiano.

Nunca é demais lembrar que Piaget dedicou apenas um livro à questão do desenvolvimento moral e que, portanto, para entender suas idéias a respeito da moralidade é preciso situá-las no contexto maior de sua epistemologia genética. Destaco quatro eixos comuns a todas as suas teorizações, sejam elas aplicadas a estruturas da inteligência, ao conhecimento físico, à memória, às imagens mentais, etc., e à moral. Os quatro eixos são:

1. o "sujeito epistêmico";
2. a gênese;

3. a construção;
4. a interação.

A preocupação de Piaget nunca foi a de desvendar os meandros do desenvolvimento psicológico, mas sim de identificar aquilo que seria comum a todos os indivíduos. Daí a dificuldade de empregar os seus conceitos para dar conta das diversas individualidades (os conceitos elaborados por Freud, pelo contrário, permitem dar conta de diversos casos, notadamente psicopatológicos – sua teoria é clínica). O chamado "sujeito epistêmico", ou sujeito do conhecimento, estudado por Piaget, é aquele que, se ele tiver razão, encontra-se em todos nós quando elaboramos conhecimentos sobre o mundo e sobre nós mesmos. Dito de outra forma, o epistemólogo suíço somente se interessou pelas condições psicológicas necessárias à elaboração do conhecimento, mas nunca afirmou que fossem suficientes. Exemplo: sem operações lógicas, o conhecimento científico é impossível, todavia, há mais aspectos que intervêm na construção deste. Piaget limitou-se a estudar o porvir das estruturas lógicas.

Ele formulou a hipótese de que as características psicológicas do adulto são fruto de uma gênese, de um desenvolvimento, e que este passa por diversas fases, sendo cada uma delas superação da anterior. Logo, ele nunca pensou em termos binários do tipo: não há pensamento lógico e depois há, não tem conhecimento físico, e depois há, etc. As estruturas lógicas e o conhecimento físico começam a ser elaborados desde o nascimento e o que faz a diferença entre uma criança e um adulto não é presença ou ausência de certas capacidades, mas sim o nível de sofisticação de cada uma delas.

Tal desenvolvimento é naturalmente fruto de maturação biológica, de variadas experiências de vida e de ensinamentos formais (o que se aprende na escola, por exemplo), mas esses três fatores, diferentes entre si, são harmonizados por um processo psicológico ao qual Piaget dá o nome de equilibração. O processo de equilibração é devido a uma capacidade inerente a todos os indivíduos: a capacidade de auto-regulação, ou seja, de auto-organização. É nesse sentido que a teoria piagetiana é construtivista: as estruturas da inteligência e o conhecimento são fruto de um trabalho individual, de uma labuta psíquica de auto-organização, e não de mera cópia de modelos externos.

O processo de construção dá-se na interação com o meio, e essa interação é mediada pelas ações do sujeito sobre esse meio. Se houver pouca interação, haverá pouca construção, e se a interação deixar pouco espaço às atividades estruturantes do sujeito, haverá pouca construção, ou construção parcial.

Isto posto, podemos compreender como Piaget pensou a moralidade.

Em primeiro lugar, ele se interessou pelo que seria comum a todos os indivíduos. Poderíamos dizer que estudou o sujeito moral (correlato do sujeito epistêmico). E formulou a hipótese de que o sujeito passa, se as interações com o meio forem favoráveis, de uma fase de anomia (pré-moral) a uma fase de autonomia, passando por uma fase de heteronomia. E quando ele diz que adolescentes apresentam características de autonomia moral, não está afirmando que são totalmente autônomos, mas que o fato de serem capazes de legitimar algumas regras morais sem qualquer referência ao prestígio das figuras de autoridade, mostra que, de fato, a autonomia corresponde a um potencial humano universal.

Em segundo lugar, a teoria piagetiana fala em desenvolvimento moral, e não em apenas duas fases, uma pré-moral e outra moral, como o fazem Durkheim e Freud. Piaget identificou dois estágios que merecem o nome de morais (ele fala em duas morais da criança): a heteronomia e a autonomia. A heteronomia moral é, em linhas gerais, a fase que Durkheim considera como a moralidade propriamente dita: respeito incondicional por figuras de autoridade, pelo grupo ou pela sociedade. A autonomia é a superação dessa moral da obediência a algo exterior ao sujeito, superação essa que se traduz tanto pela necessidade de reciprocidade nas relações (respeito mútuo, e não mais unilateral) quanto pela necessidade subjetiva de passar, para legitimá-los, os princípios e normas morais pelo crivo da inteligência. Vemos aqui o papel incontornável da razão na fase autônoma do desenvolvimento moral. Logo voltaremos a ele.

Em terceiro lugar, o desenvolvimento moral, assim como os demais, é visto por Piaget como fruto de uma construção, de uma constante auto-organização.

Em quarto e último lugar, essa construção acontece em contextos de interação, no caso da moral, de interação social (no caso do conhecimento, a interação com os objetos cumpre papel importante). Se esta for, como queria Durkheim e como avaliava Freud, baseada na coação, ou seja, em uma relação hierárquica de mandamentos e de obediência, a heteronomia sai reforçada. Em compensação, se o convívio social permitir relações simétricas de cooperação (o "fazer junto", sem líderes e liderados), a autonomia moral torna-se possível.

Em vista do que foi dito, impõe-se notar que a razão ocupa lugar central da teorização piagetiana sobre a moral, e isso por várias razões, das quais destaco duas.

Comecemos por lembrar que o objetivo explícito de Piaget em seu livro *O juízo moral na criança*, publicado em 1932, é o de estudar, como o título o indica, o *juízo* moral. Nas primeiras páginas dessa obra ele previne o leitor de que este não encontrará um estudo das ações e sentimentos morais, mas sim da evolução dos critérios empregados pela criança para julgar o certo e o errado, o bem e o mal. Porém tal opção testemunha a grande importância atribuída por Piaget ao papel da racionalidade. Com efeito, ele não teria dedicado todo um conjunto de pesquisas à dimensão racional da moralidade se pensasse que tal dimensão tem pouco peso nas ações morais dos homens. Mais ainda: em seus escritos pedagógicos, Piaget não hesita em inspirar-se na sua teoria para aconselhar estratégias educacionais para o desenvolvimento da autonomia moral, e nelas a reflexão ocupa um lugar central – o que prova, portanto, que ele acredita firmemente nas virtudes da inteligência no campo moral.

Prossigamos lembrando também que Piaget falou de afetividade, mas de uma forma que permite avaliar o quanto a razão é, para ele, dimensão moral incontornável. No livro ao qual acabamos de nos referir, ele mostra concordância com Durkheim ao explicar uma das razões pelas quais, em fase de heteronomia, a criança obedece por assim dizer cegamente: trata-se de uma fusão dos sentimentos de amor e medo. Porém, e isso é importante, referências a afetividade desaparecem quando é analisada a fase da autonomia. Nela, o sentimento do dever moral é assimilado a uma necessidade lógica. E não é por acaso que sua teoria é vista como de inspiração kantiana: a sede da moral autônoma está na razão (para Kant, somente a moral autônoma, livremente estabelecida e consentida pelo indivíduo merece o nome de moral). Porém, diferentemente de Kant, Piaget reconhece que a questão da motivação das ações humanas, entre elas as morais, não pode ser tratada sem uma teoria da afetividade, sem a referência a uma energética. Em 1954, ele dedica todo um curso na Sorbonne (Paris) às relações entre a inteligência e a afetividade no desenvolvimento mental. Nele, Piaget volta à questão da moralidade, considerando a hipótese de que há um paralelo entre o desenvolvimento intelectual e afetivo, ambos objetos de reorganizações ao longo da evolução psicológica. O curso traz pistas valiosas para pensar a moralidade tanto do ponto de vista racional quanto afetivo, mas trata-se antes de um grande modelo para pensar ambas as dimensões, e não uma teoria dos sentimentos morais. Piaget convence ao dizer que, sem operações lógicas, o ideal moral da reciprocidade (típico da autonomia) não seria possível, uma vez que a criança pequena, por falta de pensamento reversível, ainda não concebe operatoriamente a reciprocidade (que permanece parcial e fugaz). Piaget convence também ao lembrar que a moral pressupõe conservação de valores e não apenas investimentos afetivos passageiros (fazer uma promessa e cumpri-la, por exemplo, pressupõe a conservação; do contrário, a promessa não passaria de um arroubo afetivo momentâneo, e nunca seria, portanto, cumprida), ou seja, que a própria afetividade modifica-se na medida em que se modificam as estruturas do pensamento. Mas tudo isso ainda não nos traz uma teoria do *querer* agir moralmente.

Com relação a esse ponto, Lawrence Kohlberg procurou completar e sofisticar a teoria moral de Piaget. E o fez acentuando ainda mais a ênfase no papel da razão. Podemos ser aqui bastante breves nos comentários sobre a teoria do psicólogo americano graças ao qual a psicologia moral consolidou-se como área nobre da psicologia, pois ela se inspira nos quatro eixos eleitos por Piaget como nodais para uma teoria da mente humana. Desnecessário, portanto, voltar a falar deles. Importante é saber que Kohlberg debruçou-se sobre o sujeito psicológico, e não sobre este sujeito abstrato que chamamos de "sujeito moral". Vimos que Piaget considerou a hipótese de que o rumo do desenvolvimento moral é o da autonomia, e que, tendo encontrado nas suas pesquisas indícios dessa autonomia em sujeitos de 12 anos, mostrou-se satisfeito e passou a pesquisar outros temas: sua hipótese estava confirmada, e não lhe interessava entrar na complexidade do universo moral concreto dos indivíduos.

Mas tal foi o interesse de Kohlberg. Ele sabia, e Piaget também, aliás, que alguns indícios de autonomia não bastavam para afirmar-se que, de fato, um pré-adolescente é moralmente autônomo. E a experiência e as observações cotidianas eram suficientes para convencê-lo de que a autonomia moral era um fenômeno raro na população.[4] Assim, guardou de Piaget a idéia de que o caminho do desenvolvimento moral vai da heteronomia para a autonomia, mas mostrou que esse caminho é bastante longo e que a maioria das pessoas pára no meio dele. Com efeito, o referido caminho corresponde a seis estágios de desenvolvimento, e o grosso da população não ultrapassa o quarto (chamado de convencional). Abordaremos mais detalhadamente a teoria de Kohlberg no Capítulo 2. Para o presente propósito, basta lembrar que, para ele, a evolução moral deve-se essencialmente ao desenvolvimento da razão. Tanto é verdade que uma das decorrências pedagógicas centrais de sua abordagem é a *discussão de dilemas morais*, portanto um exercício racional. Estamos longe do apelo ao sentimento do sagrado ou das peripécias amorosas da pequena infância.

Acabamos de recapitular quatro teorias marcantes da psicologia moral, e vimos que duas delas, em vários pontos semelhantes (Piaget e Kohlberg) elegem a razão como fator central, e que as duas outras, embora de inspirações epistemológicas bem distintas (Durkheim e Freud), têm em comum o fato de colocarem no centro o debate da dimensão afetiva (sentimentos e pulsões). Alguém poderá afirmar que se alguns elegem a razão e outros a afetividade, trata-se apenas de ênfases diferentes, de opções teóricas privilegiadas, e que cabe a terceiros procurar juntá-las, articulá-las para dar conta do fenômeno moral com um todo. Sim, a tarefa de elaborar uma abordagem teórica que articule o "querer fazer" (energética) e o "saber fazer" (razão) é necessária, para não dizer urgente; porém trata-se de uma tarefa delicada, e que esbarra em variados obstáculos. Um deles é a extrema dificuldade, para não dizer a impossibilidade, de assimilar uma à outra teorias de bases epistemológicas diversas, para não dizer contraditórias. É claro que se pode, por exemplo, "aproveitar" um pouco de Piaget na psicanálise, ou um pouco de Freud no construtivismo, mas tal não equivale a fundir as duas teorias; não se realiza o sonho antigo de juntar Freud e Piaget, sonho do qual, aliás, a maioria já acordou. Salpicar conceitos de uma teoria em outra não resolve a questão, e mais freqüentemente obscurece os problemas do que os resolve.[5] Outro obstáculo é, creio, de extrema relevância: a definição do que seja o *objeto da moral*. Trata-se da segunda linha de demarcação de cada lado da qual encontraremos a mesma repartição das teorias analisadas: as de Durkheim e Freud de um lado, as de Piaget e de Kohlberg de outro. As primeiras não elegem um conteúdo moral específico e são relativistas, as segundas o fazem e são universalistas.

Mas antes de abordarmos tal oposição, notemos que as quatro concepções têm algo em comum em suas definições da moralidade: todas elas a concebem como um conjunto de *deveres*, e, portanto, procuram estudar a gênese do *sentimento de obrigatoriedade* experimentado pelo sujeito moral (o sagrado para Durkheim, a expressão do superego para Freud, a voz da razão para Piaget e Kohlberg, no caso dos indivíduos que conquistaram a autonomia). Portanto, para nossos quatro autores, moral implica princípios e regras que devem ser obrigatoriamente observados. A pergunta da moral, para eles, é "como deve-se agir?". Peço ao leitor que fixe esta definição, pois será também a minha para a moral, mas não para a ética. Por enquanto, basta destacar o fato de a definição de moral como conjunto de deveres corresponder àquela filosoficamente dominante atualmente, e também àquela que costumamos adotar no dia-a-dia. Em uma palavra, os quatro pensadores aqui apresentados concordam em um aspecto fundamental: moral diz respeito a deveres. Eles concordam, portanto, do ponto de vista *formal*. E do ponto de vista do *conteúdo*? Os quatro falam dos *mesmos deveres*? É aqui que encontramos o tema do relativismo e do universalismo antropológicos.

Comecemos pelo relativismo. Há pelos menos dois tipos, o relativismo axiológico e o relativismo antropológico, e penso ser útil distingui-los para que se evitem confusões perigosas.

O relativismo axiológico, como o seu nome o indica, implica afirmar que todos os sistemas morais, que se encontram nas diversas culturas, nos diversos grupos e em diversas pessoas, têm o mesmo valor, não sendo portanto legítimo condenar uns em nome de outros. Conseqüentemente, essa forma de relativismo implica a ausência total de juízo sobre o valor dos diversos sistemas assumidos como morais por diferentes pessoas. Cada um teria seus próprios valores morais e ponto final. Tal relativismo às vezes encanta os menos avisados pela sua aparente relação com essa bela virtude que é a tolerância. Digo aparente porque o tolerante que toleraria tudo, e portanto a própria intolerância, estaria em flagrante contradição (ver Speamann, 1999 e Tugendhat, 1998). A tolerância é um valor que leva quem o cultiva a procurar compreender os comportamentos alheios – em vez de julgá-lo de chofre, com base em um sistema moral fechado –, tendo em vista o estabelecimento de um juízo mais abalizado. A tolerância é um valor que inspira o respeito das diferenças pessoais e culturais, contanto que algumas fronteiras morais não sejam ultrapassadas. A chamada moral sexual pode servir de exemplo. Uma pessoa tolerante que, para si, possa legitimar a proibição de certas práticas (relações fora do casamento, por exemplo), mas que aceite que outros as sigam, não deverá ser, por isso, levada a validar o estupro como forma de punição para mulheres que transgrediram normas convencionais, ou a lapidação de mulheres adúlteras (ambos os exemplos correspondem à realidade em alguns lugares). O tolerante visa a um entendimento planetário das variadas culturas, condena a colonização moral de uma cultura sobre outra, mas nem por isso pensa que tudo é válido, aceitável. Considerá-lo assim representaria, justamente, a impossibilidade concreta do exercício da tolerância, levaria a confundi-la com a mais profunda indiferença e falta de solidariedade. Do ponto de vista psicológico, o relativista axiológico assemelha-se mais a uma pessoa sem senso moral. Será possível uma pessoa que, por exemplo, valoriza princípios de justiça e de benevolência, não se revoltar ao saber que em nome de princípios religiosos, costumes locais ou códigos jurídicos particulares, tais princípios são solenemente ignorados? Como pode um ser moral jamais experimentar o sentimento de indignação? É verdade que certas pessoas defendem um relativismo axiológico por assim dizer mais restrito: elas dizem não tolerar certas condutas por parte dos membros da comunidade ou nação na qual vivem, mas tolerá-las em outras culturas. Mesmo com essa ressalva, permaneço céptico acerca do possível sincero "respeito" por ações que contrariam frontalmente princípios morais que adotamos, seja quem for o agente dessas ações. Parece-me mais um exercício de retórica do que a real expressão dos sentimentos morais. E tenho certeza de que nem Durkheim nem Freud permaneceram absolutamente "frios" ao tomarem conhecimento de atos, para eles bárbaros, cometidos dentro ou fora da França, dentro ou fora da Áustria, dentro ou fora da civilização ocidental. Em compensação, suas abordagens teóricas são coerentes com outro tipo de relativismo, o relativismo antropológico.

Para o relativismo antropológico, não se trata de aceitar moralmente todos os sistemas de valores, *mas de afirmar que, de fato, eles existem e que não há nenhuma tendência humana universal a legitimar um em detrimento de outros*. Em uma palavra, há uma *pluralidade* de sistemas morais (ver Tugendhat, 1998). Logo, o relativismo antropológico corresponde a uma teoria geral que afirma não haver moral universal possível.

Com efeito, os conhecimentos que hoje temos de diversas épocas históricas e culturas depõem fortemente a favor da tese do relativismo cultural. Tal não significa dizer, é claro, que não reencontremos alguns temas morais comuns a todos os sistemas. É o caso, por exemplo, da condenação do assassinato. É o caso também da condenação da mentira. Podemos também verificar a generalizada moralização dos comportamentos sexuais. Todavia, mesmo em se verificando que, em todas as sociedades, é dado valor à vida, à verdade e à reprodução humana e que, portanto, os comportamentos relacionados a esses valores são objeto de regras, somos forçados a reconhecer que tais regras variam, e muito, de uma sociedade para outra, notadamente em relação ao universo de sua aplicabilidade. Em um lugar o "não matar" aplica-se a todos os seres humanos, em outro apenas àqueles que pertencem à comunidade (pode-se matar o estrangeiro, o inimigo, o ateu) e que não cometeram infrações morais e/ou legais (há pena de morte para assassinos, mulheres adúlteras, ladrões, etc.). Em um lugar, o "não mentir" é mandamento absoluto, em outro apenas é válido para relações com superiores ou com membros de *status* social igual. E quanto à moral sexual, inútil lembrar o quanto ela comporta variações de uma época para outra, de uma comunidade para outra, de uma religião para outra, para não dizer de um clã para outro (com a exceção da proibição do incesto, presente, de uma forma ou de outra, em todas as morais sexuais). Em resumo, não há dúvida de que o relativismo antropológico encontra exemplos e mais exemplos passíveis de fortalecê-lo como teoria convincente.

Para as pessoas convencidas de que a moral é um fenômeno que varia no tempo e no espaço, as abordagens de Durkheim e Freud apresentam hipóteses psicológicas atraentes. O sentimento do sagrado experimentado pelo indivíduo para com o "ser coletivo" é, por definição, capaz de levá-lo a legitimar qualquer sistema moral, contanto que seja lei na sociedade em que ele vive – eis para a teoria de Durkheim. O superego que, da penumbra do inconsciente, submete o indivíduo às suas exigências morais, dita regras cujos conteúdos foram interiorizados graças a processos de identificação com figuras paternas, seja quais forem as opções morais destas – eis para a teoria de Freud. Como já salientamos, ambas as abordagens são bem diferentes uma da outra, mas o que importa frisar aqui é que além de elegerem a dimensão afetiva como central, elas também são coerentes como relativismo antropológico: para elas o sujeito recebe a moral, não a constrói. Ora, as teorias construtivistas de Piaget e Kohlberg desafiam o relativismo antropológico. Vejamos de que forma.

É claro que nem Piaget nem Kohlberg negavam a diversidade de sistemas morais e que tinham consciência da consistência do aforismo de Pascal, segundo o qual o que é verdade de um lado dos Pireneus é falso do outro. É por essa razão, aliás, que suas respectivas teorias prevêem um fase do desenvolvimento moral individual na qual domina a heteronomia, ou seja, a submissão do indivíduo a variados ditames oriundos de fontes de autoridade, sejam elas personalizadas (o líder carismático, por exemplo), sejam elas institucionalizadas (o grupo, o Estado, a religião, etc.). Como vimos acima, o heterônomo, assim como descrito pelos dois autores, corresponde bem ao sujeito moral das teorias de Durkheim e Freud. Porém, para Piaget e Kohlberg, a heteronomia é apenas uma fase do desenvolvimento moral, tendo cada indivíduo o potencial de superá-la pela autonomia. Ora, a autonomia não comporta quaisquer conteúdos morais, mas sim alguns claramente definidos. Piaget afirma que o ser autônomo somente legitima princípios e regras morais inspiradas pela reciprocidade, pela igualdade, pela eqüidade e pelo respeito mútuo. Kohlberg é ainda mais preciso: afirma que o desenvolvimento moral segue em direção ao ideal de justiça, e que na fase superior de evolução a moral é necessariamente pensada em termos universais, pois o sujeito vê antes a si próprio como membro da humanidade, e não apenas de determinada sociedade. Portanto, para Piaget e Kohlberg, os Diretos Humanos não são apenas um sistema moral entre outros, mas o sistema para o qual tende a evolução moral dos indivíduos e das sociedades.[6] Ora, se aceitamos que um determinado sistema é visto como potencialmente legitimável por todos, estamos longe do relativismo antropológico, que não contempla a hipótese da identificação de uma moral virtualmente universal. Insisto: tal relativismo não somente afirma que há, de fato, uma pluralidade de sistemas morais (e ninguém o contesta), como afirma que não há sistema algum para o qual todos tenderiam (o que é contestado pelos construtivistas). Vê-se que Piaget e Kohlberg são herdeiros do otimismo das Luzes (século XVIII), que eles acreditam no progresso da humanidade (mesmo sabendo que ele ocorre de maneira caótica e com uma lentidão exasperante). Mas cuidado: eles não se contentaram em reafirmar valores filosóficos, pois fizeram pesquisas e mais pesquisas, e os dados que encontraram, em variadas culturas, levaram-nos a constantemente identificar um desenvolvimento moral cujo vetor é a autonomia, a moral da reciprocidade, da justiça, da eqüidade. Em suma, segundo eles, os dados da psicologia moral desmentem o relativismo antropológico. Eis mais um tema sobre o qual se distinguem das posições de Durkheim e Freud.

Podemos, então, resumir o que vimos até agora. Optei por uma primeira linha de demarcação entre teorias: explicar psicologicamente o comportamento moral, seja pela dimensão afetiva, seja pela dimensão racional. De um lado desta linha, encontram-se as abordagens de Durkheim e Freud, que afirmam a primazia da afetividade e a inevitável heteronomia dos indivíduos. Do outro lado, encontram-se as abordagens de Piaget e Kohlberg, que afirmam a importância da razão e a possível autonomia dos seres humanos. Em seguida, defini uma segunda linha de demarcação, que diz respeito ao objeto da moral, colocando de um lado as teorias que pensam não ser possível encontrar uma definição universal da moral (relativismo antropológico) e, de outro, aquelas que identificam no ideal de justiça, baseado na eqüidade e reciprocidade um conteúdo moral universal para o qual tende o desenvolvimento de todos os seres humanos. E verificamos que as "dobradinhas" se mantém, com Durkheim e Freud de um lado da fronteira, e Piaget e Kohlberg do outro.

O quadro geral das constatações que até agora fizemos é o que segue.

Um grupo de teorias tem como características: *explicar a moralidade pela afetividade, afirmar a incontornável heteronomia dos indivíduos e não definir um conteúdo para a moral sustentando o relativismo antropológico.*

Outro grupo tem características diferentes: *explicar a moralidade pela razão, afirmar a virtual autonomia dos indivíduos e sustentar o universalismo moral definido-o por intermédio dos ideais de justiça.*

Será coincidência que as características que acabo de arrolar unam-se em dois blocos? Penso que não. Não quero dizer com isso que levar em conta a afetividade conduza necessariamente à hipótese da heteronomia e do relativismo moral, nem que a opção pelo estudo do juízo moral implique sempre a hipótese da autonomia e do universalismo. Todavia, há lições a serem retiradas da análise feita nas páginas anteriores para ousar empreitadas teóricas sobre a relação entre afetividade e razão na moralidade. Duas me parecem essenciais.

A primeira refere-se ao fato de as teorias que dão prioridade à dimensão afetiva nos mostrarem um ser humano moralmente heterônomo, fato que não acontece com aquelas que enfatizam a razão. Impossível aqui não lembrar Kant (1797/1994), para quem o binômio afetividade/heteronomia era uma evidência. E como ele pregava que a única moral que merece este nome é a moral autônoma, não via como não baseá-la na razão, assim como o fariam Piaget e Kohlberg. A desconfiança de Kant em relação à afetividade decorria do fato de não podermos dominar nossos sentimentos, não podermos decidir quais experimentar, ou seja, de sermos prisioneiros de nossa vida afetiva. Dito de outra maneira, Kant via na afetividade uma fonte incontornável de dependência, logo, de heteronomia. E como a autonomia implica o usufruto da liberdade, sem a qual não há responsabilidade, ele rechaçava a participação da afetividade na vida moral. A razão seria a única fonte legítima dos deveres, a inspiração moral que nos faz agir.

O argumento kantiano é forte. Não é por acaso que as teorias psicológicas que se debruçam sobre o papel da afetividade associam-se facilmente à heteronomia. E não é a toa também que não se encontra praticamente texto algum de filosofia moral contemporânea que não cite Kant (ver, entre outros, Tugendhat, 1998, Williams, 1990, Canto-Sperber, 2002, MacIntyre, 1981, Taylor, 1998, Ricoeur, 1990). As críticas kantianas sobre a razão prática permanecem incontornáveis. Isso não significa dizer que todos concordam com elas, mas sim que fazem parte de nosso universo moral. Entre várias objeções que podem ser feitas a Kant, interessa-nos diretamente a seguinte: como pode a razão ser fonte energética da ação? Como pode ela ter poder motivador? A pergunta pode ser colocada no plano filosófico, mas também no plano empírico da psicologia: algumas revisões de literatura mostram que não se encontram evidências claras da correlação entre níveis de juízo moral autônomo (medidos por intermédio das categorias de Kohlberg) e ação condizente com tais níveis (ver Blasi, 1989, e Biaggio, 2002). É claro que não se vê como alguém poderia agir de forma moralmente autônoma se não concebesse racionalmente princípios de eqüidade e reciprocidade, mas tudo leva a crer que concebê-los não é suficiente para garantir uma ação fiel a tais princípios. Uma referência à dimensão afetiva permanece, portanto, também incontornável. Se permanecermos com a tese kantiana, e se aceitarmos a sensata idéia de que não há ação sem uma "mola" afetiva que a desencadeia, seremos obrigados a dizer que não existe autonomia possível. Essa opção seria até coerente do ponto de vista filosófico, mas empobrecedora do ponto de vista psicológico, pois equivaleria a fazer *tábula rasa* das diferenças encontradas entre indivíduos, notadamente aquelas detectadas por Piaget e por Kohlberg. Será que podemos colocar no mesmo plano alguém que age apenas por obediência a figuras de autoridade, ou a pressões de grupos sociais, e aquele que prefere mesmo a morte a trair os mandamentos de sua consciência, que se ergue contra conformismos morais, que prefere o isolamento social à tranqüila adesão a regras tradicionais? Será que podemos juntar na classe dos heterônomos o cidadão cuja honestidade não vai além da obediência a certas regras sociais e o reformista moral que transgride essas regras em nome de ideais superiores? Creio que não. Creio que é necessário construir uma abordagem teórica que relacione afetividade e razão, sem relegar essa última à mera superfície de fenômeno moral. Todavia, volto a insistir sobre o fato de uma elaboração desse tipo ser extremamente delicada, pois a relação afetividade/heteronomia é conceitualmente forte. E se gastei algumas páginas discorrendo a respeito dela, é justamente para nos prevenirmos de associações bem-intencionadas, mas ingênuas, entre a afetividade e a vida moral.

As páginas passadas têm ainda o objetivo de nos fazer pensar sobre outra lição que as análises nos trouxeram: a estreita relação entre a opção por uma teoria afetiva ou racional e o *objeto* da moral.

Não é de se estranhar o fato de as teorias psicológicas cujos autores optam por uma abordagem cognitiva precisarem conteúdos para a moral. Piaget via na justiça a mais racional das noções morais. Como seus estudos visavam o desenvolvimento do juízo moral, entende-se que tenha optado por essa virtude como objeto de pesquisa. O mesmo se pode dizer de Kohlberg, todavia com uma ressalva importante. Enquanto Piaget elegeu a justiça como objeto de pesquisa, mas sem afirmar que ela é a virtude maior da moral, Kohlberg fechou a questão: a justiça é *a* virtude moral por excelência, e não apenas uma entre outras. Mas, mesmo na perspectiva piagetiana, praticamente impõe-se a justiça como a virtude primordial, pois corresponde à tradução moral das operações mentais. Piaget afirmava que a moral é uma lógica das ações. É claro que uma abordagem racionalista poderia eleger outras virtudes morais como objeto de estudo genético, mas não se vê muito bem de que modo poderia desprezar a justiça como noção incontornável da moralidade. Pesquisas sobre a gênese da generosidade, por exemplo, não permitiram identificar etapas precisas de desenvolvimento, diferentemente do que se verificou para a justiça (ver Eisnenberg, 1979).

O problema do conteúdo da moral coloca-se de forma bem diferente para as teorias que elegem a afetividade como elemento psicológico central da moralidade. Há, porém, como no caso das teorias racionalistas, íntima relação entre o referido conteúdo e os sentimentos eleitos como essencialmente morais.

Nos casos de Durkheim e Freud, vimos que eles identificaram elementos afetivos que relacionam quem os experimenta com a *fonte* dos mandamentos morais. Para Durkheim, o indivíduo é movido pelo sentimento do sagrado e este é inspirado pela sociedade. Como é a sociedade o objeto do sentimento, e não um conteúdo moral em si, a tese do relativismo antropológico impõe-se. Para Freud, uma vez que os ditames do superego são frutos de identificações com figuras de autoridade, o relativismo antropológico também é decorrência natural: para a psicanálise freudiana, a criança não é vista como tendendo a valorizar este ou aquele conteúdo moral, mas aqueles que compõem o universo simbólico de figuras paternas, seja elas quais forem. Em suma, explicar a moralidade a partir da hipótese de que ela depende de sentimentos experimentados em relação aos agentes que impõem as regras, por um lado, transfere à história ou à sociologia a tarefa de explicar os fundamentos concretos da moral (fatores individuais são descartados), e, por outro, leva a conceber o indivíduo como definitivamente aberto a legitimar todo e qualquer sistema moral. Portanto, nesta perspectiva psicológica, não há porque eleger um determinado conteúdo para a moral.

Em compensação, se os sentimentos eleitos como fundamentais para explicar a moralidade tiverem como objeto não a fonte dos conteúdos, mas um conteúdo específico, o relativismo deixa de fazer sentido. É o caso da teoria de Carol Gilligan (1982, 1988) que identifica duas orientações morais universais, uma para as mulheres – a orientação para o *cuidado* –, outra para os homens – a orientação para a justiça. Gilligan, portanto, como Piaget e Kohlberg, define conteúdos para a moral. Mas ela o faz não em decorrência de uma abordagem racionalista, mas sim em função de uma leitura afetiva do desenvolvimento da criança: as meninas desenvolveriam mais do que os meninos o *apego* para com as outras pessoas, donde sua tendência a privilegiarem, quando adultas, virtudes morais de cuidado e generosidade, enquanto os homens privilegiariam virtudes cujo exercício é independente de aspectos relacionais, como é o caso da justiça.

Em resumo, verificamos que *a opção por explicações psicológicas da moralidade que levem em conta a razão ou a afetividade tem implicações sobre a escolha do objeto da moral*, assim como sobre o diagnóstico a respeito da heteronomia ou da possível autonomia moral dos indivíduos.

O leitor terá compreendido a razão pela qual, ao pretender analisar as dimensões afetivas e intelectuais da moral, devo me debruçar sobre a definição dessa última: como acabamos de ver, a definição do objeto de estudo tem íntimas relações com os conceitos elaborados para o referido estudo e com suas decorrências teóricas.

Minha hipótese é a de que, para explicar a moralidade, notadamente do ponto de vista da afetividade, é preciso analisar se ela não estaria relacionada a algo que não se reduz a um conjunto de deveres. Dito de outra maneira, é preciso verificar se as motivações que levam um indivíduo a dar respostas à pergunta moral "como devo agir?" não seriam em parte as mesmas que o levam a responder à outra pergunta: "que vida quero viver?". As teorias que acabamos de rapidamente revisitar procuraram explicar psicologicamente o dever moral sem referências a outras dimensões existenciais. Penso que isso é um erro, e que, para compreendermos os comportamentos morais dos homens, devemos conhecer quais as opções éticas que eles assumem. Mas para mostrá-lo, preciso, naturalmente, deixar claro que sentidos vou dar aos conceitos de moral e de ética.

MORAL E ÉTICA

Moral e ética são conceitos habitualmente empregados como sinônimos, ambos referindo-se a um conjunto de regras de conduta consideradas como obrigatórias. Tal sinonímia é perfeitamente aceitável: se temos dois vocábulos é porque herdamos um do latim (moral) e outro do grego (ética), duas culturas antigas que assim nomeavam o campo de reflexão sobre os "costumes" dos homens, sua validade, legitimidade, desejabilidade, exigibilidade. Note-se desde já que a exigibilidade das condutas, os deveres portanto, tema central da grande maioria das reflexões modernas, não era o único que dominava os campos moral e ético. A questão da felicidade era central nas filosofias da Antigüidade. Voltaremos a essa diferença dever/felicidade mais adiante. Por enquanto, vale insistir sobre o fato de que os dois conceitos que nos ocupam podem ser legitimamente considerados sinônimos, logo, de emprego intercambiável. Alguns autores, como Canto-Sperber (2002), costumam deixar claro, no início de seus textos, a sinonímia assumida.

No entanto, por que certos autores se preocupam em deixar clara uma sinonímia clássica? A filósofa que acabamos de citar comenta que poderá causar decepção ao seu leitor ao não fazer diferença de sentido entre moral e ética. Essa precaução retórica explica-se pelo fato de que, hoje, muitas pessoas vêem na palavra "ética" um conceito cheio de promessas filosóficas, um campo de reflexão prenhe de riquezas, uma referência a atitudes "nobres", qualidades estas de que a "pobre" e "seca" palavra moral careceria inapelavelmente. Enche-se a boca para pronunciar "ética", e olha-se de esguelha ao se fazer referência à moral. Estão portanto em foco possíveis diferenças de sentido entre moral e ética. Com efeito, diferenças podem existir, e podem ser empregadas, contanto que se as explicite claramente, e que se reconheça, com Paul Ricoeur (1990), que se trata de convenções.

A convenção mais adotada para diferenciar o sentido de moral do de ética é reservar o primeiro conceito para o fenômeno social, e o segundo para a reflexão filosófica ou científica sobre ele. O fenômeno a que estou me referindo é o fato de todas as comunidades humanas serem regidas por um conjunto de regras de conduta, por proibições de vários tipos cuja transgressão acarreta sanções socialmente organizadas. Vale dizer que toda organização social humana tem uma moral. Mas, evidentemente, como todo fenômeno social, a moral suscita indagações. Como ela trata de normas de conduta, uma primeira indagação incide sobre suas origens, seus fundamentos, sua legitimidade: tem sido o trabalho da filosofia analisar essas questões. No entanto, a moral também pode ser objeto de um estudo científico: pode-se procurar traçar a história dos diversos sistemas morais (trabalho da história), pode-se procurar compreender as condições sociais que os tornam possíveis ou até necessários, (trabalho da sociologia), pode-se procurar desvendar os processos mentais que fazem com que os homens os legitimem (trabalho da psicologia), e assim por diante. A esse trabalho de reflexão filosófica e científica costuma se dar o nome de ética.

Essa diferença de sentido entre moral e ética é interessante. Por um lado, permite nomear diferentemente o objeto e a reflexão que incide sobre ele; portanto, demarcar níveis de abstração. E, por outro, permite sublinhar o fato de se poder viver uma moral sem nunca ter se dado ao trabalho da reflexão ética. Aqui reencontramos uma possível oposição entre heteronomia e autonomia: para o heterônomo, assim como definido por Piaget, basta a obediência à autoridade, à tradição; para o autônomo, sempre segundo a definição piagetiana, é necessária a reflexão, a busca de princípios que expliquem e legitimem a moral. Embora nem Piaget nem Kohlberg empreguem, a meu conhecimento, a diferença de sentido entre moral e ética que estamos apresentando, ela serve para descrever níveis de desenvolvimento moral.

Mas, voltamos a lembrá-lo, a diferenciação que acabamos de descrever é apenas uma convenção. E não é a única possível. Outra que vale a pena considerar é a que estabelece uma fronteira entre as esferas privada e pública: reservar-se-ia o conceito de moral para regras que valem para as relações privadas (os comportamentos que devem ter um bom pai ou uma boa mãe, por exemplo), e o conceito de ética para aquelas que regem o espaço público. Daí as referências aos "códigos de ética" de variadas profissões, ou da presença de expressões como "ética na política", os "comitês de ética para a pesquisa em seres humanos". Não faria muito sentido falar em "ética na família". Note-se que a diferenciação entre espaços privado e público não implica diferenças de conteúdo: por exemplo, o não roubar ou o não mentir valem para os dois. Em compensação, os códigos de ética (que inspiram os diversos comitês, em cada instituição profissional) implicam um trabalho de elaboração intelectual, fato que nos reaproxima da definição de ética como reflexão sobre a moral. De fato, para elaborar-se um código desse tipo é preciso não apenas conhecer a moral da sociedade em que se vive, mas também pensar as particularidades da profissão contemplada. E é de se esperar que os professores dos cursos universitários que apresentam aos alunos o código de ética da profissão que escolheram exercer não cometam o erro de reduzi-los a uma lista de regras a serem decoradas.

Acabamos de ver duas possíveis diferenças de sentido entre os conceitos que nos interessam aqui, mas certamente não são elas as responsáveis pela verdadeira "inflação" contemporânea do emprego da palavra ética. Antes de apresentar as definições que assumirei, e que são diferentes das duas citadas acima, vale a pena comentar a atual "febre" ética, nem que seja para mostrar que não estou acometido por ela.

Em primeiro lugar, deve-se observar que o sucesso do vocábulo "ética" está em parte relacionado ao fracasso seu irmão etimológico: "moral". É o que apontam autores como Spitz (1995) e Blondel (2000): moral lembra imediatamente "moralismo", "moralista", ou seja, lembra, respectivamente, normatização incessante, dogmática, de abrangência excessiva, de legitimidade suspeita e seu militante, esse normatizador e vigia contumaz da vida alheia. Devemos lembrar aqui que a palavra "moralista" não tem, na origem, a conotação negativa que adquiriu. O moralista, no sentido primeiro, é simplesmente alguém preocupado por questões morais. Por exemplo, Albert Camus, escritor francês, era considerado um moralista, pois sua obra nos apresenta temas como o julgamento de alguém que cometeu um assassinato (*O estrangeiro*), ou as reflexões de alguém que surpreendeu-se com a própria covardia (*A queda*). Porém, o tratamento dado por esse Prêmio Nobel de Literatura nada tem de dogmático, de estreito; muito pelo contrário. Se ele foi um moralista no sentido antigo, certamente não o foi no sentido pejorativo, que pode assim ser resumido: o moralista é alguém que interpreta, e portanto julga, a maioria das ações humanas por intermédio de critérios normativos, notadamente com uma clara vocação a normatizar condutas sexuais ou a elas associadas (jeito de se vestir, de falar, etc.); é alguém rígido, com pouca vocação para a compreensão psicológica das ações, é alguém extremamente vigilante das condutas alheias, em geral mais do que em relação às próprias (daí a aproximação de sentido entre moralista e hipócrita). Aceitando, linhas gerais, a definição pejorativa que acabo de dar de "moralista", entende-se que quem vê esse tipo de pessoa como legítimo representante da "moral", procura fugir deste antipático conceito, preferindo-lhe outro, livre de associações negativas.

Um evento social que contribuiu para empurrar o vocábulo "moral" para as linhas de fundo do discurso foi a onda libertária dos anos de 1960, durante a qual clamou-se que era "proibido proibir" (lema de maio de 1968, na França). No Brasil, a investida pedagógica do governo militar que levou o nome de Educação Moral e Cívica ajudou a empurrar a palavra "moral" para os calabouços semânticos da Educação.[7]

Então, hoje, fala-se em ética, e não mais em moral. Mas cabe perguntar se essa migração trouxe consigo alguma novidade, do ponto de vista do conteúdo. Blondel e Sptiz afirmam que não, e precisamos lhes dar razão. A palavra moral é suspeita porque fala em normas: ora, as atuais referências a "ética" são tão normativas quanto aquelas associadas à moral. Longe de traduzir os ideais do "proibido proibir" juvenil, da época dos meninos e das meninas que amavam os Beatles e os Rolling Stones, as constantes referências atuais à ética parecem mais relacionadas a uma demanda quase que desesperada por normas, por limites, por controle. Fala-se em ética na política: trata-se de regras. Elaboram-se códigos de ética nas empresas: mais uma vez, declinam-se regras de conduta. Criam-se comitês de ética na pesquisa: mais regras. Note-se que os valores em nome dos quais tais investidas éticas se realizam são os mais nobres: respeito pelo eleitor, pelo consumidor, pelo sujeito das pesquisas científicas (seres humanos e animais), e outros mais, todos inspirados pelos Direitos Humanos. Todavia, o fato é que as referências à ética tratam de deveres, assim como a moral o faz. Nenhuma real novidade, portanto. Ou melhor, há uma: a proliferação de diversas "éticas" são o sintoma de uma espécie de fúria normatizadora, à qual assistimos hoje, e que as estreitas balizas do "politicamente correto" traduzem com perfeição. Tal fúria não será, na verdade, decorrência de uma crescente desconfiança em relação à consciência moral dos indivíduos? Responder afirmativamente a essa indagação faz sentido, haja visto o número assustador de medidas de controle a que somos cotidianamente submetidos. Como já o sinalizaram alguns autores, fala-se muito em ética – na verdade, pensa-se muito na moral, mas com medo de empregar o terrível vocábulo – porque julga-se que algo vai mal nas relações sociais, que a desonestidade se banaliza, assim como se banalizam as incivilidades e a violência, que a honra se esvai e que reina a desconfiança. Todo o problema consiste em saber se a multiplicação das normas resolve o problema, ou se não estamos caindo no que Canto-Sperber chama de "fetichização da regra", decorrência de uma falta de reflexão sobre os princípios de onde derivam, se não estamos assistindo a uma "tirania ética", segundo a feliz expressão da mesma autora. Em resumo, vale a pena perguntar-se se a moda atual dos empregos da palavra ética não traduz, por um lado, a fantasia intelectual de crer que se está falando em algo profundo, científico, muito mais nobre do que a moral, e, por outro, uma espécie de volta para o passado, de volta para um fundamentalismo moral, agora com ares de sofisticação filosófica. Eis a pergunta. Minha resposta é a de que, por pensarem que seguem a nobre ética, muitas pessoas inconscientemente solapam a liberdade e a autonomia, por intermédio de um dogmatismo que não se assume enquanto tal.

Mas vamos agora às definições de moral e de ética que, por convenção, vou assumir daqui para frente e que são bem diferentes daquelas que acabo de comentar. Não se trata de níveis de abstração, nem de fronteiras entre as esferas privada e pública, muito menos de vergonha de falar em moral. Reservo à cada palavra respostas a duas perguntas diferentes. À indagação moral corresponde à pergunta: "como devo agir?". E à reflexão ética cabe responder à outra: "que vida eu quero viver?".

Não sou o único a reservar os dois conceitos para referir-me a dimensões distintas da vida humana. Os filósofos Comte-Sponville (Comte-Sponville e Ferry, 1998) e Bernard Williams (1990) também o fazem. Na mesma linha, Paul Ricoeur (1990) reserva a palavra ética para o que diz respeito ao tema da "vida boa" e a palavra moral para as normas caracterizadas pela pretensão à universalidade e com efeitos de coação. Canto-Sperber (2002), embora empregue ética e moral como sinônimos, aceita que a diferença entre a esfera das leis e a busca de uma "vida boa" é relevante, e pondera que essa diferença é a única que realmente pode dar algum sentido à busca de definições distintas para moral e ética. A sua aceitação provavelmente vem do fato de as duas perguntas, uma relacionada a deveres, a outra a objetivos e à qualidade da vida, serem temas tratados pelas reflexões filosóficas, sejam elas denominadas de moral ou de ética.

Grosso modo, pode-se dizer que as reflexões sobre a "vida boa" foram dominantes até o século XVIII. As diversas teorias sobre a definição da *felicidade* e a sua conquista respondem pelo nome de *eudemonismo*. Algumas consideram que os homens sabem o que é a felicidade, devendo a filosofia dar-lhes as técnicas apropriadas para conquistá-la. É o caso do utilitarismo de Stuart Mill (1861/1988), para quem a felicidade consiste em prazer e ausência de dor – coisa que todo ser humano, segundo ele, sabe muito bem, mesmo que intuitivamente. Outras teorias debruçam-se sobre a problematização do que seja a felicidade, negando-lhe um *status* natural. Aristóteles é um ilustre representante dessa corrente, e sabe-se que ele afirma que não há felicidade possível sem o cultivo das virtudes, por intermédio do qual os homens podem atingir a *elevação*.[8] Os teóricos do eudemonismo não desconhecem a dimensão deontológica (deveres) e sua importância fundamental para o convívio, mas a colocam no segundo plano de suas reflexões, reservando o primeiro plano à pergunta "que vida eu quero viver?". Esse não é o caso de pensadores como

Kant, o qual elege a dimensão dos deveres como central em suas reflexões. Tal eleição, porém, não o impede de abordar o tema da felicidade: para ele, a tarefa da moral não é a de ensinar como ser feliz, mas como *merecer* sê-lo. Em suma, os dois temas, o da moral – deveres – e o da ética – "vida boa" –, encontram-se em todas as reflexões sobre as condutas humanas e o porvir de suas vidas. Não somente se encontram, como freqüentemente se articulam. Acabamos de vê-lo segundo Kant (o merecer ser feliz é, na verdade, a única forma de sê-lo), e o vemos também segundo Stuart Mill, que deriva as regras morais da busca do prazer e do evitamento da dor. O utilitarismo, segundo o qual a boa regra moral é aquela cuja aplicação resulta no maior bem para a maioria das pessoas, ilustra bem a possível interdependência entre a reflexão sobre as normas de conduta e a busca da felicidade individual e/ou coletiva.

Para nós, portanto, falar em moral é falar em deveres, e falar em ética é falar em busca de uma "vida boa", ou se quiserem, de uma vida que "vale a pena ser vivida". Peço ao leitor que fixe essas definições. Mas alguém poderá perguntar agora qual a razão da distinção de sentido. Nosso trabalho, daqui para frente, será justamente o de responder a essa pergunta, mostrando que o papel da dimensão afetiva da ação moral tem suas raízes nas opções éticas dos indivíduos.

Para tanto, precisamos aprofundar um pouco a análise das esferas moral e ética, começando por distinguir forma de conteúdo, distinguindo portanto o que chamarei de "plano moral" e "plano ético" (formas) e os possíveis conteúdos que podem ocupá-los.

O PLANO MORAL

Impõe-se distinguir forma e conteúdo, quando se trata de moral. Como vimos no início deste capítulo, não há como não reconhecer, como o afirma Tugendhat (1998), que existe uma diversidade de sistemas morais. Logo, a despeito de se encontrarem alguns temas presumivelmente universais (como o cuidado com a vida e a verdade) ou de se teorizar um desenvolvimento moral que caminharia em direção à legitimação de princípios inspirados pela reciprocidade e a justiça, deve-se reconhecer que se encontram, nas diversas épocas, nas diversas culturas, e até nos diversos indivíduos, um leque de conteúdos associados à moral. Os próprios teóricos da virtualidade de um universalismo moral, Piaget e Kohlberg, observaram que a maioria das pessoas vê na moral não um guia para a sociedade, mas sim a garantia de que ela se mantenha coesa em torno de princípios e regras herdados da tradição; essa maioria assume, sem maiores críticas, a moral de seu tempo. Não parece, portanto, apresentar muitas dificuldades reconhecermos a pluralidade de sistemas morais. Porém, se falamos em "forma", distintamente do conteúdo, é porque assumimos que há algo em comum a todas as expressões da moralidade. Esse algo em comum é o *sentimento de obrigatoriedade*.

Lembremos que defini como questão moral a pergunta "como devo agir?". O verbo "dever" precisa ser entendido no seu sentido de obrigatoriedade (e não no seu sentido de probabilidade, como na expressão "ele deve estar chegando"). Do ponto de vista cultural, não há dúvida de que a exigência colocada aos indivíduos de agir segundo certas leis é uma realidade universal. Existirá algum grupo humano sem a imposição de deveres? Certamente, não. Portanto, a exigência social do cumprimento do dever corresponde à "forma", que pode receber variados conteúdos (o que é dever aqui não o é ali).

Do ponto de vista psicológico, a questão resume-se em saber se existe uma auto-imposição, ou seja, mandamentos da consciência que impelem o indivíduo a agir de determinadas formas, e não de outras. Se existir, podemos afirmar que se identifica nos homens um *plano moral*, ou seja, um sentimento de obrigatoriedade que pode receber diversos conteúdos. Se não acreditarmos na existência psicológica do plano moral, é porque pensamos que os homens nunca agem *por dever*, mas sempre *conforme o dever*, para retomar termos kantianos. Se negamos a existência de um sentimento de obrigatoriedade, é porque fazemos a hipótese de que cada um segue regras oriundas dos sistemas morais, não por dever, mas em razão de um cálculo de interesses, por medo do castigo ou por esperança de recompensa. Nesse caso, a moral, com sua referência aos deveres e ao Bem, não passaria de um discurso, pois não teria realidade psicológica. Moral e hipocrisia seriam sinônimos. Em compensação, se pensarmos que, de fato, há pessoas que agem *por dever*, isso porque intimamente convencidas de que assim agindo fazem o bem, é porque acreditamos na existência de um sentimento de obrigatoriedade, de um plano moral psicológico.

Embora possamos ser extremamente céticos em relação às virtudes humanas, é difícil afirmar que as ações realizadas por dever moral não existem. Temos sempre em volta de nós exemplos de atitudes dificilmente explicáveis por um cálculo de interesses pessoais (sacrificar-se por outrem, como a mãe que sacrifica muito de seu tempo e interesses para cuidar dos filhos), por um medo do castigo (que castigo real recairia sobre essa mãe, se agisse de forma diferente?) ou por esperança de recompensa (que recompensa ela esperaria?). E temos exemplos históricos de personagens cuja abnegação pessoal em nome de princípios morais pode dificilmente ser colocada em dúvida. Penso em Gandhi em sua luta pela liberdade, em Martim Luter King em sua luta pela justiça, nos resistentes franceses que arriscavam suas vidas (e a se verem submetidos às piores torturas) para ajudar judeus a escapar dos campos de concentração nazistas, nos médicos que abandonam seu conforto civilizado para, em lugares inóspitos e perigosos, ajudar necessitados em várias regiões do mundo. E há muitos outros exemplos. Penso, aliás, que se a moral fosse apenas discurso vazio, há tempos que a humanidade não falaria mais nela. Ou não haveria limites para a ilusão?

No campo da psicologia, o fato de haver pesquisadores – e dos melhores – debruçando-se sobre o fenômeno moral, atesta que eles acreditam e provam que a moralidade é uma realidade psicológica. Durkheim, assim como Piaget e

Kohlberg, não duvida da realidade do sentimento de obrigatoriedade. O costumeiramente céptico Freud tampouco: ele chegava a comparar as ordens do superego ao imperativo categórico kantiano, ao sentimento do dever incondicional. Para o filósofo, a fonte desses deveres é a razão; para Freud, é uma instância inconsciente, mas o que importa notar é que, para ambos, o sentimento de obrigatoriedade corresponde a uma realidade humana. Levy-Bruhl (1902/1971), Dupréel (1967), Flanagan (1996) e outros conclamam os cientistas sociais a explicar o fenômeno do respeito pela regras morais, fenômeno raro, talvez, mas cuja realidade é inegável.

Em resumo, podemos afirmar a existência de um plano moral: do ponto de vista sociológico, pelo fato de não se conhecer cultura sem sistema moral, e do ponto de vista psicológico, pelo fato de os seres humanos serem passíveis de experimentar o sentimento de obrigatoriedade, o sentimento do dever moral.

Algumas observações complementares são necessárias.

A primeira delas refere-se a uma possível confusão entre os registros axiológicos e psicológicos. No campo da filosofia moral, costuma-se fazer a distinção entre as teorias deontológicas e aquelas teleológicas. As primeiras rezam que os deveres morais devem ser obedecidos incondicionalmente por serem bons em si mesmos;[9] as segundas afirmam que o valor moral de uma ação mede-se a partir de suas conseqüências concretas no mundo. É por essa razão que quando se fala em deveres morais, costuma-se pensar que a perspectiva deontológica é adotada. Mas não é o caso aqui. Vejamos por que, por intermédio do debate em torno do valor moral da regra "não mentir". A abordagem kantiana é o exemplo mais notório da visão deontológica. Para ele, a moral é composta de imperativos categóricos, logo, de deveres absolutos cujo valor não depende das conseqüências dos atos (os imperativos cujo valor é relativo a alguma coisa exterior a eles são chamados de hipotéticos). Assim, o imperativo categórico "não mentir" seria bom em si mesmo, sendo portanto a mentira sempre condenável moralmente, mesmo que a revelação da verdade cause prejuízos a quem a proclama, ou a terceiros. Para os chamados conseqüencialistas, como Benjamin Constant (ver Berten, 2004), não somente a recusa de levar-se em conta as conseqüências de um ato tornaria a vida em sociedade impossível como, em certos casos, levaria a injustiças, portanto, à imoralidade. Imaginemos estar escondendo em nossa casa uma pessoa perseguida por agentes policiais a serviço de uma ditadura sangüinária. Se eles batem à nossa porta e perguntam pelo fugitivo, é moralmente correto revelar onde ele está escondido? Para a perspectiva kantiana, sim, por que não mentir é um imperativo moral absolutamente bom. Para Constant, não, porque as conseqüências do ato seriam moralmente condenáveis (levar um inocente à morte). O senso moral comum costuma dar razão ao pensador francês, mas isso não basta para encerrar a questão e sempre dar razão às teses conseqüencialistas. Em alguns casos, parece mesmo haver a necessidade de deveres absolutos, que não dependem, portanto, para ser seguidos, das conseqüências dos atos. Imaginemos agora que, para salvar um grande número de pessoas, sejamos obrigados, por algum grupo de mentalidade perversa, a torturar uma criança. Imaginemos portanto que se não obedecermos a essa ordem cruel, condenaremos à morte mil pessoas ou mais, pois serão assassinadas pelo referido grupo que nos coage. Ora, a despeito da conseqüência nefasta de levar seres humanos ao túmulo, é moralmente defensável afirmar que *nada* neste mundo justifica torturar-se uma criança. Eis o debate axiológico entre perspectivas deontológicas e teleológicas.[10]

Como vimos, seria um erro pensar que o fato de definirmos o plano moral pela sua relação com o dever traduz nossa concordância com a abordagem deontológica. Como seria um erro chegar à conclusão contrária. E isso por uma razão psicológica tão simples quanto importante: tanto o sujeito pressuposto pela moral deontológica quanto aquele pressuposto pela moral teleológica experimenta o sentimento de obrigatoriedade. Nos dois casos temos um sujeito moral, inspirado, portanto, pelo sentimento do dever. Isso é óbvio para a perspectiva deontológica. Mas também é claro para a outra perspectiva: o conseqüencialista pensa nas conseqüências de seus possíveis atos, pois se sente obrigado a decidir qual deles traduz o Bem. Portanto, ele não somente se debruça sobre variadas alternativas de ação porque se sente obrigado moralmente a fazê-lo, como, uma vez tomada a decisão, age coerentemente com seu veredicto porque, para ele, agir de tal forma é um dever moral. Em resumo, do ponto de vista psicológico, o sentimento de obrigatoriedade é pressuposto tanto pelos adeptos da moral deontológica quanto por aqueles da moral teleológica, permanecendo o debate entre eles no nível da filosofia moral, não no nível psicológico.

A segunda observação é, de certa forma, complementar à primeira. Falar em sentimento de obrigatoriedade pode dar a pensar que quem o experimenta sempre sabe perfeitamente como agir. O sujeito moral nunca teria dúvidas e seguiria o caminho do dever como se esse fosse uma estrada desimpedida de obstáculos. Ora, esse não é sempre o caso. Há, é verdade, situações nas quais o dever aparece claramente. Por exemplo, que sujeito moral haverá de ter dúvidas a respeito do caráter condenável do estupro, ou do caráter louvável da ajuda a pessoas que tudo perderam em razão de um maremoto? Nesses dois casos, o dever aparece claramente, e o indivíduo por ventura indeciso apareceria como moralmente suspeito. Em uma palavra, em ambos os casos não há dilema moral. Mas pode haver dilemas, como no caso do suicídio, do aborto, da eutanásia, das clonagens para fins terapêuticos, e outros mais. Tomemos o exemplo do suicídio. Para alguns, o dever exige que se o condene em nome do valor absoluto da vida. Para outros, o dever exige que não se o condene em nome do valor da liberdade de escolha dos destinos da própria vida. Para outros ainda, a dúvida permanece, pois não encontram argumentos que os convençam a tomar posição. Ora, podemos dizer desses últimos que, pelo fato de estarem indecisos, não são inspirados pelo sentimento do dever? Certamente não, pois sua indecisão não é decorrência de indiferença ou desleixo, mas sim de uma busca sincera e criteriosa de argumentos fortes. Aliás, pode até acontecer de serem sujeitos morais mais sofisticados que aqueles que já tomam posição, se estes o fizeram sem maiores reflexões, adotando dogmas ou limitando-se a seguir fielmente as decisões de autoridades políticas ou religiosas. Em resumo, o sentimento de obrigatoriedade moral não implica sempre o saber-se qual o dever a ser seguido. O sábio é às vezes aquele que diz sinceramente: "eu não sei". Voltaremos a esse tema no capítulo seguinte, quando forem apresentados os conceitos de equacionamento e sensibilidades morais.

A penúltima observação complementar que desejo fazer se refere à relação entre dever moral e exigibilidade social. Alguns deveres morais correspondem a exigências sociais, às vezes consagradas pelo Poder Judiciário. É, por exemplo, o caso das normas "não matar" e "não roubar". Elas são justificadas moralmente (respeito à vida e à propriedade de outrem), e sua transgressão acarreta sanções penais (cadeia, multas). Outros deveres morais não encontram tradução jurídica, mas, mesmo assim, a obediência a eles é exigida socialmente (por exemplo, não trapacear no jogo, cumprir uma promessa) e a transgressão acarreta medidas de controle social privado, como a exclusão do transgressor do círculo de convívio ou a demissão do emprego sem justa causa.[11] Porém, algumas pessoas podem colocar a si mesmas deveres morais não exigíveis pela sociedade. Imaginemos que alguém se sinta moralmente obrigado a gastar parte importante de seu tempo em obras assistenciais: os membros da sociedade costumam admirar tal atitude, considerá-la moralmente elevada, mas não a exigem. E pode também acontecer que uma pessoa se sinta obrigada a agir de forma contrária àquilo admitido como moralmente justificado. Já citei em outro livro (La Taille, 2002) o exemplo do escritor francês Vercors,[12] que, durante a ocupação alemã da França, sendo obrigado e receber em sua casa um oficial alemão e podendo dar-lhe sinais de desprezo, não o faz por não suportar a idéia de se humilhar alguém, nem mesmo um adversário. Ora, tal dever não somente era experimentado por poucas pessoas, no calor da guerra, como o ato de humilhar o adversário era considerado por muitos moralmente aceitável. Em suma, seria um erro pensar que o sentimento de obrigatoriedade que caracteriza o plano moral seria apenas despertado por exigências sociais. É certo que tais exigências dão visibilidade às normas morais cuja transgressão acarreta sanções: costumam ser estas que a educação moral prioritariamente trabalha. Mas o fenômeno moral não se limita a elas, embora seja provável que a consciência moral de muitas pessoas seja mero espelho das exigências sociais. Esse comentário nos leva à última observação que julgo necessário fazer para a análise do plano moral.

A última observação diz respeito à "freqüência" do sentimento de obrigatoriedade. Tal freqüência pode ser pensada do ponto de vista populacional: será o sentimento do dever moral experimentado pela maioria das pessoas? ou o será apenas por uma minoria? Naturalmente, é impossível responder a esta pergunta com números. Apenas indícios podem nos permitir fragmentos de resposta. Freud, por exemplo, pensava que o referido sentimento era raro, permanecendo um grande número de homens e mulheres inspirados pelo medo do castigo. Piaget raciocinava de forma diferente, mas chegava a uma conclusão semelhante: para ele, o heterônomo moral, pelo fato de as regras que legitima não terem sido elaboradas pela sua inteligência, comporta-se de forma errática, freqüentemente desobedecendo, na prática, às leis que ele mesmo pensa serem "sagradas". Como Piaget fazia a hipótese de que a heteronomia é a moral socialmente dominante, não se espantava de observar tantas transgressões cotidianas. Se formos interrogar nossos contemporâneos, certamente notaremos que eles têm mais queixas do que elogios a respeito da moralidade alheia. Fraqueza inerente aos homens ou sinais de nossa época? Para Gilles Lipovetsky (1992), são sinais culturais. Em seu livro, cujo título, *O crepúsculo do dever*, não deixa dúvidas sobre o diagnóstico do autor, o intelectual francês afirma que vivemos uma época "pós-moralista", sendo a rarefação do sentimento de obrigatoriedade decorrência da atual ordem social individualista que prioriza o prazer em relação ao dever.

Deixo ao leitor a tarefa de avaliar se o sentimento de obrigatoriedade é jóia rara ou traço psíquico comum à maioria das pessoas. Pessoalmente, penso que é traço psíquico freqüente. E penso também que os "eclipses" morais – habituais, infelizmente – não se devem à uma suposta falta total de senso moral que acometeria a quase todos, mas sim ao simples fato de o sentimento de obrigatoriedade ser às vezes *mais fraco* do que outros sentimentos. Dito de outra forma, penso que a questão não está na freqüência do referido sentimento na população, mas sim na freqüência com que as pessoas o experimentam de forma o bastante forte para serem por ele inspiradas. O conceito-chave para equacionar a questão parece-me ser o de *conflito*. Quem já não observou pessoas fiéis e atenciosas com seu amigos, mas que os esquecem ou até mesmo os traem assim que interesses pessoais entram em jogo? Quem já não observou pessoas que costumeiramente se comportam de forma honesta, mas que um dia roubam, trapaceiam ou mentem, quando uma tentação se apresenta a elas? Perguntaria mais: quem já não observou fenômenos parecidos, de menor e até da maior gravidade, na sua própria história de vida? Se o leitor me concede que o que acabo de descrever corresponde, às vezes, à realidade, cabe nos perguntarmos se tais pessoas, a quem atribuímos hipoteticamente transgressões, são desprovidas do sentimento de obrigatoriedade, ou se esse sentimento apenas não foi o bastante forte para impedir ações contrárias à moral. Ora, penso que seria exagerado jogar para o campo da imoralidade, para o campo do "mal", todos os indivíduos que, um dia, agiram contra a moral. Somente sobrariam heróis e santos no campo do "bem", o que certamente não representaria muita gente. Com efeito, os chamados heróis e santos são aquelas pessoas capazes dos maiores sacrifícios pessoais em nome de certos valores morais. Neles, o sentimento de obrigatoriedade de agir de forma justa ou generosa é forte o bastante para dominar quaisquer outras vontades. No conflito entre vontades diversas, a vontade moral predomina. Mas tais casos não somente são raros como seus protagonistas não costumam ser pessoas totalmente virtuosas: Schindler, que arriscou sua vida para salvar judeus das garras dos nazistas, era, segundo o relata Flanagan (1996), péssimo marido, e Luther King, que corajosamente dedicou sua vida ao ideal de justiça, um adúltero reincidente. Em suma, não me parece ser, do ponto de vista da psicologia, uma boa opção teórica dividir os seres humanos em morais e não-morais. O problema maior não está em detectar a presença ou a ausência do sentimento de obrigatoriedade, mas sim a sua *força*.

Ora, falar em "força" implica assumir uma teoria energética das ações humanas, portanto, de uma teoria da afetividade. É justamente para dar conta dessa questão que diferenciamos moral de ética. Vamos então analisar o que chamamos de *plano ético*.

O PLANO ÉTICO

Reservamos a questão ética para as respostas existenciais referentes à pergunta: "que vida eu quero viver?". De passagem, vale a pena notar que essa pergunta tem sido, ultimamente, objeto de variadas publicações ou re-publicações no mundo ocidental. Os problemáticos livros de "auto-ajuda" não deixam de levar seus leitores à reflexão sobre o como "viver bem". O tema das virtudes, intimamente relacionado à ética, tal como a definimos aqui, também tem sido objeto de renovadas reflexões: autores contemporâneos como Comte-Sponville (1995), MacIntyre (1981), Sentis (2004), Tugendhat (1998), entre outros, têm escrito sobre elas, e sabe-se do sucesso editorial dos "Livros das Virtudes", organizados por Bennett (1995). Não deixam de ser sintomáticas as reedições de antigos textos sobre a felicidade (como o de Bertrand Russell, 1962) e o empenho de outros autores em equacionar esse mesmo tema, como o fizeram Ferry (2002) na França, Seligman (2004) nos Estados Unidos, e Giannetti (2002) no Brasil. Neste início de século XXI, encontrar respostas para levar uma "vida boa" parece corresponder a uma urgência existencial. Porém, é de certa forma preocupante notar que, quase sempre, a reflexão ética contemporânea, diferentemente do que se fazia na Antigüidade, não faz referências à moral, não se articula com a questão dos deveres, embora haja exceções, como Ricoeur (1990), Comte-Sponville (1995), Collin (2003) e MacIntyre (1981).

Considerando o que foi dito, é inevitável notar que as respostas à pergunta "que vida eu quero viver?" formam um amplo leque de conteúdos: dinheiro, amor, sexo, sucesso profissional, paixões, glória, poder, ataraxia, emoções fortes, virtudes, serenidade, vida familiar, aventuras, reputação, temperança, paz, isolamento, amigos, trabalho, lazer, autenticidade, auto-estima, auto-superação, religião, beatitude, etc. A lista talvez não tenha fim. Encontramos praticamente tudo e seu contrário. A dificuldade de um tratamento objetivo do tema explica, ao menos parcialmente, a sua pouca exploração por parte da psicologia, o que deixou o campo livre para os "vendedores de sonhos" que abarrotam as livrarias com seus opúsculos. Mas para definirmos um "plano ético", devemos fazer um esforço de objetividade e procurar encontrar algo que seja comum a todos esses conteúdos. Fizemo-lo para definir o plano moral: identificamos o sentimento de obrigatoriedade como elemento comum a todas as morais. Considerando que exista, qual será o elemento comum a todas as opções éticas? Como fazemos uma análise psicológica, melhor formular a pergunta de maneira mais precisa: *que elemento psicológico estaria necessariamente contemplado para que se possa de fato viver uma vida boa?* Se encontrarmos tal elemento, se encontrarmos algo de incontornável para todas as respostas éticas realmente satisfatórias para os seres humanos (podem haver ilusões de felicidade, que mais trazem sofrimento que bem-estar), teremos como definir o plano ético para, em seguida, articulá-lo com o plano moral.

A tarefa é delicada. Séculos de filosofia, de busca da sabedoria estão aí, tanto para mostrar-nos que o tema da "vida boa" ou "felicidade" é incontornável – se não o fosse, porque seria ele recorrente? – quanto para provar-nos que é de difícil abordagem – nunca houve unanimidade de opiniões. No emaranhado de teses sobre definições e meios de atingir este "supremo bem" que é a felicidade, é preciso provermo-nos de um método de análise, de passos que logrem nos aproximar de características minimamente convincentes para definir o plano ético.

O primeiro passo consiste em avaliar se a "vida boa" é decorrência de condições objetivas e mensuráveis, ou se ela corresponde a uma experiência subjetiva. A resposta a essa indagação parece clara: a "vida boa" é da alçada da subjetividade, do "sentir". Parece-me difícil discordar de Canto-Sperber (2004) quando ela lembra que não é possível ser feliz sem se *sentir* feliz. Não raro dizemos de pessoas que "elas têm tudo para ser feliz", e logo nos espantamos com o fato dessas mesmas pessoas se mostrarem desanimadas, tristes, depressivas. Nesses casos, notamos que elas possuem "objetivamente" condições de vida invejáveis, habitualmente associadas a possíveis estados de bem-estar: beleza física, fama, sucesso profissional, saúde, condição financeira tranqüila, etc.[13] Porém, tudo leva a crer que, para elas, tais bens não "trazem a felicidade", ou, pelo menos, não são suficientes para garanti-la. Elas não se *sentem* felizes. Tais casos devem nos convencer da importância da experiência subjetiva que preside à "vida boa". Não se trata, é claro, de descartar a contribuição de certas condições concretas de vida para o usufruto da felicidade. Isso fica claro essencialmente pela negação: é muito difícil, embora não totalmente impossível,[14] sentir-se feliz na miséria, na doença, no desprezo social, no trabalho sem qualquer tipo de gratificação. Penso que seria cair em um irrealismo afirmar que a felicidade é "puro" estado subjetivo. Mas parece apropriado dizer que ela depende da subjetividade.[15] Em resumo, o gozo da felicidade depende de "estados internos", ele é uma experiência subjetiva. Logo, o plano ético é ocupado por *avaliações pessoais* a respeito de se estar vivendo, ou não, uma "vida boa". Como essas avaliações podem receber variados conteúdos, nossa primeira conclusão é coerente com a definição de plano ético como *forma*.

Isto posto, *um segundo passo para elaborarmos o conceito de plano ético consiste em avaliar qual a relação entre o sentir-se feliz e o eixo do tempo.* Será a felicidade a somatória de momentos agradáveis? Ou será que ela depende de algo que diga respeito, se não a uma vida inteira, pelo menos a algo que transcenda o aqui e agora? A resposta não parece oferecer maiores dificuldades para ser aceita. Se convocarmos os filósofos que se debruçaram sobre o tema da "vida boa", veremos que contemplam a vida como um todo, e não como fugazes momentos de prazer. É o caso de Aristóteles, para quem a felicidade é fruto do cultivo das virtudes, cultivo árduo e que ocupa toda uma vida. Epicuro, embora coloque o prazer no centro de sua ética, segue os passos de Aristóteles, e também adere à abordagem holística da "vida boa". Se pensarmos na concepção cristã de felicidade, que implica a comunhão com Deus e o merecimento de ao lado Dele passar a eternidade, também fica clara a articulação entre a "vida boa" e o fluxo temporal da vida e da morte. Mais perto de nós no tempo, Williams (1990), para quem a questão de Platão (que vida viver?) é o melhor ponto de partida possível para a filosofia moral, lembra que a reflexão deve incidir sobre a vida como um todo. Ricoeur (1990), para analisar a "vida boa", insiste no fato de que "vida" deve designar o homem por inteiro, e não práticas fragmentadas. Spaemann (1999) descarta o prazer, como sentimento inerente à felicidade, e elege a alegria para ocupar o seu lugar: a alegria transcende a sensação imediata de gozo, dá-lhe sentido existencial. Teremos, logo abaixo, quando tratarmos do prazer, a oportunidade de voltar um pouco sobre a dificuldade de pensar a felicidade em termos de somatória de pequenos momentos agradáveis. Por enquanto, penso podermos assumir que, ao lado de sua característica de experiência subjetiva, a felicidade, para merecer esse nome, exige a transcendência do aqui e agora. Como o escreve Paul Ricoeur (1990), a felicidade não é dada por nenhuma experiência particular, mas sim pela consciência da direção que damos às nossas vidas.

Um dado recente da psicologia reforça a tese segundo a qual a felicidade depende de elementos identificáveis na "vasta paisagem da existência", para retomar uma expressão de Ricoeur. Lilian D. Graziano (2004), pesquisadora brasileira, encontrou correlação positiva entre sentimento subjetivo de bem estar (sua definição para a felicidade) e consciência de se ter controle sobre a própria vida (lócus interno de controle). Vale dizer que as pessoas que sentem ter, em geral, liberdade para decidir o que fazer de suas vidas, sentem-se mais felizes do que aquelas que se vêem coagidas. Para além das variadas decorrências teóricas desse dado, creio que uma delas é reforçar o caráter holístico da felicidade: a liberdade de decisão relaciona-se não tanto com o possível gozo de determinadas ações, mas sobretudo com algo que as transcende.

Já efetuamos dois passos em nossa caminhada para definir o plano ético: experiência subjetiva de alguma forma de bem-estar, e avaliação de que essa experiência acompanha o fluxo temporal da vida. *O terceiro corresponde a uma questão espinhosa, mas incontornável: qual será a qualidade necessária à referida experiência subjetiva de bem-estar?* Podemos formular essa questão de outra forma: qual é a busca existencial de todo homem e de toda mulher? Será a busca do prazer? Minha resposta é negativa. Mas não posso me furtar a analisar, mesmo que rapidamente, a tese do lugar central que ocuparia a busca do prazer na vida de cada um de nós.

Com efeito, o prazer é um tema que costuma irromper na mente quando se pensa em felicidade. Tal irrupção é notadamente intensa nos dias de hoje, dias de verdadeiro culto às emoções fortes, à adrenalina, ao divertimento, dias em que o vocábulo "orgasmo" despiu-se de seu antigo pudor para servir de metáfora para variadas experiências de prazer intenso. Como é notório que a experiência do prazer pode advir de variadas situações, de variados conteúdos, poderia parecer que esse conceito adequa-se perfeitamente ao aspecto formal inerente ao plano ético. Todavia, sérias dificuldades existem, e devem fazer-nos descartar a simples referência ao prazer como elemento comum a todas as experiência de "vida boa".

O sentido mais habitual para a noção de prazer adequa-se perfeitamente à idéia de fragmentos de tempo vividos de forma descontínua, discutidos acima. Existem os chamados "prazeres corporais". Uns são decorrentes de desejos naturais necessários, como dizia Epicuro (ver Laks, 2004), e correspondem à cessação de algum desconforto (a fome, a sede, por exemplo). Outros, sempre seguindo a classificação epicurista, correspondem a saciação de desejos também naturais, mas não necessários, como, por exemplo, a vontade de saborear um salmão ou um vinho: nesses casos, trata-se de usufruir de algum luxo, e não – ou não apenas – de matar a fome ou a sede. Os prazeres corporais que experimentamos, assim como o restante dos animais (prazeres necessários), são, por definição, momentâneos: experimentam-se no momento de uma ação. Não há dúvidas de que a saciação de necessidades básicas (relacionadas ao princípio da sobrevivência) e o gozo dos chamados "pequenos prazeres da vida" são valorizados pelo comum dos mortais. Todavia, não se conhece qualquer sistema ético que os equipare à felicidade. Spaemann (1999) pergunta aos seus leitores se aceitariam permanecer para o todo sempre ligados a um aparelho elétrico que lhes garantisse constantes "choques de prazer", e responde por eles que certamente não trocariam a "vida vivida", com seus inevitáveis perigos de dor e de morte, por essa garantia de prazer corporal perene.

Ao lado dos prazeres corporais, há também aqueles que respondem pelo nome de "prazeres da alma" (ainda segundo a nomenclatura de Epicuro), e que pressupõem as faculdades intelectuais para serem experimentados: o prazer da leitura, de escrever, de ouvir música, de compor, de assistir e de praticar algum esporte, etc. Como os prazeres corporais, os prazeres da alma – ou do pensamento, como também são chamados – são claramente situados no tempo: são experimentados quando da atividade. Bastariam eles para tornar a vida feliz? A resposta a essa pergunta parece menos evidente do que aquela que assumimos para os prazeres do corpo. Mas penso que é igualmente negativa. Imitando Spaemann, podemos indagar se aceitaríamos cessar nossas atividades habituais, interromper o fluxo natural de nossas vidas, se tivéssemos a garantia de, de forma contínua, usufruirmos de prazeres intelectuais. Talvez fôssemos tentados a fazê-lo, mas certamente nos arrependeríamos, pois logo um certo tédio e um vazio existencial invadiriam nossas vidas. É, aliás, o que costuma acontecer com os aposentados: começam por apreciar sua nova vida, longe das agruras de um trabalho profissional nem sempre gratificante, dedicam-se aos prazeres para os quais não tinham tempo, mas, não raras vezes, perdem pouco a pouco a vontade de viver; alguns reagem procurando atividades que os recoloquem no ritmo inevitavelmente turbulento da "vida vivida".[16] Em resumo, coerentemente com o fato de termos associado a felicidade ao fluxo temporal da vida, não me parece em absoluto que os prazeres do corpo e da alma sejam garantia de uma "vida boa", e que o processo psicológico que nos leva a querer deles usufruir possa ser central para a plano ético.

Mas o leitor poderá contestar lembrando que há éticas clássicas que colocam o prazer no centro dos projetos de felicidade (as correntes hedonistas). Sim, é verdade. Todavia, o conceito de prazer que empregam não corresponde àquele que acabamos de analisar. Aliás, dele se afastam bastante, tornando problemático o emprego de um mesmo conceito tanto para se referir a apreciação de um bom prato, de uma boa música, quanto para a valorização da amizade, das virtudes, da dignidade. Dois exemplos me parecem suficientes para compreendê-lo.

Epicuro, notável hedonista, coloca a amizade como bem necessário à felicidade. Mas todo o problema reside em saber o que há de comum entre saborear um vinho, ouvir música e ter amigos. Entre os dois primeiros, o comum é a referência ao tempo: experimenta-se uma "sensação" agradável no momento da ação. Porém, tal não parece ser o caso em se *ter* amigos. Insisto no verbo "ter". Se fôssemos apenas referir-nos aos momentos em que se está em boa companhia, a comparação com bons vinhos e boa música seria possível: saboreia-se o momento vivido, as sensações agradáveis durante ele experimentadas. Porém, o fato de ter amigos nos projeta em outra dimensão: a do *ser*. Imaginemos um pessoa momentaneamente sozinha, no sentido físico da palavra. Ela pode estar rememorando o prazer de que gozou ao ouvir um concerto na véspera, ao comer um bom prato na saída da sala de espetáculos e ao conversar com seus amigos. Nesse caso, há uma dilatação do tempo: o prazer experimentado emana seus eflúvios, mas ainda o momento vivido é referência necessária. A pessoa poderá ainda sentir-se bem ao antecipar o prazer que lhe trará o concerto a que vai assistir, o prazer que próximos banquetes lhe proporcionarão, o prazer que os encontros marcados com seus amigos lhe garantirão. Novamente, a sensação de bem-estar, relacionada ao prazer, dilata-se no tempo, porém permanece referenciada a determinados momentos, a determinadas ações. Contudo, pode ser que a pessoa em questão sinta-se feliz não pela memória ou pela antecipação de eventos, mas porque saber-se amiga lhe agrada. Nesse caso, o *ser* amigo de outrem é que está em jogo, e não a lembrança ou imaginação de momentos ricos de convívio. Trata-se de contentamento com um *situação* na vida, portanto, não limitado à referência a momentos do intenso gozo. Ora, será que podemos empregar a noção de prazer tanto para nos referir a esses momentos de gozo quanto para a avaliação do valor de situações da vida? Das duas uma: ou pensa-se que sim, e faz-se então a hipótese de um achatamento dos sentimentos humanos (todos os sentimentos são facetas de uma mesma sensação, o prazer), ou pensa-se que não, e a noção de prazer torna-se referência para tudo aquilo que o homem busca (e desprazer sendo sinônimo de coisas ruins que os homens procuram evitar), o que implica contentar-se com uma noção psicologicamente vaga e pouco produtiva para compreender a felicidade humana. De acordo com Spaemann (1999), penso que o hedonismo representou um esforço para compreender as motivações das ações humanas – e isso é a sua grande contribuição – mas que sua referência exclusiva ao prazer torna suas teses problemáticas, psicologicamente falando. Dito de outra maneira, o hedonismo tem certamente razão quando sublinha que o homem busca o que é bom para si (e isso mesmo em se tratando de moral), mas parece errar ao resumir essa motivação à busca do prazer, seja porque nos leva a reduzir todos os sentimentos positivos a um só, seja porque "prazer" torna-se aí um conceito demasiadamente vago.

Mesma análise pode ser feita da abordagem utilitarista de Stuart Mill (1861/1988), outro notável hedonista para quem a única coisa desejável é a felicidade, que se traduz pelo prazer ou pela ausência de desprazer. Em um trecho em que defende o hedonismo, ele estabelece uma hierarquia entre prazeres. Antes de vermos seu argumento, notemos que, se uma determinada atividade causa mais prazer que outra, isso só pode dever-se ao fato de que o prazer gerado por uma seja mais *intenso* do que o prazer gerado pela outra. Em sendo sensações diferentes, colocar ambas na classe do prazer torna-se problemático, a não ser que entendamos "prazer" como categoria geral do que causa algum tipo de bem-estar, o que, como comentado acima, torna de pouca utilidade o referido conceito para a psicologia. O que nos diz Mill? Ele afirma que os prazeres da alma são superiores aos do corpo, que causam, portanto, mais prazer, sendo preferidos por aqueles cuja educação lhes deu instrumentos intelectuais capazes de experimentá-los. O filósofo, preocupado em refutar a idéia segundo a qual o hedonismo reduziria o homem ao *status* de animal, supostamente movido por prazeres vulgares, defende sua posição referindo-se a um sentimento comum a todos os seres humanos, o da *dignidade*. O homem sentir-se-ia mais digno ao gozar de prazeres intelectuais do que prazeres "da carne", fato que o levaria a preferir aqueles a estes. Vemos que Mill, para explicar a maior intensidade dos prazeres da alma, introduz um novo termo, em si estranho ao conteúdo do que causa prazer. A atração dos homens pela música ou pela literatura não se daria, portanto, apenas em razão das qualidades prazerosas intrínsecas a essas duas atividades, mas também em função de um valor cuja origem deve ser buscada nas avaliações que o homem faz sobre seu próprio ser (minha dignidade implica que eu prefira tal coisa a tal outra). Mas então, onde estaria a fonte essencial do prazer? Na atividade? Na concepção que temos de nós mesmos? Podemos dizer que ambas são fontes do prazer, mas ao afirmá-lo reencontramos as mesmas dificuldades apontadas quando do exemplo da amizade. O prazer, cuja experiência é intuitivamente óbvia em atividades como comer e ver um belo quadro, deixa de ser um sentimento claramente identificável em outras situações, como as de se sentir digno ou merecedor da amizade alheia.

Em suma, penso que, do ponto de vista psicológico, a referência ao prazer como elemento-chave do plano ético é insatisfatória: ou reduzimos a felicidade à somatória de momentos agradáveis – tese que já rechaçamos – ou chegamos a uma quase sinonímia entre prazer e felicidade – o que nos faz andar em círculos. Falta dizer que Freud, ao afirmar que uma motivação fundamental das atividades do homem é o "princípio do prazer", foge a essa circularidade. Trata-se de uma teoria genética: no início da vida, o bebê procura o prazer corporal, mas tal busca sofre paulatinamente um processo de sublimação, ou seja, desloca-se para variados objetos, notadamente intelectuais (como a ciência e as artes). Aparentemente, a teoria freudiana é hedonista, como as de Epicuro e Mill. Todavia, ela traz dois pontos que a separam claramente destas. O primeiro: a busca do prazer é uma motivação inconsciente. Logo, não é o experimentar prazer que está em jogo: variados sentimentos podem associar-se a esse princípio básico. O valor dado à dignidade, para retomar a teoria utilitarista de Stuart Mill, pode ser motivado por uma busca inconsciente do prazer, mas aparecerá à consciência de forma bem diferente do que o prazer experimentado ao se saborear um bom prato. Dito de outra maneira, o fato de colocarmos a busca do prazer na esfera inconsciente opera uma separação entre prazer e felicidade: a busca da felicidade é motivada pela busca do prazer, mas não é pensada e usufruída enquanto tal. O segundo ponto que separa a teoria de Freud dos sistemas hedonistas filosóficos é o fato de ele identificar no prazer uma dimensão erótica: o desejo sexual estaria em todas as atividades humanas, mas sublimado.

Temos, portanto, na teoria psicanalítica, uma abordagem *sui generis* e genuinamente psicológica da função do prazer na economia das ações humanas.[17] Sabe-se de sua força e coerência, sabe-se também de sua influência no pensamento moderno. Mas, naturalmente, a psicanálise não alcança unanimidade. Seu "pansexualismo", para empregar uma expressão de Piaget, não pode ser aceito sem maiores precauções, tampouco sua referência a pulsões para dar conta da mola mestra que impulsionaria a vida. De minha parte, creio que os sentimentos têm, por assim dizer, "vida própria": pode ser que sejam sublimações do princípio do prazer, mas uma vez constituídos, atuam de forma independente nas atividades humanas, cabendo, portanto, estudá-los enquanto tais. Em outras palavras, não penso que se deve reduzir a dimensão dos sentimentos àquela das pulsões. Logo, a aceitação da realidade energética e da função genética do princípio do prazer não implica contentar-se com elas para definir o plano ético.

Precisamos, portanto, para compreender de que se nutre a "vida boa", sob seus vários aspectos e conteúdos, encontrar uma necessidade psicológica incontornável, que transcende episódios de vida, e passível de ser concebida enquanto tal pela consciência. Tal parece ser o caso do *sentido para a vida*.

Talvez não haja maneira de escolher "como viver" sem ter alguma resposta subjetivamente convincente para o *"para que* viver?".

Para melhor apreciar o quanto a pergunta do plano ético "que vida viver?" implica outra, "para que viver?", talvez seja boa estratégia pensarmos nas origens possíveis do grau máximo de infelicidade, que leva alguém a não querer mais viver e a se suicidar. Como a grande maioria dos fenômenos humanos, o suicídio tem certamente múltiplas causas. Há pessoas que põem intencionalmente um fim às suas vidas em razão de experiências episódicas de desespero, em razão de alguma dor aguda, física ou moral, causada por algum acontecimento claramente situado no tempo (a perda de um ente querido, por exemplo). Existem tais casos mas, segundo Durkheim, autor de um célebre estudo sociológico sobre o suicídio (Durkheim, 1988), representam a exceção, e não a regra. Suas pesquisas mostraram que se observam mais casos de suicídio em situações em que os indivíduos se encontram privados dos benefícios da coesão social, privados portanto de referências comunitárias que dêem sentido a seus esforços para viver, do que em situações de dificuldades materiais de sobrevivência. Sublinho que é do próprio Durkheim o emprego da expressão "sentido a seus esforços": o suicídio estaria assim relacionado à perda de sentido da vida, ao não mais se saber por que levantar de manhã, porque trabalhar, por que preparar-se para o dia seguinte. O suicídio estaria relacionado, na maioria das vezes, a um vazio de sentido existencial. Há outras exceções notórias, mas que, longe de desmentir a relação entre suicídio e sentido da vida, paradoxalmente a reforçam: refiro-me aos "kamikases", aos homens e mulheres-bomba que, conscientemente, resolvem matar e se matar em nome de um ideal político ou religioso. Nesses casos, longe de fugir a problemática do sentido da vida, o suicídio a coloca de maneira escancarada. Poder-se-ia dizer que, nesses casos, morrer encerra uma razão de viver. Devemos lembrar aqui também as pessoas que arriscam a vida na luta por alguma causa. Não se trata de suicídio, pois esperam vencer a luta sem morrer, mas o fato de aceitarem a probabilidade, freqüentemente altíssima, de perderem suas vidas, os aproxima, psicologicamente falando, daqueles que têm certeza absoluta de não sobreviver. Mas tais casos também são raros.[18] A causa mais freqüente do suicídio é a perda do sentido da vida. Pensemos nos suicídios decorrentes da perda da honra: melhor morrer do que viver sem honra, diz-se, ou melhor, dizia-se, antigamente. Ora, o que é a honra senão uma razão perene de viver, um sentido atribuído à existência? Voltarei em breve ao tema da honra, que reputo central para a ética e sua relação com a moral.

Por enquanto, penso que Albert Camus (1973) tem razão quando postula que o problema filosófico mais importante de todos é o suicídio: esse ato derradeiro mostra, pela negação, o quanto o sentido da vida é o mais urgente dos temas humanos, pois, sem ele, não se vive. Não somente sem ele não se vive, como nossas ações mais decisivas, às quais nos engajamos por inteiro, são aquelas em que ele está em jogo. O próprio Camus lembra que Galileu, possuidor de uma verdade científica da maior importância, abjurou-a para não ser condenado à morte, e que nunca se viu ninguém morrer em defesa deste ou daquele argumento ontológico. Ora, se não se morre pelos trajetos dos planetas em torno do Sol, ou pela afirmação de que a essência precede a existência, ou vice-versa, é porque não se vive para eles. Para Galileu, a vida não deixava de ter sentido pelo fato de as evidências científicas serem negadas por motivos religiosos, mas provavelmente deixaria de fazer se ele não pudesse mais se dedicar à ciência. Foi esse sentido que determinou a sua ação de mentir ao dizer publicamente que abjurava suas teorias: assim ele pôde permanecer escrutando o céu. Com Sócrates foi diferente: acusado de corromper a juventude e por isso condenado à morte, preferiu morrer a renegar suas idéias, porque elas diziam diretamente respeito à sua forma de conduzir-se na vida, à sua ética. Viver de outro modo que não "socraticamente" não teria feito sentido para ele.

Em resumo, creio que viver uma vida que faça sentido é condição necessária para a "vida boa", seja ela qual for, e que, portanto, encontramos nessa necessidade um elemento essencial à definição do plano ético. Além do mais, o sentido da vida corresponde às duas características já atribuídas ao referido plano: o sentido da vida depende de avaliações subjetivas e é tema que acompanha o ser humano ao longo de sua existência.[19] Vários autores referem-se a essa questão para elaborar seus estudos morais e éticos. Já falamos em Camus, e podemos lembrar também de Sartre (1943), Morin (2004), MacIntyre (1981), Collin (2003) e Taylor (1998), para citar apenas autores recentes. Esse último insiste no fato de que "dar sentido" às ações é identificar aquilo que as torna dignas de ser realizadas e que, conseqüentemente, traduz a nossa "situação no mundo". Ele observa que, nas reflexões éticas modernas, o tema do sentido da vida tomou uma dimensão desesperadora. Antigamente, as pessoas não duvidavam de que a vida pudesse ter um sentido, todo o problema residia em saber *qual*. Atualmente, a dúvida recai sobre a *própria existência* de um sentido. Não é por acaso que Camus procura as razões de viver naquilo que ele chama de *absurdo*, e que Sartre fala em *náusea* para ilustrar o sentimento de total estranhamento existencial. Entre outras razões, o moderno "desencantamento" do mundo, bem como a decorrente problematização das razões de nele viver, devem-se ao enfraquecimento da influência dos sistemas religiosos na maneira como as pessoas concebem a morte. A morte pensada enquanto passagem de uma forma de vida para outra corresponde a uma idéia suportável, e que confere à vida um sentido de etapa, de seqüência de ações cujos frutos transcenderão o tempo e o espaço. Porém, se a morte é friamente pensada como fim derradeiro, ou se são fortes as dúvidas de que haja paraíso ou reencarnação, a perspectiva inelutável de seu advento transforma-se em uma espécie de "buraco negro" que pode tragar as razões de viver. Qual o sentido de nossas ações se o tempo bruscamente e imprevisivelmente as interromperá? À realidade da morte, concebida cada vez mais como puro evento biológico, deve acrescentar-se o individualismo contemporâneo como elemento complicador na busca de uma vida com sentido. Com efeito, pensar-se como ocupando um papel previamente determinado pela sociedade – de pai, de mãe, de filho, de trabalhador, etc. – permitia "tomar emprestado" o sentido e o valor que a cultura atribuía a esses papéis. Hoje em dia, não somente esses papéis carecem de definições claras (o que é ser pai? ser mãe? etc.), como não são vistos como portadores de identidade. Como analisado por Richard Sennett (1979), o ideal moderno é cada um encontrar sua identidade no seio de sua própria intimidade, de sua singularidade: cada um deve escrever seu próprio papel, construir sua própria personalidade. E talvez muita gente não consiga, na solidão de suas idiossincrasias, encontrar a si mesma, encontrar a razão de viver, e não consiga, portanto, saber como viver. Pode ser por esse motivo que, segundo estatística da ONU de 2002, entre as causas de morte intencionalmente causadas, o suicídio é, de longe, em nosso planeta, o mais freqüente (é preciso somar as mortes decorrentes dos crimes e das guerras para igualar o número de suicídios). Os países que levam os números de morte voluntária a esse terrível patamar são justamente aqueles nos quais as condições materiais de vida são melhores.[20] Todo problema, mais uma vez, parece mesmo residir na questão do sentido da vida, questão essa presumivelmente mal ou não resolvida no mundo ocidental contemporâneo.[21]

Falta-nos dar o *quarto e último passo para definir o que seria invariante no plano ético*. Já sabemos que toda e qualquer resposta para a pergunta "como viver?" deve ter valor subjetivo, relacionar-se ao fluxo da vida e ser portador de sentido existencial. Vamos acrescentar outro aspecto: *a resposta para o "como viver?" deve permitir a realização da "expansão de si próprio"*. Vamos conhecer o que me leva a eleição desta quarta característica do plano ético.

No item anterior, vimos que a pergunta "que vida viver?" relaciona-se à outra: "para que viver?". Dessa relação, resgatamos o tema do sentido da vida. Mas ela também relaciona-se a uma terceira: *"quem ser?"*; ou seja, ela coloca em pauta o tema da identidade pessoal.

Se pensarmos a questão da identidade apenas no nível biológico, as formas e as razões de viver em nada interfeririam na sua concepção. Porém, como apontado por vários autores, entre eles Taylor (1998) e Perron (1991), ninguém concebe a si próprio apenas como ser biológico, como corpo entre corpos. Para compreendê-lo, não esqueçamos que a consciência de si é resultado de uma *tomada* de consciência. Mas tomada de consciência de quê? Ora, da vida, do "ser" na vida, e não de um "ser" fora do tempo e do espaço. Quando, por volta dos dois anos de idade uma criança toma consciência de si, ou seja, é capaz, graças à função simbólica (ver Piaget, 1968), de pensar sobre si própria (um eu sujeito diferencia-se de um me, objeto), não é apenas a sua existência biológica que ele concebe, mas também, e sobretudo, sua existência como ser social, sua inserção no seio de um grupo, suas relações com outrem, etc. Ou seja, a tomada de consciência de si é tomada de consciência das próprias ações no mundo, tomada de consciência a partir do viver, da *praxis*. Portanto, a identidade é uma construção realizada a partir dos atos concretos da vida, a partir do "como viver". Se há indissociabilidade entre identidade e as características da "vida vivida", *a fortiori*, as repostas dadas à pergunta "como quero viver?"

são inseparáveis das respostas dadas à pergunta "quem eu quero ser?". No início da gênese da construção da identidade, há, a partir do que se vive, mais constatação sobre que se é, do que tomadas de decisão sobre quem ser e sobre como levar a vida. Em compensação, a partir de mais ou menos 12 anos de idade, quando o mundo dos possíveis é concebido de forma operatória, colocam-se em pauta as referidas tomadas de decisão. De qualquer maneira, seja como reflexo da vida efetivamente vivida, seja como tomada de decisão, as concepções de "vida boa" e aquelas que incidem sobre o "ser" caminham juntas. Por essa razão, verifica-se a presença da questão do "ser" no plano ético. Mesmo raciocínio vale para o sentido da vida: reconhecer tal ou tal razão para se viver implica conceber a si próprio de tal ou tal forma. Por exemplo, pensar que o sentido da vida na terra é merecer a vida eterna ao lado de Deus implica ver a si próprio como "filho do Senhor", como fiel, como pessoa religiosa. Em suma, penso que a questão do "ser" está logicamente relacionada à indagação ética. Escolher um sentido para a vida e formas de viver é escolher a si próprio, é definir-se como ser. Paul Ricoeur (1988) emprega a expressão "aderência a si próprio" para referir-se ao ponto de união entre os diversos desejos por objetos diversos.

Aceita essa análise, devemos nos perguntar se esse "ser" possui, para ele próprio, alguma exigência especial para que sua vida faça sentido. Perguntado de outra forma: será que o "ser", à procura de um sentido para viver, está virtualmente aberto a toda e qualquer resposta existencial, ou será que ele exige que ela contemple uma motivação básica, sem o que a vida não teria sentido, ou teria pouco? Vou apresentar, e assumir, a idéia de que tal motivação existe e que responde pelo nome de "expansão de si próprio". O leitor certamente terá reconhecido nessa expressão a inspiração teórica de Alfred Adler.

Adler, um dos primeiros discípulos de Freud, e também um dos primeiros admiradores da psicanálise a romper com seu criador, elegeu como os dois pilares de sua teoria as seguintes teses:

1. todo homem experimenta inevitavelmente um sentimento de inferioridade;
2. a tendência a superá-lo é a motivação básica de suas ações (Adler, 1993/1991, 1912/1992).

A lei da vida é vencer dificuldades, afirma ele, e as neuroses, fonte de infelicidade, são causadas pela incapacidade de tais vitórias, pela vã tentativa de manter as aparências de que se superaram obstáculos que não o foram. À guisa de exemplos convincentes, Adler lembra casos de pessoas que se tornaram extremamente competentes em áreas de atividade para as quais sofriam inicialmente de limitações graves, como a gagueira de Demóstenes e os problemas de audição de Beethoven. Tais casos de resiliência, como se diria hoje, mostram que superar os próprios limites é fonte motivacional essencial. A expressão "expansão de si próprio" não é dele, mas sim de Piaget (1954): ele a emprega para referir-se à teoria adleriana, com a qual concorda totalmente. Como penso que ela traduz corretamente o pensamento de Adler, a emprego aqui: "expansão" remete claramente à busca de novos horizontes de ação, à busca de superação de si, em suma, à necessidade de enxergar a si próprio como uma pessoa de valor. Para Adler, o sucesso nessa busca de expansão de si próprio é condição necessária à felicidade, ao bem-estar subjetivo. Reciprocamente, o fracasso nessa busca, ou seja, a consciência de que se é perenemente inferior em relação a um ideal previamente colocado, é fonte de infelicidade, de mal-estar subjetivo. Se Adler tiver razão, qualquer conteúdo que venha a ocupar o plano ético, portanto qualquer opção pelo que seja uma vida feliz, deve dar ao sujeito a possibilidade da expansão de seu eu.

Podemos facilmente verificar que a "expansão de si próprio" articula-se harmoniosamente com as demais características que atribuímos ao plano ético.

Em primeiro lugar, ela depende de uma avaliação subjetiva. E isso de duas formas complementares. Os ideais a serem alcançados e, portanto, os obstáculos a serem vencidos dependem de uma eleição pessoal. Não quero dizer com isso – longe disso, aliás – que os ideais não sejam tributários de influências sociais, que não sejam, portanto, inspirados pela sociedade, e quem sabe até impostos por ela. Mas, impostos ou não, eles são concebidos como metas pessoais e a magnitude das excelências a serem alcançadas variam, e muito, de pessoa para pessoa. Além disso, o sentimento de alcançar "um grau satisfatório na tendência de elevar-se", para retomar as palavras de Adler, também depende de uma avaliação subjetiva.

Em segundo lugar, a "expansão de si próprio" segue o fluxo do tempo da vida. Alguns acontecimentos pontuais, alguns episódios certamente reforçam (ou enfraquecem) tal busca de superação, promovem fortes sentimentos de contentamento (ou de tristeza), mas somente podem ter tal efeito se a pessoa os situa no passado (em que nível se pensava estar), no presente (em que nível se pensa estar) e no futuro (sejam níveis a serem alcançados, ou níveis a serem preservados). Como a "expansão de si próprio" incide sobre o valor do eu, portanto o valor do próprio sujeito, é claro que ela diz respeito a uma vida inteira, à direção que lhe é dada, para retomar a expressão de Ricoeur. O "ser" é perspectiva, acrescenta o filósofo francês. De forma semelhante, Adler dizia que não é o ser isto ou aquilo que define a alma humana, mas o "devir".

Em terceiro e último lugar, a "expansão de si próprio" articula-se convincentemente com a busca de sentido para a vida, com o "para que viver", pois ela é, em si mesma, uma razão de viver. Shreve e Klinkel (1991), com base em pesquisas, revelam haver forte correlação entre o suicídio e o sentimento de vergonha experimentado por aqueles que se desesperam em sua busca de sentido para suas vidas. Ora, o sentimento de vergonha, que será retomado no Capítulo 3, como sentimento essencial ao desenvolvimento moral, decorre justamente de uma auto-avaliação da própria inferioridade.

Uma vez que a tese da busca de "expansão de si próprio" contempla os três passos anteriores de nossa análise dos invariantes psicológicos do plano ético, podemos doravante apenas nos referir a ele e dizer que uma condição necessária ao gozo da felicidade, da "vida boa", é *ver a si próprio como pessoa de valor*, capaz de afirmar-se enquanto tal, e de enxergar perspectivas de alcançar um grau satisfatório da tendência de elevar-se, de se desenvolver.

Para finalizar o presente item dedicado ao plano ético, talvez não seja inútil comentar porque resolvi aceitar a perspectiva de Adler.

Antes de mais nada, devemos convir que a escolha de uma teoria psicológica ou outra – e isso vale para o conjunto das ciências humanas – não decorre apenas das provas empíricas que a sustentam. Sempre haverá dados que lhe escapam, que até a contradizem, sendo considerável o número de variáveis que participam da causalidade das ações humanas. Sem querer entrar em discussões epistemológicas que ultrapassam minha competência na matéria, eu diria que uma boa teoria psicológica deve ser verossímil, nos dois sentidos do termo: por um lado, ser coerente com os dados científicos e as observações de senso comum sobre os seres humanos, e, por outro, ter consistência interna. Certamente tal é o caso da teoria de Adler.

Quanto aos dados de que dispomos depois de aproximadamente um século de psicologia científica, muitos deles vão ao encontro da tese da "expansão de si próprio", notadamente os da psicologia do desenvolvimento. Quando, como eu o tenho feito, nos detemos na observação da criança, fica claro – e diria até mais evidente – a forte tendência infantil a superar-se, a transpor limites, os fortes sentimentos de satisfação e de orgulho quando dificuldades são resolvidas e a tristeza às vezes profunda que os fracassos acarretam (ver La Taille, 1998). Teorias de desenvolvimento humano, como as de Piaget e Kohlberg (mas também poderíamos acrescentar as de Vygotsky (1984), Wallon (1941/1968), Selman (1980), Turiel (1993), entre outras), atestam a força da motivação de expandir o próprio eu: a tendência forte é a do crescimento, não a da regressão. Mas alguém poderá aqui objetar que, se é verdade que se observa nas crianças e nos adolescentes a vontade de superar limites, tal não se verifica mais em numerosos adultos que parecem se comprazer na mesmice, na mediocridade. Com efeito, tal parece ser o caso. Porém, é preciso tomar cuidado antes de interpretá-lo como contraprova da força da "expansão de si próprio" enquanto motivação humana forte e básica. Em primeiro lugar, nada nos prova que tais adultos sejam felizes, haja vista a forte demanda por ajudas psicológicas de todo tipo, e também por anti-depressivos. Em caso de nos perguntarmos se, em geral, os seres humanos são felizes, a resposta mais prudente seria dizer que não o são, ou que o são bem pouco, tão cotidianos são os ressentimentos, as raivas, os conflitos decorrentes de picuinhas. Aliás, devemos notar que a dor é a maior fonte de inspiração para a arte do que a felicidade. E devemos notar também o quanto o comum dos mortais mostra-se contente com suas "pequenas proezas", e o quanto faz propaganda delas. Em segundo lugar, as possibilidades de "expansão de si próprio" encontram-se em todos os domínio das atividades humanas. O frustrado no trabalho pode encontrar compensações na sua função de pai, o frustrado como pai pode encontrá-las no trabalho, e assim por diante. Isso se verifica também com crianças: aquela que patina na sua evolução como aluno, às vezes desenvolve-se claramente em outras atividades, que lhe dão satisfação e lhes permitem atribuir-se valor. É portanto bastante difícil avaliar se uma pessoa está, ou não, acomodada na sua mesmice sem conhecer todo o leque de suas atividades e dos juízos que faz de si, como ela "negocia" com o seu "ideal do Ego".[22]

Para finalizar minha defesa da importância da "expansão de si próprio" para o plano ético, quero lembrar que a tese da necessária e possível perfectibilidade do homem encontra-se em variados sistemas éticos. Lembremos de Aristóteles, para quem a felicidade depende da auto-elevação por intermédio do cultivo das virtudes. Lembremos de Spinoza, para quem a maior alegria é passar de uma perfeição mínima para outra maior. Lembremos de Smith, para quem o merecimento é condição necessária à felicidade. Lembremos de Nietzsche, que elege a "vontade de potência" como fonte motivacional por excelência das ações humanas, e para quem o prazer equivale à sensação de acréscimo dessa potência. Pode-se ver nesses autores, e em outros, como diferentes representantes da corrente ética chamada "perfeccionismo", que vê na "expansão de si" fenômeno crucial da natureza humana.

Mas cuidado! As diversas formas de perfeccionismo ético não se limitam a apresentar uma tese psicológica sobre as motivações e potencialidade humanas: elas visam a também fundar uma moral. São teorias do Bem ou do Bom. Ora, a tarefa que nos espera agora é justamente a de articular os planos moral e ético.

RELAÇÕES ENTRE OS PLANOS MORAL E ÉTICO

Lembremos que a questão que nos levou a dar definições diferentes para "moral" e para "ética" era a dos papéis da inteligência e da afetividade na moralidade. Havíamos visto, por intermédio da análise de algumas teorias de psicologia moral, que parecia haver uma relação entre o fato de enfatizar à dimensão racional ou à dimensão energética e a definição assumida do que seja a moral. Por esse motivo, debruçamo-nos também sobre definições para poder apresentar uma tese diferente das estudadas anteriormente a respeito da fonte motivadora da ação moral. É chegado o momento de explicitá-la.

Comecemos por relembrar nossas definições de moral e ética e as dimensões psicológicas a elas relacionadas.

Chamamos de moral os sistemas de regras e princípios que respondem à pergunta "como devo agir?". Como todos os sistemas morais pressupõem, por parte do indivíduo que os legitima, a experiência subjetiva de um "sentimento de obrigatoriedade", identificamos esse sentimento como o invariante psicológico do plano moral.

Reservamos o conceito de ética para as repostas à pergunta "que vida eu quero viver?", portanto, à questão da felicidade ou "vida boa". E identificamos na "expansão de si próprio", a motivação psicológica a ser necessariamente contemplada, para que um indivíduo experimente o sentimento perene de bem-estar subjetivo.

Em resumo, "sentimento de obrigatoriedade" e "expansão de si próprio", eis os dois processos psicológicos apontados como centrais para a moral e a ética, respectivamente. A articulação entre os planos moral e ético passa, por conseguinte, pela articulação desses dois processos psicológicos.

Vamos então à busca dessa articulação, começando por lembrar que a questão das possíveis relações entre "deveres" e "felicidade" geraram e geram polêmicas filosoficamente não-superadas até hoje. Pode-se pensar, por exemplo, que não há, de maneira alguma, como derivar uma moral das variadas opções que podem ser associadas ao plano ético. Era essa a posição de Kant, para quem a felicidade era apenas um "título geral" para as determinações subjetivas, e que destas nunca seria possível deduzir deveres, nem quanto a seus conteúdos, nem quanto a seu caráter de obrigatoriedade. Mas pode-se também pensar que moral e ética têm elementos comuns, pois alguns deveres morais apresentam conteúdos relacionados à felicidade, não de quem os segue, mas de outrem: não há dúvidas, por exemplo, de que o desrespeito fere a pessoa desrespeitada, traz-lhe, portanto, mal-estar, e que o dever moral de respeitar a outrem parece ser inspirado pelo valor atribuído a um item da felicidade. É verdade que nem todos os deveres apresentam essa possível relação com a felicidade. Bons exemplos disso são aqueles da chamada moral sexual: não se vê, de fato, em que "casar virgem" ou "fazer amor apenas para procriar" equivaleriam a um ganho de felicidade – trata-se de pura obediência a regras instituídas por certas instituições religiosas. Mas não há dúvidas de que para alguns deveres, a felicidade alheia, ou pelo menos a ausência de infelicidade, está em jogo. Pode-se então dizer, com Comte-Sponville (Comte-Sponville e Ferry, 1998), que a moral está dentro da ética? Seu argumento é que decidir "como viver" consiste também escolher que lugar alocar para os deveres. Paul Ricoeur (1990) vai no mesmo sentido: fala em primazia da ética sobre a moral, e refere-se ao fato de ser a reflexão ética aquela que nos permite sair de impasses morais (por exemplo, como decidir entre ficar ao lado da mãe doente e ir à guerra defender seu país – as duas soluções aparecem como moralmente dignas e seria preciso ir além das normas para tomar a decisão). Mas alguém poderá retrucar que projeto de felicidade somente merece ser chamado de ético se condizente com a moral. É o que Kant chamava de merecimento da felicidade. Nesse sentido, a moral seria exterior à ética e limitaria o leque de opções do que viria a ser uma "vida boa". Tal limitação seria essencialmente referência a outrem: felicidade pessoal sim, mas com a condição de contemplar, de uma forma ou de outra, a felicidade alheia. Mas, como não se vê claramente porque a felicidade pessoal implicaria a felicidade alheia ou dela dependeria, esse respeito pela qualidade da vida dos outros indivíduos, a moral, portanto, corresponderia a um imperativo cuja fonte seria estranha ao plano ético.[23]

Eu poderia alongar essa discussão filosófica, mas decido não fazê-lo. Nela, freqüentemente forma e conteúdo misturam-se, como confundem-se o "ser" e o "dever ser", conforme o que bem havia notado Hume (1757/1990, 1740/1993). Pretendo permanecer tanto no campo da forma (os planos moral e ético) quanto no campo da psicologia.

Do ponto de vista psicológico, defendo a tese de que *para compreender os comportamentos morais dos indivíduos, precisamos conhecer a perspectiva ética que adotam*. Nesse sentido, assumo, com Comte-Sponville e Ricoeur, que o plano ético engloba o plano moral. Porém, minha argumentação é exclusivamente psicológica. Vamos a ela.

Nossa tarefa é, como dito anteriormente, pensar a relação entre o sentimento moral de obrigatoriedade e a motivação ética de "expansão de si próprio". A tese acima apresentada, segundo a qual a compreensão dos comportamentos morais dos indivíduos passa pelo conhecimento da perspectiva ética que estes adotam, implica afirmar que *a existência e a força do sentimento de obrigatoriedade moral está, de uma forma ou de outra, na dependência dos rumos que toma a expansão de si próprio*. Dito de outra maneira, somente sente-se obrigado a seguir determinados deveres quem os concebe como expressão de valor do próprio eu, como tradução de sua auto-afirmação. Em suma, identificamos na "expansão de si próprio" e no valor decorrente atribuído ao eu a *fonte energética* das ações significativas em geral, e das ações morais em particular. Em poucas palavras, identificamos no plano ético as motivações que explicam as ações no plano moral. Se tal hipótese for correta, não terá sido vã a tarefa de dar definições diferenciadas para a ética e para a moral.

Vamos agora aprofundar a questão, lembrando já um problema clássico da moral: a referência ao eu para explicar ações dedicadas a outrem. Com efeito, se assumirmos que quem age moralmente o faz porque interpreta tal ação como coerente com uma busca de atribuição de valor a si próprio, não estaremos assim aceitando o fato de as ações morais serem "interessadas"? Ora, a moral não é justamente o campo das ações desinteressadas? do sacrifício de si? da abnegação de si, até mesmo da própria vida? Não há dúvidas que a moral freqüentemente implica abandonar o próprios interesses, mas nem por isso ela é "desinteressada". Devemos, portanto, começar pensando um pouco mais sobre essa noção de "interesse".

Como o disse Piaget, em seu curso da Sorbonne (1954), há dois sentidos usuais para a palavra "interesse". Um primeiro tem como adjetivo associado o conceito de "interessante" e diz respeito a todas as motivações humanas. Afirmar que somente há ação se houver algum interesse significa dizer que somente há ação se uma força energética a desencadeia. Esse sentido da palavra "interesse" não é em nada estranho à moral: o interesse pode ser o bem-estar alheio, por exemplo. O segundo sentido de "interesse" tem como adjetivo associado a palavra "interesseiro", o que denota uma posição egoísta. Assim, o "interessado", nesse segundo sentido, pode ajudar pessoas em vista de recompensas variadas (dinheiro, boa reputação, etc.), e, é claro, na ausência de tal perspectiva não ajudaria ninguém. Do ponto de vista da moral, esse sentido egoísta de interesse costuma ser descartado, pois significa a negação radical do altruísmo.[24]

Isto posto, devemos perguntar-nos a que sentido de "interesse" pode corresponder a busca da expansão de si próprio. Certamente ao primeiro, pois ele é sinônimo de motivação. Todo o problema reside em situá-lo perante o segundo sentido, o de egoísmo. Ora, a expansão de si próprio não implica postura egoísta. E nem, aliás, implica postura altruísta. Tudo dependerá dos valores associados à referida expansão. Porém, para melhor explicitar a tese de que a expansão de si próprio não equivale a assumir uma postura egoísta, talvez seja revelador lembrar rapidamente o debate em torno do chamado "amor próprio", execrado por uns, considerado incontornável por outros, e valorizado por alguns.

É de Pascal (1670/1972) a famosa expressão segundo a qual "o eu é odioso". É também dele o juízo de que a grandeza do homem residiria em reconhecer-se miserável. Adepto da rigorosa corrente cristã, o Jansenismo, Pascal faz eco à idéia de que o homem deve adorar a Deus acima de todas as coisas, inclusive de si mesmo, e que, portanto, o amor próprio que não for o amar a Deus dentro de si, como expressava-se Santo Agostinho, é moralmente condenável e também causa de grandes tristezas. Em outros trechos de suas *Pensées*, ele vitupera a busca da glória, que interpreta como irremediável heteronomia. Reconhece-se na avaliação do filósofo francês uma certa interpretação do que seja a virtude da humildade: considerar a si próprio como ser fundamentalmente indigno, marcado pelo pecado original, quer dizer, antes pecador do que santo, antes objeto da fúria do Senhor do que merecedor de sua clemência. Tais avaliações têm, sem dúvida, o mérito de apontar os perigos éticos e morais do amor-próprio: a hipertrofia do eu pode levar à vaidade, à superficialidade, à fatuidade, ao egoísmo e demais vícios que traduzem não um eu digno de amor, mas, pelo contrário, um eu desprovido de qualidades amáveis. Porém, para além desses riscos de desvario narcísico, pode-se contestar a tese pascaliana.

Uma forma de fazê-lo é reconhecer a presença inevitável do amor próprio nas ações humanas. Trata-se de uma tese psicológica que os estóicos já tinham concebido ao perceber que, em todo desejo de algo, há sempre a "deleição de si mesmo", para empregar uma expressão trazida por Ricoeur (1988). Se isso for verdade, não há como eliminar o amor próprio: deve-se, portanto, trabalhá-lo para que não leve à imoralidade. No campo da psicologia, a aceitação de inevitáveis investimentos narcísicos costuma ser aceita e a maioria dos psicólogos certamente concorda com o poeta Paul Valéry (1941), quando este diz que a vaidade é a mãe mesquinha de grandes obras.

Mas pode-se ir além do reconhecimento da presença incontornável do amor-próprio, e dar-lhe um valor moral e ético. Tal é evidentemente a posição de Nietzsche (1995), para quem o homem é movido pela vontade de potência e que essa, longe de ser um mal, é o princípio criador da vida. Rousseau (1762/

1996) condena o amor-próprio por razões parecidas com as de Pascal, mas valoriza o "amor de si", pois, por intermédio dele, amamos a humanidade que está em nós, amor esse sem o qual não haveria moral possível. Kant aproxima-se de Rousseau ao eleger o "aperfeiçoar a si próprio" como um dos dois deveres maiores do homem (ou outro é cuidar da felicidade de outrem). Por que essa busca de perfeição? Para que o homem se torne digno da humanidade que o habita. Portanto, um trabalho sobre o próprio ser é visto como condição necessária ao agir moral. Mais perto de nós, Schlich (2000) vê no cumprimento dos deveres morais um "desabrochar de si mesmo", tese à qual adere Savater (2000) que chega a intitular um livro seu de "Ética como amor próprio". Em resumo, esses autores, e outros, não pensam o "amor de si", ou a referência às qualidades do eu, como pedra inevitável no caminho da moralidade, mas sim como condição necessária ao advento dessa última. Coloco-me entre eles.

Porém, cuidado! Nem eles nem eu consideramos o amor-próprio suficiente, por si só, para garantir a moral. Rousseau o deixa claro ao diferenciar amor-próprio de amor de si. O eu pode ser, de fato, odioso, moralmente falando, e a expansão de si, para retomarmos o conceito aqui empregado, pode levar tanto à moral quanto ao seu contrário.

Para compreendê-lo, devemos avançar na análise psicológica do que seja esse eu e sua relação com o *querer*.

Comecemos por sublinhar que o *sentimento de obrigatoriedade corresponde a um "querer"*. Portanto, age moralmente quem assim o *quer*. Vale a pena nos demorarmos um pouco sobre essa afirmação, pois não raro "dever" e "querer" são erroneamente pensados como opostos.

Como, por exemplo, interpretar uma sentença como a que segue: "eu queria ir ao cinema, mas não pude, porque eu *devia* cumprir minha promessa de lavar o carro de meu pai"? Tal frase expressa a vontade frustrada de ir ao cinema, frustração essa decorrente de um dever de cumprir uma promessa. Aparentemente, o dever contraria o querer, mas aparentemente apenas porque o sujeito da oração poderia muito bem trair sua promessa, *não querer* cumpri-la. Ora, ele quis honrar sua palavra. Se o querer ir ao cinema tivesse sido contrariado por alguma força externa à vontade do sujeito, o quadro seria diferente. Imaginemos que ele tenha sido impedido de ir assistir a um filme seja por estar sem dinheiro para a pagar a entrada, seja por ter ficado parado em um congestionamento: nesses casos, o não poder ir ao cinema explica-se por alguma coação que independe da vontade. Porém, se ele deixa de realizar seu programa desejável porque ele mesmo se coage a cumprir o seu dever, não podemos atribuir a razão de sua ação a outra coisa senão ao seu querer. Nesse caso, trata-se de "quereres" conflitantes, mas se ele optou por cumprir a promessa, é porque esse querer foi mais forte que o querer ir ao cinema. É por essa razão que Tugendhat (1998) e Spaemann (1999) insistem no fato de o dever ser sempre um querer.

Se insistem sobre esse ponto, é porque o dever coloca a questão da restrição da liberdade, enquanto o querer costuma ser a associado à não-restrição da liberdade: ser livre é fazer o que se quer. Daí a tentação de se opor dever a querer. Porém, é novamente preciso atentar para uma possível confusão na identificação do lugar da liberdade, na moral. É, por um lado, totalmente correto afirmar que a moral restringe a liberdade de ação. Com efeito, se aceito o mandamento "não matar", deixo de ter a liberdade de tirar a vida de uma pessoa, mesmo que eu seja momentaneamente acometido do desejo de fazê-lo. Se legitimo a regra que diz ser um dever ajudar as pessoas necessitadas, abdico da liberdade de ir passear tranqüilamente no bosque, se alguém precisar de minha ajuda. E isso vale para todas as regras morais: ao dizerem o que se deve fazer, elas limitam o campo das ações possíveis, portanto, limitam a liberdade. Porém, como já vimos, somente age moralmente quem se sente intimamente obrigado a tal, e não quem é coagido por algum poder exterior. Logo, o sujeito moral é, por definição, livre, porque é ele mesmo quem decide agir por dever. Dito de outra forma, somente é moral quem assim o quer. Aliás, se assim não o fosse, a noção de responsabilidade não teria sentido. Alguém poderá dizer aqui que somos totalmente determinados por forças inconscientes e que, portanto, nossos supostos "quereres" não passam de expressões de desejos que nos guiam à revelia nossa. Talvez, mas se aceitamos essa hipótese (ou aquela, na prática semelhante, que consiste em nos conceber como máquinas neuronais, cujos mecanismos físico-químicos nos determinam por inteiro), devemos ter a coragem de dizer que a responsabilidade moral não existe, como, aliás, nenhuma outra forma de responsabilidade. Os seres humanos e os animais assim se equivaleriam. Todavia, como essa hipótese radical não somente não é convincente e como, sobretudo, implica redesenhar totalmente nosso universo moral, ético e político, podemos deixá-la de lado e afirmar que o sentimento de obrigatoriedade corresponde a um querer conscientemente concebido e livre. A oposição entre querer e dever não se sustenta, portanto. E alguém que diga que "sempre gosta de fazer o que lhe apraz", para retomar um exemplo dado por Spaemann, está, na verdade, disfarçando um truísmo com um pobre apelo estereotipado de liberdade. Salvo em caso de coação externa, tudo mundo faz o que lhe apraz. O mistério está em se saber porque algumas pessoas querem agir moralmente, e outras não. Não se trata de querer *versus* dever, mas sim de "quereres" diferentes, uns morais, outros não. E é justamente para procurar compreendermos porque alguns "querem o dever" que a referência ao eu é indispensável.

O eu: eis outra noção objeto de definições e abordagens diversas. É preciso, portanto, deixar claro como o eu será aqui concebido: concebê-lo-emos por intermédio dos conceitos de "representações de si" e de "valor".

Já é clássica, em psicologia, a afirmação de James segundo a qual o ser humano, graças à sua capacidade de tomada de consciência de si mesmo, é capaz de cindir-se em um "eu" e um "me", portanto, é, ao mesmo tempo, sujeito e objeto: *eu me vejo, eu penso em mim, eu me julgo*, etc. Mas o que é esse "me" por intermédio do qual o "eu" se concebe? É o que, com Perron (1991), chamamos de *representações de si*. Três são suas características fundamentais.

A primeira: as representações de si, como seu nome indica, pertencem à *ordem simbólica*. Não poderia ser diferente, uma vez que a cisão "eu/me" implica apreender a si próprio por meio de substitutos do objeto apreendido. É por essa razão que as representações de si existem somente quando a criança, por volta dos 2 anos, é capaz de pensar o mundo, e a si mesma, por meio de imagens, noções, conceitos.

A segunda: as representações de si pressupõem uma assimilação cognitiva. O eu é objeto de conhecimento e, enquanto tal, é concebido por intermédio das estruturas cognitivas do sujeito. Note-se que, sendo fruto de assimilações cognitivas, as representações de si equivalem a *interpretações* sobre si, interpretações essas decorrentes tanto das características das estruturas de assimilação quanto de aspectos afetivos. Note-se também que elas são *plurais*: não fazemos apenas uma representação de nós, mas várias, que podem até ser contraditórias entre si. Por essa razão, não emprego a expressão "autoconceito" que sugere uma unicidade que, na verdade, não existe. Note-se finalmente que, sendo múltiplas, as representações de si formam uma espécie de sistema: *relacionam-se entre si*, notadamente de forma *hierárquica*. A hierarquia, assim como os modos de interpretação, são influenciadas pela dimensão afetiva.

A terceira e última característica fundamental das representações de si – e que nos interessa diretamente – é a de que elas são *valor*. Reencontramos neste ponto a dimensão afetiva. Já empreguei algumas vezes aqui o conceito de valor, mas sem explicitar sua definição. É hora de fazê-lo. Como se sabe, o referido conceito é empregado em várias áreas, científicas e filosóficas, o que resulta em uma polissemia. A definição que proponho é de cunho psicológico. Com Piaget (1954), defino valor como *investimento afetivo*. Portanto, assim como a relação de um sujeito com um objeto é mediada por estruturas de assimilação que conferem sentido ao objeto, tal relação também é mediada por afetos, que lhe conferem valor, positivo ou negativo. Ora, tal não poderia ser diferente com esse objeto singular que é o próprio eu. Nesse sentido, as representação de si são, sempre, valor.

Podemos, agora, relacionar "querer" e "ser". Como bem o destaca Savater (2000), o homem somente poderá querer alguma coisa de acordo com o que ele seja. Com efeito, é um eu que quer. E sendo uma das motivações fundamentais desse eu a "expansão de si próprio", em cada querer se encontra, em grau maior ou menor, essa busca de auto-afirmação, busca, portanto, de representações de si de valor positivo. Se isso vale para o "querer" em geral, *a fortiori* valerá para esse querer particular que é o "dever". Talvez entenda-se melhor agora porque Schlich, citado acima, vê no cumprimento dos deveres morais um "desabrochar de si mesmo". É certo que outros sentimentos, como amor e compaixão, podem comparecer para motivar a ação moral; porém, se correta a tese da expansão de si mesmo como motivação central do ser humano, esses outros sentimentos podem compor com ela, não substituí-la. Além do mais, nem todas as ações morais implicam amor ou compaixão, e se formos procurar um sentimento específico para cada uma delas, criamos um quadro compósito da moralidade humana, o que nos priva da possibilidade da inteligibilidade. Em suma, *a energética do sentimento de obrigatoriedade, essencial ao plano moral, deve ser procurada no plano ético, na busca de representações de si com valor positivo.*

Para sintetizar essa idéia, dois outros conceitos são claros e úteis: *auto-estima* e *auto-respeito*. A *auto-estima* corresponde a todo e qualquer estado subjetivo de valorização de si próprio. O *auto-respeito* corresponde apenas à auto-estima experimentada quando a valorização de si próprio incide sobre valores morais. Logo, o auto-respeito é um caso particular de auto-estima, pois, como o diz Ricoeur (1990), o auto-respeito é a auto-estima quando regida pela moral. É claro que a fronteira a partir da qual a auto-estima vai tornar-se auto-respeito depende dos conteúdos associados ao plano moral. Na moral kantiana, por exemplo, a qual reza que sempre devemos tratar a outrem e a nós mesmos como fins, e não como meios, de alguém que realize a expansão de si próprio por conceber-se como profissional competente, como atleta de alto nível, como pessoa bela fisicamente, dir-se-á que tem auto-estima, e não auto-respeito – pelo fato de os conteúdos arrolados não terem relação com a moral. Em compensação, se o indivíduo associa às representações de si com valor positivo o "ser justo", deve-se falar em auto-respeito, pois a justiça é uma virtude central na moral, segundo Kant. Mas, como há diversidade de sistemas morais, pode variar consideravelmente o lugar por onde passa a fronteira a partir da qual a auto-estima corresponde ao auto-respeito. Mais ainda: para certos indivíduos, pode ser aquilo que costuma ser julgado, por outrem, imoral, que lhes confere auto-estima. Pensemos, por exemplo, em uma pessoa violenta. Pode acontecer que ela o seja por motivos, para ela, morais (matar os ímpios, por exemplo), mas também pode acontecer que, para ela, atos violentos nada tenham de valor moral, mas que sejam a expressão de sua "expansão de si" (parece ser o caso, por exemplo, dos *hooligans*, que agridem torcedores de futebol e são autores de diversos atos de vandalismo: provavelmente não pensam que suas agressões sejam realizadas em nome de alguma moral, todavia certamente lhes conferem auto-estima).

Como fórmula que resume o essencial do que analisamos até agora, podemos dizer que *o auto-respeito é o sentimento que une os planos moral e ético, pois ele é, por um lado, expressão da expansão de si próprio – portanto, elemento da "vida boa"* –, e, *por outro, causa essencial do sentimento de obrigatoriedade – portanto, motivação para a ação moral.* Em poucas palavras: *respeita a moral quem, ao fazê-lo, respeita a si próprio.* Em termos puramente morais, não há possibilidade de respeitar a outrem na sua dignidade sem, ao fazê-lo, experimentar o sentimento da própria dignidade. Porém, ao falar de dignidade, já estou comprometendo-me com um determinado conteúdo para a moral. Logo veremos que, com efeito, a perspectiva teórica aqui adotada, pelo fato de ela não implicar o relativismo moral antropológico, nos permite eleger uma moral e uma ética com ela condizente. Portanto, vou definir uma moral para, nos próximos capítulos, debruçar-me sobre as dimensões intelectuais e afetivas desta. Mas antes devo retomar um tema anteriormente anunciado como chave para compreender-se os freqüentes "eclipses" que o sentimento de obrigatoriedade parece sofrer: *o conflito*.

Quando analisamos o plano moral e o sentimento de obrigatoriedade, perguntamo-nos sobre a freqüência, em cada indivíduo, desse sentimento. Chegamos à conclusão de que a maioria das pessoas experimenta o sentimento de obrigatoriedade, mas que esse às vezes não é *forte* o bastante para dirigir as ações e fazer com que os deveres morais sejam cumpridos. Ora, quem fala em força, fala em energética. Como a abordagem teórica aqui apresentada situa no plano ético a energética atuante no plano moral, é no plano ético que devemos buscar as causas do conflito e de sua resolução. Decorre de tudo que escrevi até agora que, se uma pessoa age contra uma moral que ela mesma racionalmente legitima é que *o auto-respeito não foi forte o bastante para impor-se sobre outros valores da auto-estima.*

Ilustremos essa idéia com um exemplo simples de que fui testemunha. Quando de um congresso, um colega meu foi "assediado" por uma congressista bonita e atraente, cujas intenções amorosas eram bastante claras e publicamente conhecidas. Hospedado a mais de 10 mil quilômetros de sua casa (ele mora na Europa), meu colega, não indiferente aos charmes da moça, e também lisonjeado por ver-se publicamente cortejado, poderia, sem medo de ser flagrado pela esposa, "sucumbir". Mas não aconteceu. Ele mesmo verbalizou as razões de sua fidelidade dizendo que se aceitasse as proposições da congressista, como poderia voltar para casa e olhar para sua mulher e suas filhas? Vê-se que não se trata de encarar mulher e filhas sabedoras da infidelidade (certamente nada saberiam por encontrarem-se tão longe e em contexto totalmente diferente). Trata-se de encarar a si próprio, sentindo-se inferior por ter agido contra uma regra moral por ele legitimada. É como se ele dissesse: se minha família soubesse o que eu fiz, não me respeitaria mais, como eu mesmo, não me respeitaria. Era o auto-respeito que estava em jogo. Os rumos da expansão de si próprio colocava a moral da fidelidade e do respeito por outrem em lugar privilegiado dentre os valores positivos associados às representações de si. Segundo a expressão de Blasi (1989, 1995), tais valores eram centrais, e outros, como, talvez, o de afirmar-se como "Dom Juan", periféricos. Como se vê, as escolhas feitas para o plano ético são essenciais, e se o "ser" moral não for experimentado como elemento importante da "vida boa", portanto da expansão de si, o "querer" agir de forma condizente com a moral, o "dever", portanto, é fraco e, em caso de conflito, pode perder para outros "quereres". Para dar consistência empírica a essa tese, vale lembrar uma pesquisa realizada por Colby e Damon (1993) que mostrou que, para as pessoas de vida moral exemplar, ser uma pessoa moral e ser elas mesmas é a mesma coisa. Para elas, e para as pessoas morais em geral, não há projeto de expansão de si próprio que não seja ele mesmo moral (caso das pessoas que dedicam a vida à caridade ou à justiça) ou condizente com a moral (nada vale se não for dentro dos limites da moral). Veremos no Capítulo 3 a importância, para elas, do sentimento de vergonha moral. Por enquanto, fiquemos com a idéia de que seus projetos éticos incluem outrem como fim em si mesmo, e não como meio. Ora, para que uma perspectiva de vida boa, para que conteúdos que ocupam o plano ético mereçam ser chamados de "éticos", no sentido valorativo do termo, tal referência a outrem é incontornável, e o auto-respeito, conseqüentemente, é condição necessária. É o que devemos analisar agora para concluir nosso capítulo dedicado as relações entre moral e ética.

JUSTIÇA, GENEROSIDADE E HONRA

É, com efeito, chegado o momento de sairmos do plano formal e assumirmos conteúdos para definir uma moral e uma ética. Todavia, imediatamente impõe-se uma pergunta: a abordagem psicológica aqui exposta associa-se ao relativismo moral antropológico e à heteronomia, ou pode ser coerente com o universalismo e a autonomia?

Vimos que teorias que davam ênfase à dimensão afetiva, como as de Durkheim e Freud, assumiam uma perspectiva relativista. Ora, a teoria aqui apresentada também dá ênfase à dimensão afetiva, pois os invariantes psicológicos identificados para os planos moral e ético são, respectivamente, o sentimento de obrigatoriedade e expansão de si próprio. Levará então essa teoria ao relativismo antropológico e à implacável afirmação de que os homens são, de maneira irremediável, moralmente heterônomos? A reposta é claramente negativa, e isso por uma razão bastante simples: não há nada nela que negue o poder construtivo da razão, nada que contradiga, portanto, a tese de que o desenvolvimento vai em direção a uma moral universal, autônoma, baseada na eqüidade e na reciprocidade. Dito de outra forma, nossa abordagem afetiva não implica limitar os poderes da razão.

Lembremos que teorias como as de Piaget e as de Kohlberg são universalistas e pressupõem a autonomia possível porque dão ênfase à razão, e concebem esta como construtora de sistemas morais, e que outras teorias, como as de Durkheim e as de Freud, negam esse poder à razão por eleger fontes afetivas incompatíveis com ele. Isso fica claro em Durkheim: se a base afetiva da moral é o sentimento do sagrado dirigido ao "ser social", que papel pode ter a razão senão limitar-se a "tomar ciência" das regras morais ditadas? Nenhum. Isso fica claro também em Freud: se a base afetiva da moral situa-se no inconsciente, que papel pode ter a razão além da tomada de consciência de que, como dizia Pascal, "o coração tem razões que a própria razão desconhece"? Nenhum. Vemos que nos dois casos, a escolha por uma teoria da energética presente na moral nega real poder à razão e, por conseguinte, anula a tese segundo a qual o desenvolvimento possui uma virtualidade universal, uma vez que tal virtualidade estaria inscrita, segundo Piaget e Kohlberg, na própria inteligência humana.

Ora, a teoria afetiva que assumimos aqui em nada contraria as teses desses dois últimos autores sobre o universalismo moral, pois não há nada nela que implique limitar os poderes da razão. Ela é tão coerente com a observação de que existem, de fato, um pluralidade de morais quanto com a afirmação de que essa pluralidade traduz, não a moral por si só, mas um estágio heterônomo da evolução. Dito de maneira bem clara: a teoria aqui desenvolvida traduz um modo de pensar a motivação moral que pode complementar as abordagens de Piaget e de Kohlberg. E esse é, de fato, o meu intuito. Concordo plenamente com as teses básicas desses dois autores: eles me convencem tanto por seus argumentos quanto pelos dados que coletaram, e que eu também tive a oportunidade de coletar. Vejamos agora se as relações estabelecidas entre os planos moral e ético harmonizam-se com os conceitos de heteronomia e autonomia.

O sujeito moralmente heterônomo é um sujeito moral, experimenta, portanto, o sentimento de obrigatoriedade. Os conteúdos que elege para a sua moral são aqueles dominantes na sua comunidade. Ora, é bem provável que as representações de si, por intermédio das quais ele concebe a si próprio e procura a expansão de si, sejam, elas mesmas, escolhidas entre os valores dominantes na referida comunidade. A heteronomia no plano moral equivale a aceitar a imposição de regras e princípios morais. Podemos falar em heteronomia no plano ético: ela equivaleria a conformar-se em expandir a si próprio por intermédio de pautas culturais dadas de antemão e a assumir como representações de si com valor positivo aquelas valorizadas pelo olhar alheio, pela cultura na qual vive. Dito de outra forma, as repostas para as perguntas "como devo agir?" e "que vida viver?" seriam aquelas dominantes na sociedade em que vive. O heterônomo quer ser o que seu entorno social quer que ele seja.

Diferente é o quadro do sujeito moralmente autônomo. Ele também é inspirado pelo sentimento de obrigatoriedade, mas elege a eqüidade e a reciprocidade como princípios de seus juízos e ações morais. Nesse sentido, ele concebe a moral não como regras e princípios que regem apenas e essencialmente as relações entre membros de uma determinada sociedade, mas sim as relações entre todos os seres humanos, sejam ele pertencentes ou não à sua comunidade. Ademais, podemos dizer que provavelmente vê a si próprio como um representante da humanidade (e não de determinado grupo social), cujas representações de si estão associadas a valores que transcendem aqueles de sua comunidade. No caso do sujeito moralmente autônomo, a expansão de si é procurada para além das fronteiras comunitárias, para além das pautas culturais dadas de antemão. Assim como a autonomia moral pressupõe uma descentração cognitiva – tomar recuo em relação às regras impostas e avaliar seu valor –, ela certamente também implica uma descentração afetiva: procurar expandir a si próprio para além dos valores dominantes em determinado lugar e época, procurar o que há de universal a diversas culturas, ver-se antes "humano" do que representante de uma cultura dada.

É claro que o que acabo de escrever são meras hipóteses, mas elas fazem, penso, todo sentido e, sobretudo, mostram que a diferenciação entre os planos moral e ético e sua articulação por intermédio do conceito de auto-respeito é totalmente coerente com o universalismo moral pensado como porvir necessário do desenvolvimento do juízo moral. Em poucas palavras, pode se dizer que, contrariamente às abordagens de Durkheim e de Freud, a nossa permite escolher conteúdos para o estudo do desenvolvimento moral, pois é coerente com a hipótese de que a justiça paulatinamente impõe-se como um valor moral superior.

Vamos então definir o que chamaremos doravante de ética e moral, ou seja, vamos definir os conteúdos a elas associados.

Antes de mais nada, devemos insistir sobre o fato de que uma ética, para merecer esse nome, deve traduzir um projeto de felicidade no qual *outrem tem lugar*. O que acabo de enfatizar implica que *toda ética contém uma moral, pois cabe justamente à moral regrar a vida em sociedade*. Pode haver deveres morais que tem o próprio agente moral como objeto. A moral cristã, por exemplo, condena o suicídio, não porque a pessoa que põe fim à sua vida talvez deixe seus dependentes desamparados material e psicologicamente (ela pode estar totalmente isolada no mundo), mas porque ao homem é proibido dispor assim de sua própria vida, pois ela pertence a Deus. Kant, autor de uma moral laica cujas influências sobre os Direitos Humanos é incontestável, também condena o suicídio, não com referência a Deus, mas porque matar-se implica tratar a si próprio como meio, e não como fim em si, o que contradiz o belo imperativo categórico (o único de Kant comprometido com um conteúdo) segundo o qual cada ser humano deve sempre tratar a humanidade, em outrem e em si próprio, como um fim e nunca como meio (Kant, 1785/1994). A condenação moral do suicídio é um bom exemplo de dever moral que tem como objeto o próprio agente moral. Todavia, o fato de haver, em certos sistemas morais, referência a deveres para consigo próprio, não deve nos fazer esquecer que *todo* sistema moral contém deveres para com outrem, e que esse costuma ser o foco principal (não matar, não mentir, respeitar, ser solidário, etc.).

Assim sendo, podemos assumir que toda perspectiva ética deve ser coerente com certos deveres morais. Dito de outra forma, a moral não diz o que é ser feliz nem como sê-lo, mas sim quais são os deveres a serem necessariamente obedecidos para que a felicidade individual tenha legitimidade social. A perspectiva por mim adotada encontra expressão na afirmação de Kant segundo a qual a moral não nos diz como sermos felizes, mas sim como merecermos a felicidade. Nos termos psicológicos assumidos aqui, podemos traduzir a concepção kantiana da seguinte forma: não há auto-estima legítima se for *contraditória* com o auto-respeito.

Por conseguinte, não devemos escolher conteúdos para a ética, pois o leque de opções para a expansão de si é amplo e cada um de nós tem legitimamente liberdade de escolher seu rumo. Porém, devemos definir conteúdos para a moral, pois é ela que confere às opções de "vida boa" sua legitimidade, isto é, confere-lhes as condições necessárias para que mereçam o nome de ética.

Devemos, portanto, escolher que deveres são esses, definir que moral condiciona a busca da felicidade. Três são as virtudes morais que escolho: a *justiça*, a *generosidade* e a *honra*, todas elas condicionadas pelo imperativo categórico kantiano já citado: cada ser humano deve sempre tratar a humanidade, em outrem e em si próprio, como um fim e nunca como meio. A premissa desse imperativo é que existe uma dignidade inerente a cada ser humano e que ela deve ser estritamente respeitada.

Sei que cada uma dessas três virtudes mereceria um livro à parte, pois são complexos os variados temas que inspiram, mas limitar-me-ei a defini-las e a explicar porque as escolho.

Comecemos por essa virtude cardeal que é a *justiça*, a mais racional de todas as virtudes, como o afirmava Piaget (1932).

Um primeiro princípio que a inspira é o de *igualdade*. Todos os seres humanos, sejam quais forem suas origens sociais, seu sexo, suas competências cognitivas, sua nacionalidade, sua etnia, etc., têm o mesmo valor intrínseco, e, logo, não devem usufruir de privilégios. Por exemplo, é injusto negar o direito de votar a analfabetos pois tal negação implica colocá-los como cidadãos de segunda ordem. Outro exemplo: é injusto privilegiar um aluno porque é filho de uma pessoa socialmente prestigiada. Um último exemplo: é justo fazer com que todas as pessoas tenham condições dignas de vida, e é injusto deixar, portanto, algumas na miséria.

Um segundo princípio é o de *eqüidade*, que implica *tornar iguais os diferentes*. Os seres humanos apresentam diferenças entre si, e elas devem ser levadas em conta para que, no final, a igualdade entre todos os seres humanos seja realizada. Por exemplo, é injusto cobrar impostos do mesmo montante a ricos e pobres e, logo, optar por uma forma de proporcionalidade nas contribuições é uma forma de buscar reequilibrar as diferentes posições perante a distribuição da riqueza. Outro exemplo: é injusto exigir de pessoas com algum grau de deficiência física que compitam em atividades esportivas com pessoas sem deficiências, e é justo reservar competições especialmente concebidas para que elas possam usufruir do prazer de ser atletas e de medir suas forças com outrem (caso das maravilhosas para-olimpíadas). Um último exemplo, ainda na área da deficiência física: é justo colocar nas calçadas rampas, para que as pessoas em cadeiras de rodas possam transitar tranqüilamente pelas ruas.

Penso que esses dois princípios são suficientes para definir a justiça. A escolha aqui feita pela justiça como virtude moral necessária para toda ética não deve apresentar maiores problemas. Praticamente todos os autores concordam em elegê-la como a virtude maior, sem a qual a vida em sociedade é impossível. Tal era o pensamento de Adam Smith segundo o qual uma sociedade sem justiça acaba por desmoronar, enquanto uma sociedade sem benevolência, embora promotora de condições de vida infelizes, ainda pode sustentar-se. Os dados da psicologia moral de Piaget e de Kohlberg também atestam o lugar central dessa virtude nos juízos humanos e isso desde a mais tenra infância. Finalmente, notemos que a justiça é tema tanto moral quanto político: fala-se em pessoas justas, mas também em instituições justas e em leis jurídicas justas. Vale dizer que a justiça diz respeito tanto à esfera privada quanto à esfera pública, traduzindo, para ambas, a busca do equilíbrio nas relações interpessoais. Em uma palavra, sem justiça não há sociedade possível, não há ética legítima.

Acrescento outra virtude, a da *generosidade*. Ela consiste em dar a outrem o que lhe falta, sendo que essa falta não corresponde a um direito. Nesse ponto, ela se diferencia da justiça, e, penso, a complementa. Com efeito, ser justo é dar a outrem o que é seu por *direito* (decorrente dos princípios de igualdade e eqüidade). Por exemplo, não devo privilegiar aluno algum pois todos têm o direito de ser tratados de forma igual, porque nenhum tem o direito de usufruir de privilégios. Note-se que a eqüidade, que implica tratamentos diferenciados, não confere privilégios, pois a reparação de desigualdades não se confunde com criar "castas" de pessoas "mais iguais que as outras", para retomar um expressão crítica consagrada.[25] Ora, tal não é o caso da generosidade. Permanecendo no exemplo da relação professor/aluno, é justo o professor se não privilegia ninguém, mas é generoso se, depois da aula, dispõe-se a ajudar aqueles que por ventura lhe solicitam. Ter aulas depois do horário formal de aulas não corresponde a um direito do aluno; ministrá-las, portanto, é fazer prova de generosidade. A generosidade é a virtude altruísta por excelência. Neste ponto, ela novamente se distingue da justiça. A lei justa é boa para todos, inclusive para a pessoa que exerce a justiça. O ato de generosidade favorece quem é por ele contemplado, não quem age de forma generosa. É por ser a generosidade a inteira dedicação a outrem que digo que ela traduz plenamente o altruísmo. Na psicologia moral, ela é menos estudada que a justiça, mas os poucos estudos dedicados a ela também mostraram traços precoces de sua importância no universo moral das crianças (ver Eisenberg e Miller, 1987; Hoffman, 1978; La Taille, 2002b). Sabe-se também a importância que Carol Gilligan atribui ao que chama "ética do cuidado", que, segundo ela, complementa a "ética da justiça". Penso que ela não tem razão ao equiparar justiça e generosidade, pois a primeira é, como vimos, mais importante socialmente que a segunda. Mas ela tem toda a razão em sublinhar tanto sua importância moral quanto sua relevância para os seres humanos.

A terceira e última virtude que elejo é a *honra*. O que me faz escolhê-la não é, como para o caso da justiça e da generosidade, uma consideração axiológica, mas sim uma decorrência da abordagem psicológica que estou submetendo ao leitor: o auto-respeito é, na verdade, a própria honra, ou melhor dizendo, corresponde a um sentido fundamental da honra: o valor moral que a pessoa tem aos próprios olhos e a exigência que faz a outrem para que esse valor seja reconhecido e respeitado.

Descartemos, portanto, os outros sentidos possíveis da honra. Não estou falando em "honrarias", formas de distinção que se fazem a determinadas pessoas. Não estou falando em "reputação", como na antiga honra cavalheiresca, em nome da qual desafiava-se em duelo o autor de alguma consideração insultuosa. Não estou falando na honra da moral sexual, que se traduz pela virilidade para homens e pelo pudor para as mulheres. Finalmente, não estou falando nas ações que se fazem "em nome da honra", mas esquecendo-se de realizá-las "com honra": por exemplo, ferir alguém que proferiu um insulto (ação em nome da honra), mas sem lhe dar a chance de se defender (portanto, ação "sem honra", já que covarde). Para maiores análises dos variados sentidos que pode assumir a honra, remeto o leitor a meu livro sobre as relações entre o sentimento de vergonha e a moralidade (La Taille, 2002). Basta aqui deixar claro que estou falando na chamada "honra-interior" (ver Pitt-Rivers, 1965 e Bourdieu, 1965), ou seja, aquela por intermédio da qual o indivíduo age em nome de um ideal moral do qual se considera representante (e não em nome da reputação, ou "honra-exterior"). É dessa honra-interior, ou honra-virtude que se fala quando falamos de uma pessoa que ela é "honrada", e, pela negação, que dizemos de uma pessoa que cometa infrações morais que ela "não tem honra". Ora, esse sentimento do próprio valor moral é o que chamamos de auto-respeito. Vê-se assim que a abordagem teórica aqui assumida, ao sublinhar a importância do auto-respeito nas ações morais, reencontra o tema clássico da honra.

É verdade que o termo "honra" tem caído em desuso, que é uma "estrela cadente", como diz Harkot-de-La-Taille (1999). Em compensação, fala-se muito em "dignidade". Porém, o conceito de dignidade pode ser empregado como perfeito sinônimo de honra. Com efeito, qual seria a diferença de sentido entre sentenças como "ele agiu de forma honrada" e "ele agiu com dignidade"? Nenhuma, pois ambas remetem ao valor moral da ação. O leitor poderá perguntar por que prefiro empregar o termo "honra", que se presta a mal-entendidos, e não aquele de "dignidade", mais corrente, nos dias de hoje. Escolho falar em honra por uma razão básica: a honra de uma pessoa depende de suas ações, a dignidade, não necessariamente. Por exemplo, quando se diz que toda e qualquer pessoa, mesmo o criminoso mais cruel, deve ser tratada de forma digna – com o que concordo totalmente, pois é decorrência direta do imperativo kantiano assumido acima –, se está falando de um direito que todo ser humano tem *a priori*. Porém, dificilmente se poderá dizer que um criminoso covarde deu mostras de que agiu segundo a honra-virtude. Outro exemplo: quando se diz que todas as pessoas têm o direito a "condições dignas de vida", referindo-se em geral a condições materiais (comida saudável e em boa quantidade, moradia minimamente confortável, salubre, etc.), o que está em jogo, novamente, é um direito básico, não as qualidades morais das ações das pessoas concernidas. É por essa razão que o termo dignidade associa-se perfeitamente ao imperativo categórico kantiano que serve de premissa básica aos conteúdos morais que escolhemos. A honra restringe-se à qualidade das ações humanas, portanto à seu mérito moral.

Em suma, temos com o auto-respeito um sentimento que une os planos moral e ético, e com a honra um valor que tanto inspira a moral quanto a ética. Dito de outra forma, uma vida feliz, para merecer o qualificativo de ética, implica experimentar o auto-respeito, logo, agir com honra.

Acabo a exposição dos conteúdos morais eleitos com a definição que Paul Ricoeur dá ao que chama de perspectiva ética: *"a vida boa, com e para outrem, em instituições justas"* (Ricoeur, 1990, p.202). Estão, nessa bela definição, contempladas as dimensões da felicidade (vida boa), da generosidade (para outrem), da reciprocidade e cooperação (com outrem) e da justiça, notadamente pensada no nível político (instituições justas). Penso que somente uma pessoa capaz de sensibilizar-se pelo auto-respeito, portanto intimamente disposta a colocar o valor honra entre aqueles que dão sentido à sua vida, pode, de fato, realizar tal perspectiva ética.

CONCLUSÕES

Resumamos os conceitos centrais da abordagem teórica aqui proposta para dar o quadro geral no qual iremos falar, daqui para frente, das dimensões intelectuais e afetivas da moralidade.

1. Fizemos uma distinção entre moral e ética, definindo, no aspecto formal, o plano moral como sendo aquele dos deveres, e o plano ético, como aquele da definição e da busca da "vida boa".
2. Identificamos, no plano psicológico, o sentimento de obrigatoriedade como invariante do plano moral, e a busca de expansão de si próprio como invariante no plano ético.
3. Lembrando que o "dever" equivale a um "querer", e que o "querer" depende do "ser", definido como conjunto de representações de si, colocamos a energética que preside as ações morais no plano ético: a busca e/ou manutenção de representações de si com valor positivo.
4. Chamamos de auto-estima toda e qualquer experiência de representações de si com valor positivo, e de auto-respeito aquela que contempla valores morais.
5. Do ponto de vista dos conteúdos, escolhemos a justiça (igualdade e eqüidade), a generosidade (dar a outrem o que lhe faz falta) e a honra (tradução moral do auto-respeito).
6. O sentimento que opera a junção entre a moral e a ética é o auto-respeito.
7. O valor que opera a junção entre moral e ética é a honra.

Podemos, agora, analisar as dimensões intelectuais e afetivas da moral e da ética. Mas como moral e ética relacionam-se intimamente, cabe-nos escolher apenas uma das duas como fio condutor. Minha escolha recai sobre a moral.

NOTAS

1. Creio ser útil marcar a diferença entre pulsões e sentimentos, ambos referentes à dimensão afetiva, logo, à energética (ou motivação, se quiserem) das ações. As pulsões são forças inconscientes, enquanto os sentimentos são sua representação na consciência, como, por exemplo, o amor, a vergonha, a inveja, a culpa, etc. O fato de os sentimentos serem representados pela consciência, portanto identificados e nomeados pela inteligência, implica que são fruto de elaborações psíquicas que os torna passíveis de um trabalho psicológico capaz de modificá-los, atenuá-los, sofisticá-los. Houvesse somente pulsões, os indivíduos se assemelhariam a animais, apenas motivados por instintos que se impõem incondicionalmente. Aproveito para notar que, em vários cursos de psicologia do desenvolvimento, ensinam-se a teoria de Piaget para a evolução intelectual do ser humano, e a psicanálise para a dimensão afetiva. Porém, é legítimo perguntar-se se a psicanálise realmente dá conta de toda a dimensão afetiva, ou se ela é essencialmente um estudo das pulsões, das determinações inconscientes, e não dos sentimentos.
2. Na França, o nome de Jules Ferry, ministro da Educação de 1879 a 1883, está associado a uma reforma educacional de monta: a gratuidade, a obrigatoriedade e a laicidade do antigo ensino primário. O tema da laicidade, ou seja, o de um ensino público totalmente desvinculado da religião, causou polêmicas na época notadamente em razão de questões morais. Como seria possível formar pessoas respeitosas das normas morais sem cuidar de sua formação religiosa? Eis o que vários se perguntavam, temendo o pior se a referência a Deus fosse banida da escola. O trabalho de Durkheim sobre educação moral teve justamente o objetivo de mostrar que tal educação é possível. Interessante notar que, no Brasil, a laicidade, embora legal, não parece representar um real valor entre os educadores. Relataram-me várias vezes que professores de escolas públicas começam seu dia de aula colocando na lousa frases bíblicas, na intenção de dar uma lição de moral a seus alunos, sem que isso choque os demais membros da comunidade. Na França contemporânea, atitudes semelhantes causariam polêmica, haja vista a atual celeuma a respeito da recente proibição do uso de símbolos religiosos ostensivos nas escolas públicas. Minha experiência pessoal de contatos com educadores mostra que não raramente as pessoas se perguntam se uma formação de valores é realmente possível sem apelo a religião, ou, de forma mais branda, se o ensino religioso não ajudaria na educação moral. Limito-me aqui a dizer que concordo com Durkheim quando afirma que é perfeitamente possível uma educação moral sem referência a Deus (embora não concorde com as opções teóricas e pedagógicas do eminente sociólogo). Qualquer um pode verificar que há ateus com comportamentos morais irreprocháveis (e outros não) e que há pessoas religiosas com comportamentos suspeitos (e outras não). Logo, a questão religiosa não é decisiva para explicar comportamentos morais.
3. Na verdade, os conceitos de superego e ideal do ego remetem a funções diferentes. O primeiro refere-se a normas de conduta, o segundo a ideais, a valores. Embora o próprio Freud não aprofunde essa distinção de funções, pode-se inferir que percebia que o tema moral não se limita a obediência a regras (função do superego), mas que também implica escolhas do que seja o Bem (função do ideal de ego).
4. É importante destacar o fato de Kohlberg ter vivido as terríveis experiências da Segunda Guerra Mundial. Os acontecimentos dessa época, que, para muitos, jogaram uma pá de cal sobre a crença no possível aperfeiçoamento moral dos homens, estimularam Kohlberg a aprofundar os estudos de psicologia moral, tanto para

mostrar que a autonomia é possível, quanto para provar que é dificilmente alcançável. Ele certamente não se dedicou à moral por mera curiosidade intelectual, mas sim por engajamento ético. Lembremos que durante a barbárie européia ele ajudou judeus a fugir à perseguição nazista.
5. Aproveito para comentar o fato de que, hoje em dia, a articulação entre as dimensões racionais e afetivas tem sido muitas vezes feita de forma superficial, pois restrita à afirmação de que estados afetivos interferem nas competências racionais, entre elas o juízo moral. Com efeito, se nos limitamos a observar que, em momentos em que estão "de bem com a vida", certas pessoas mostram mais disponibilidade para agir de forma moral do que em momentos no quais experimentam algum tipo de sofrimento psíquico, mostram-se mais generosas quando alegres do que quando tristes, não contribuímos muito para desvendar os segredos da articulação entre razão e afetividade na vida moral. Por um lado, trata-se de uma observação que pode valer para praticamente todas as atividades humanas e, por outro, devemos ter consciência de que exceções existem e que elas até são mais interessantes do ponto de vista psicológico: por que será que, para alguns, a dor psíquica, a angústia aguçam o poder criativo, a força intelectual e a disposição moral, ou simplesmente nela não interferem? Em suma, parece-me que não adianta falar numa suposta "inteligência emocional" – salvo se queira limitar-se a dar nome pomposo para a variabilidade contextual de diversas competências, entre elas as morais, em vez de lançar, de fato, alguma luz sobre as articulações perenes entre o juízo e a vontade de agir segundo seus ditames.
6. Elliot Turiel vai até mais longe que Piaget e Kohlberg: afirma que mesmo crianças pequenas mostram-se capazes de diferenciar normas morais (atinentes à justiça e ao bem-estar das pessoas) das normas convencionais (hábitos religiosos, por exemplo). As pesquisas que realizou em várias culturas mostram, segundo ele, que essa sofisticação precoce do juízo moral é universal. Pessoalmente, também penso que as crianças menores são mais sofisticadas moralmente do que pensavam Durkheim, Freud, Piaget e Kohlberg, mas não reduzo a análise à única perspectiva da justiça e do bem-estar. Explico-me sobre esse ponto no Capítulo 3.
7. Os Parâmetros Curriculares Nacionais (PCNS) apresentam um documento (um dos chamados "temas transversais") intitulado "Ética". Seu conteúdo pode associar-se a uma definição de ética, pois traduz uma posição pedagógica que preza o desenvolvimento da autonomia moral. Porém, poderia muito bem se chamar de Educação Moral, porque é disso que se trata (a questão dos deveres é central). A escolha do título "Ética" deveu-se essencialmente ao perigo político que havia em "requentar" os termos de uma proposta anterior bem conhecida de todos. Enquanto consultor da elaboração dos PCNS, cheguei a propor que o documento tivesse no título a referência à moral, mas fui voto vencido. Aliás, não insisti muito, consciente de que as palavras infelizmente têm peso considerável e exagerado na vida política (vide o atual "politicamente correto").
8. Dupréel (1965) reserva o nome de eudemonismo apenas às teorias que pressupõem um homem naturalmente consciente do que seja a felicidade, e o nome de "idealistas" àquelas que definem, elas mesmas, o que é a felicidade (uma espécie de ideal intelectualmente concebido).
9. Etimologicamente, a deontologia é a "ciência do dever", e, como o escreve Berten no *Dicionário de ética e filosofia moral* (2004), o adjetivo deontológico tem sido atribuído à filosofia moral que considera os deveres como bons em si mesmos. Note-se que o termo "deontologia" também é empregado em referência aos deveres que regem uma profissão.

10. Max Weber (1912/1963) participou do debate cunhando as expressões "ética da convicção" e "ética da responsabilidade". A primeira adotaria a perspectiva de deveres absolutos e a segunda julgaria o valor das decisões em função das conseqüências prováveis destas. Weber afirma que o trabalho dos políticos deve ser inspirado pela ética da responsabilidade, portanto pelo cálculo dos benefícios e perdas decorrentes das decisões tomadas. Dahrendorf (1997), também na área política, pondera que, em certas circunstâncias, a ética da convicção é necessária: ele dá o exemplo da falta de convicção moral que acometeu dirigentes do mundo inteiro no seu trato com Hitler, e que levou à situação irreversível de guerra mundial. O governo americano de G. W. Bush também falou em convicções morais para justificar a guerra do Iraque, e Condoleezza Rice, chefe do Departamento de Estado dos Estados Unidos (2005), afirma que a indecisão de alguns países europeus (como a França), a respeito de o que fazer para derrotar o terrorismo, assemelha-se àquela que levou o mundo a catástrofe da guerra de 1939 a 1945. Como se vê, o debate entre abordagens deontológicas e teleológicas também adentra o contexto político.

11. Embora eu não seja jurista, ouso fazer o seguinte comentário: tenho a impressão de que, nos dias de hoje, tende-se a colocar sob forma de lei jurídica normas que, antes, restringiam-se ao âmbito moral. Penso, por exemplo, nos chamados "danos morais", em nome dos quais um número cada vez maior de pessoas mobiliza o poder judiciário para obter reparações. A pessoa sente-se atingida por alguma reflexão alheia e aciona a justiça para que o dano seja reparado – e o mais interessante: quase sempre em forma de pagamento. Antigamente, tais situações eram resolvidas entre os envolvidos.

12. Vercors (1942) *Le silence de la mer*. Paris: Editions de Minuit.

13. Os anúncios publicitários procuram cada vez mais associar a posse do produto objeto de propaganda e o alcance de uma vida feliz. Tal materialismo típico da sociedade de consumo na qual vivemos é, naturalmente, um engodo do ponto de vista psicológico. O conforto material, que deveria apenas liberar os homens de tarefas penosas para que possam melhor dedicar-se à busca de uma vida significativa, acaba confundindo-se com ela: o meio torna-se fim em si mesmo. Ora, basta olharmos em nosso entorno para verificar o quanto as incessantes idas a *shoppings* parecem mais tornar as pessoas ávidas por comprar do que contentes com o que possuem.

14. A corrente ética que responde pelo nome de estoicismo, ao identificar felicidade e virtude, e derivando essa última da pura vontade, afirma a possibilidade de ser feliz mesmo na dor, não por poder deixar de sentir a dor, mas pelo fato de a virtude ser superior a ela. Trata-se, como o escreve Maritain (ver Dupréel, 1967), de uma proposta de "atletismo espiritual", da afirmação orgulhosa do poder praticamente sobre-humano da razão.

15. Em seu pequeno livro sobre a "conquista da felicidade", Bertrand Russell (1962) fala em causas da infelicidade e em outras para a felicidade, sendo ambos os conjuntos de causas claramente identificados com interpretações subjetivas. Por que somos infelizes? Porque sentimos inveja, porque confundimos competição com excelência, porque tememos a opinião pública, etc., portanto, porque interpretamos erradamente aspectos essenciais da vida. E como fazer para ser feliz? Também realinhando nossas interpretações e sentimentos: cultivando nossos interesses, desabrochando nossa afeição por outrem, procurando a perfeição em nossas atividades, etc.

16. A aposentadoria compulsória certamente não foi inventada para obrigar as pessoas a serem felizes!

17. Remeto o leitor às interessantes análises de Michel Foucault (1999) a respeito dos processos históricos que, no final do século XIX, colocaram a sexualidade (via

problematização da masturbação infantil) e a referência ao instinto no centro das explicações da psiquiatria a respeito dos "anormais".

18. Existe um certo romantismo a respeito do heroísmo dos soldados que saem das trincheiras para arriscar as suas vidas na defesa da pátria. Muitos somente suportam encarar a morte dessa forma porque previamente dopados, notadamente com álcool. Permito-me um depoimento pessoal. Meu avô materno, ex-combatente da Primeira Guerra Mundial, e que gostava de contar as histórias vividas nos campos de batalha de 1914 a 1918, freqüentemente se referia à necessidade dos soldados de esquecerem a terrível ameaça de morte à qual estavam submetidos.

19. Não necessariamente um só e mesmo sentido da vida nos acompanha durante toda nossa existência. Pode acontecer de mudarmos, até radicalmente, nossa maneira de interpretar nossa razão de viver. Por exemplo, religiosos podem tornar-se ateus, e vice-versa: tais mudanças certamente caracterizam guinadas importantes nos sentidos da vida assumidos.

20. Outro motivo possível para o atual "desencantamento" do mundo talvez seja a força crescente das explicações científicas, notadamente biológicas: as ações do ser humano seriam produtos de leis que as determinam, sendo sua consciência e intencionalidade meras ilusões. O homem seria uma espécie de "máquina neurológica", cujo funcionamento seria redutível a um jogo de forças químicas. O "para que viver?" pode se considerado pergunta inútil se a resposta dada em nada puder influenciar as tomadas de decisões de como viver.

21. O romancista Alexandre Dumas comenta em seu romance *Les Mohicans de Paris* (Paris Gallimard, 1998) que, em séculos anteriores (ele escreveu no século XIX), as pessoas não se suicidavam: se algum acontecimento lhes causasse extremo desgosto pela vida, elas abandonavam radicalmente suas atividades habituais, e refugiavam-se em outras, longe dos objetos ou pessoas causas de seu desespero. As mulheres entravam num convento para desse claustro nunca mais sair, e o homens exilavam-se nas colônias, em viagens sempre arriscadas, das quais freqüentemente não voltavam. Tais formas de abandono de antigas formas de vida traduziam a perda de um sentido para a vida e a eleição de outro. Sem essa possibilidade socialmente dada de troca de sentidos, restaria somente, escreve Dumas, a morte. Note-se que se deve levar também em conta o fato de, naquela época, dar-se a morte voluntariamente era expressamente proibido pela religião: era gravíssimo pecado que privava seu autor da perspectiva de uma vida ao lado do Senhor. Até hoje, a Igreja Católica condena expressamente o suicídio, mas sem grande sucesso, justamente, por fazerem falta alternativas simbolicamente significativas de se permanecer em vida.

22. Cabe fazer aqui uma referência especial ao papel da religião: penso que a grande atração que exerce sobre a maioria das pessoas não decorre apenas do fato de ela fornecer uma explicação para a morte e para a dor (os desígnios sempre bons de Deus): decorre também de uma atribuição *a priori* de valor pessoal aos fieis, que se vêem a si próprios como objetos privilegiados da atenção divina, ou ocupando um lugar em uma ordem cósmica. Para empregar uma expressão muito em voga nos dias de hoje, a religião confere auto-estima a quem a ela adere. Mas tudo não está dito assim, sobretudo no que tange às religiões cristãs. Pode-se dizer que elas às vezes retomam com uma mão o que deram com a outra: ao pregar a miséria da alma humana, ao falar em pecado original, ao insistir na noção de culpa e castigo, podem muito bem humilhar o fiel e fazer com que veja a si próprio como ser execrável, não merecedor das graças divinas e destinado irremediavelmente às chamas do inferno.

23. Pode haver também uma interferência da moral na ética quando se normatiza, de uma maneira ou de outra, o que vem a ser a felicidade. Contudo, essas interferências são sempre indevidas. Pensemos, por exemplo, na tese mais que suspeita da existência de um instinto materno. Se tal instinto existir, é normal pensar que uma mulher somente pode ver sentido na sua vida e realizar a expansão de si própria se procriar e cuidar da prole. Eis uma opção de "vida boa" supostamente inscrita nos genes! Tratar-se-ia de uma norma natural. Contudo, haja visto a fraqueza teórica que preside a afirmação da existência de tal instinto, é mais que provável que se trate de uma norma moral disfarçada em tese biológica: pensa-se ideologicamente que uma mulher "é feita" para procriar, que seu lugar legítimo é o lar, com seus berços e panelas, que sua contribuição à sociedade é garantir a solidez dos espaços privados, e inventa-se uma suposta qualidade natural do ser mulher para legitimar a posição da mulher na cultura. Pela minha experiência, muitas mulheres acreditam elas mesmas serem destinadas a ser mães, acreditam que não realizarão suas vidas se não casarem e tiverem filhos. E como resultado prático, certamente há muitas mulheres infelizes, seja porque não se deram o direito de pensar outras opções de vida, seja porque vivem com um sentimento de culpabilidade o fato de não se sentirem realizadas apesar de rodeadas de filhos. Vêem a si próprias como "más mães", portanto, julgam-se moralmente por sentirem-se infelizes. Interessante notar que muitas jovens adultas acreditam na existência do instinto materno. É pelo menos o que sou levado a crer, pois cada vez que pergunto a respeito às minhas alunas de graduação, a grande maioria responde que tal instinto existe. Mas encontro algumas "desconfiadas" de que se trata de uma crença decorrente das formas de educação reservadas às meninas desde pequenas. Lembro-me particularmente de uma aluna que, de forma sarcástica, chamou de "kit escrava" o conjunto de brinquedos costumeiramente dado às meninas, tal como boneca, panelinhas, fogãozinhos, mamadeirazinhas, etc. Note-se que bonecas tipo Barbie, tão na moda hoje em dia, não estimulam brincadeiras de mãe, mas sim a projeção – precoce – na adolescência.
24. O utilitarismo de Mill explica os sentimentos altruístas por uma espécie de extensão a outrem dos sentimentos egoístas (que seriam anteriores, genericamente falando, aos altruístas). Tal tese psicológica é bastante estranha, e dela não compartilho. Veremos no Capítulo 3 que egoísmo e altruísmo compõem-se no despertar do senso moral.
25. Toda a discussão em torno das "cotas" nas universidades brasileiras para alunos oriundos de escolas públicas ou pertencentes à "raça" negra ou a diversas etnias indígenas gira em torno da oposição entre eqüidade e privilégio. Para alguns, a política do cotas, que implica tratamento diferenciado, é justa por respeitar o princípio da eqüidade. Para outros, ela é injusta por privilegiar algumas pessoas em detrimento de outras. Limito-me a dizer que acho tal política problemática, pois a eqüidade implica, sem dúvida, colocar direitos especiais para pessoas em condições desfavoráveis, mas não implica, para tanto, retirar direitos às demais. Ora, a política das cotas dá a um o que se retira de outro, portanto, não torna os desiguais iguais, não reequilibra a balança social, mas muda o pólo da desigualdade.

2

Saber fazer moral: a dimensão intelectual

Quando, no capítulo anterior, definimos o plano moral como aquele dos deveres, e identificamos o sentimento de obrigatoriedade como seu invariante psicológico, pouco falamos da dimensão racional da moralidade. Parece-me certo que o que tanto distingue quanto articula os planos moral e ético é a dimensão afetiva. Mas, evidentemente, isso não quer dizer que a razão desempenhe um papel sem importância na moral e na ética. Aliás, eu diria que *em todas as atividades humanas* o aporte da razão é inevitável (como haveria objetos sobre os quais agir se não fossem concebidos?) e sua sofisticação desejável se formos um tanto quanto exigentes quanto à qualidade das ações. Vimos que a racionalidade é central nas teorias de Piaget e Kohlberg, e que a abordagem aqui proposta utiliza as concepções sobre o desenvolvimento do *juízo* moral dos dois autores construtivistas. E vimos também que as teorias de Durkheim e de Freud, embora coloquem a ênfase de suas explicações sobre a afetividade, não descartam o papel da razão nas ações morais. Não se deve, portanto, estranhar que eu dedique todo um capítulo à dimensão intelectual do "saber fazer moral".

Tampouco deve-se estranhar que eu não dedique páginas ao "saber fazer ético". Vimos que opções por projetos de uma "vida boa" somente merecem ser chamados éticos se neles outrem e as instituições sociais tiverem lugar, e que, com Ricoeur, assumimos que esse lugar contempla o "com outrem", o "para outrem", e as instituições justas. Portanto, parte nuclear da ética é moral, e o "saber fazer moral" interessa tanto à moral em si quanto à ética. Porém, é preciso sublinhar que a ética não se resume à moral, pois a "vida boa", embora condicionada moralmente, vai além dela. Se o auto-respeito (ou honra) é sentimento necessário à ética, não é suficiente, pois conteúdos relacionados à auto-estima também compareçam. Pensar o contrário equivaleria a afirmar que basta ser moral para ser feliz. Ora, não é disso que se trata: apenas assumimos que a felicidade somente é ética se condizente com a moral. Logo, o "saber fazer ético" não se resume ao "saber fazer moral". Todavia, será possível equacionar um "saber fazer" para as múltiplas formas de se levar a vida, de a ela conferir sentido, de encontrar caminho para a "expansão de si"? É possível fazê-lo para a moral, uma vez que escolhemos determinados conteúdos. Mas não é possível fazê-lo para a ética, justamente em razão da diversidade de conteúdos. Vale para a ética o que escrevi anteriormente: *em todas as atividades humanas* o aporte da razão é inevitável. Como enfatiza Canto-Sperber (2002), para agir bem é preciso pensar bem. Porém, o detalhe do que é o "pensar bem" depende do objeto sobre o qual pensamos. Esse objeto é definido para a moral, e é aberto para a ética. Por essa razão, limito-me aqui a analisar a dimensão racional da moral.

Vamos então a ela, começando por comentar rapidamente a expressão "saber fazer moral", empregada no título. Por "fazer", entendo a realização da ação moral. E por "saber" entendo as disposições intelectuais que permitem *decidir* o que fazer, como fazer, e o quando fazer. Ou seja, o "saber" diz respeito ao perceber, ao pensar, ao refletir, ao julgar – logo, diz respeito à razão.

Cinco temas serão objeto de minha exposição. Começarei por lembrar que a dimensão racional é parte integrante da própria definição de moral. Em seguida, abordarei três aspectos complementares da dimensão intelectual presentes na ação moral: o conhecimento, o equacionamento e a sensibilidade. Finalmente, falarei dos estudos psicológicos sobre o desenvolvimento do *juízo* moral na infância, na adolescência e na idade adulta.

MORAL E RAZÃO

Podemos ser rápidos na apresentação deste item, pois é fácil verificar que, sejam quais forem os fundamentos e conteúdos escolhidos para a moral, a razão sempre está, de uma forma ou de outra, presente. Se admitirmos que a moral foi criada por um Deus e que, portanto, ela nos é revelada, a tarefa da razão é *interpretar* tal revelação. Se, com os utilitaristas, pensamos que o princípio fundador da moral é aquele que reza que sempre devemos agir de forma a promover o maior bem para a maioria das pessoas, a razão deve comparecer para *calcular*, para *prever* as conseqüências das ações. Se, com os contratualistas, pensamos que o valor das regras morais decorre de elas terem sido acordadas entre os membros de uma comunidade, a razão comparece como garantia do diálogo esclarecido entre as pessoas, como instrumento da negociação. E se, com Kant, fundamos a moral nas máximas elaboradas pela própria razão, o lugar desta torna-se exclusivo.

Um outro argumento vale a pena ser acrescentado aqui: ele se refere à questão da responsabilidade. Ser considerado como "pessoa moral" implica ser considerado como agente *responsável* por juízos e ações. Não consideramos, por exemplo, as pessoas em estado de grave transtorno mental como pessoas morais, porque elas não podem ser responsabilizadas por seus atos. O mesmo critério aplica-se às crianças pequenas. Ora, qual é esse critério? É o do emprego da razão.[1] Consideramos moralmente não-responsáveis pessoas que, por alguma falha ou imaturidade intelectual, não puderam *escolher* suas ações, ou seja, que não tiveram a *liberdade* de escolha sobre o que fazer ou deixar de fazer. E quando se tem liberdade de escolha, deve-se pensar, eleger critérios para a decisão, em uma palavra, deve-se empregar a razão. Em resumo, ser moralmente responsável implica ter liberdade de escolha, a qual implica fazer uso da inteligência. Sem a presença da razão, é a própria moral que desaparece. Logo, a despeito da influência da afetividade sobre as escolhas morais, que situamos no plano ético, a dimensão intelectual está sempre pressuposta, do contrário não se trata mais de moral.

Note-se que tal afirmação não sugere um papel todo-poderoso das funções intelectuais. A psicologia, notadamente a psicanálise, acostumou-nos a reconhecer o quanto a razão pode ser fraca, o quanto ela pode enganar-se. Sim, mas desse alerta quanto às limitações da razão não decorre em absoluto afirmar que ela em nada contribui para guiar nossas ações. Logo, não desprezemos esse precioso instrumento que é a capacidade de pensar, de refletir, de tomar consciência. E lembremos também que estudos como os de Piaget e os de Kohlberg atestam um paralelismo entre o desenvolvimento intelectual da criança e do adulto e o desenvolvimento moral.

Em suma, a dimensão intelectual não somente está pressuposta pela própria definição de moral, como é reconhecida como condição necessária às ações reconhecidas como morais. Não podemos, portanto, descartar essa dimensão, sob pena de fugirmos totalmente a nosso tema, ou de reduzi-lo a dimensões biológicas, instintivas ou intuitivas.

MORAL E CONHECIMENTO

A moral é, antes de mais nada, um objeto de conhecimento. Ela "diz" coisas que a pessoa deve conhecer. Mas o que ela diz? Ela fala em regras, e assim diz o que deve ser feito e o que não deve ser feito. Ela fala em princípios, ou máximas, e, portanto, diz em nome do que as regras devem ser seguidas. E ela fala em valores, e assim revela de que investimentos afetivos são derivados os princípios. Por exemplo, a moral pode afirmar que a vida é um valor, derivar o princípio segundo o qual a vida deve ser respeitada, e ditar regras como "não matar", "não ferir", "promover o bem-estar". Do ponto de vista lógico, a seqüência argumentativa segue o caminho que parte dos valores e chega às regras prescritivas, passando pelos princípios. Todavia, do ponto de vista da aprendizagem da moral por parte das crianças, o caminho é inverso: o primeiro contato com a moral, e o mais concreto, dá-se por meio das regras, sendo os princípios que as inspiram e os valores que lhes dão fundamento, de assimilação posterior. Infelizmente, algumas pessoas param seu aprendizado moral no conhecimento das regras, e contentam-se com essa dimensão normativa, sem nunca realmente se perguntarem de onde elas derivam.

Portanto, a dimensão intelectual para o agir moral pressupõe o conhecimento das regras, dos princípios e dos valores. Ela também pressupõe conhecimentos culturais, psicológicos e científicos. Mas antes de falarmos deles, pensemos um pouco mais sobre as relações entre regras, princípios e valores, três termos que já empreguei no primeiro capítulo, mas que devo precisar agora.

Comecemos pela relação entre regras e princípios. Entendamos por regra moral um mandamento preciso. Bons exemplos estão nos Dez Mandamentos do Antigo Testamento: não matar, não roubar, não cobiçar, etc. E vamos entender por princípio moral a matriz da qual são derivadas as regras. Por exemplo, a máxima cristã que reza que "devemos amar-nos uns aos outros" corresponde a um princípio do qual se deriva, entre outras, a regra "não matar". Empregando uma metáfora,[2] podemos dizer que as regras morais correspondem ao "mapa" e os princípios correspondem à "bússola". Ora, como é com bússolas que se fabricam os mapas, e não o contrário, possui maior sofisticação moral quem sabe, além de ler mapas, empregar as bússolas.

Não quero dizer com isso que os "mapas morais" sejam inúteis. Não somente é por intermédio deles que as crianças são iniciadas à moral, como, também para os adultos, representam pautas de ação ou balizas para as condutas cotidianas. Podemos dizer que sem tradução por meio de regras, a moral corre o risco de permanecer demasiado abstrata e de difícil operacionalização. A regra permite dar corpo à moral, situá-la no tempo e no espaço.

Mas, se é verdade que, sem regras, a moral correria o risco de permanecer como um vago conjunto de boas intenções, também é verdade que, apenas com elas, ela arrisca assemelhar-se a um regulamento preciso, mas limitado. As regras não apenas dependem sempre de uma formulação verbal restritiva, como ainda cobrem um número limitado de situações. Essa é a limitação do "mapa", que pode e deve ser compensada com o emprego da "bússola", ou seja, dos princípios morais. Podemos dizer que a regra corresponde à formulação "ao pé da letra" e que o princípio corresponde a seu "espírito". Quem se limita ao conhecimento das regras morais não somente fica, na prática, sem saber como agir em inúmeras situações (porque não há regras explicitadas para todas) como corre o risco de ser dogmático e injusto. Em compensação, quem conhece princípios pode saber guiar-se em diversas situações e decidir como agir. Neste mundo que é o nosso, em rápida mutação, notadamente econômica e tecnológica, conhecer os princípios morais parece corresponder a uma competência necessária.

Se as regras são o mapa, os princípios a bússola, podemos dizer, ainda metaforicamente, que os valores são o "planeta" onde nos movemos com nossa bússola e nossos mapas. O que são valores? Como vimos no capítulo anterior, eles são o resultado de um investimento afetivo. Portanto, pertencem ao plano ético, uma vez que é nele que se encontra a energética da vida em geral, e, em particular, da vida moral. Voltaremos ao tema dos valores no capítulo seguinte, mas vale a pena sublinhar aqui o fato de eles serem passíveis de uma assimilação intelectual. Experimentam-se valores, pois são afetivos, mas também pensam-se valores. Logo, a dimensão intelectual da ação moral não depende apenas do conhecimento de regras e de princípios, mas também da consciência de quais valores são os nossos, de qual projeto de vida temos ou procuramos ter, de qual projeto de felicidade que move nossas ações, de que rumos toma a expansão de nosso eu. Mas alguém poderá objetar que, uma vez que os valores correspondem a um investimento afetivo, o conhecimento sobre eles é simples e, portanto, faz parte da bagagem intelectual de toda pessoa. Todavia, tal não parece ser o caso. Que toda pessoa seja movida por investimentos afetivos, está claro. Porém, que toda pessoa tenha consciência de quais são esses investimentos, não é nada claro. Eles podem muito bem dar-se de forma inconsciente, seja no sentido psicanalítico do termo (influência de pulsões a que não se tem acesso), seja no sentido mais simples: não tendo sido objeto de reflexão, os investimentos afetivos são experimentados como forças "naturais" que guiam a razão em vez de serem eles mesmos guiados por ela. Ora, os homens não são "máquinas afetivas", e eles podem, graças ao conhecimento e à reflexão, trabalhar seus afetos e sentimentos. Em suma, valores também podem e devem ser objeto de conhecimento e a ação moral depende desse conhecimento. É um erro pensar que os valores que movem nossas ações são, para cada um de nós, evidentes. E é também um erro achar que aqueles que não se relacionam diretamente com os deveres morais em nada importam para a ação moral: no capítulo anterior falamos das situações de conflito, durante as quais conteúdos relacionados à auto-estima podem ser menos ou mais investidos afetivamente que aqueles relacionados ao auto-respeito, fato que determina a realização, ou não, da ação moral.

Já tratamos de três conhecimentos necessários à ação moral entendida como um "saber fazer": as regras, os princípios e os valores. Como vimos, esses três conteúdos estão diretamente relacionados à própria definição do que é moral e ao sentido que ela pode ter na vida das pessoas. Assim, pode-se afirmar que conhecimentos sobre regras, princípios e valores são condições necessárias ao agir moral. Será que podemos, então, afirmar que são suficientes? Ou devemos pensar que outros tipos de conhecimento também são úteis? Fico com a segunda alternativa: alguns conhecimentos que incidem sobre a realidade, e não mais sobre o "dever ser", compareçem para nos instrumentalizar para a ação moral. Entre eles, vou destacar um, que me parece essencial, sobretudo neste mundo irreversivelmente globalizado que é o nosso: o *conhecimento cultural*.

Por conhecimento cultural entendo aquele que incide sobre os costumes de vida adotados por diversas comunidades, em diversas épocas. Logo, o conhecimento cultural leva-nos a apreender a diversidade de modos de viver, a diversidade de valores, a diversidade das formas de pensar o sentido da vida.

Tal diversidade pode ser encontrada no decorrer da história de uma mesma comunidade ou país. Nossos antepassados viviam, em variados aspectos, de forma diferente da nossa. E a diversidade pode também ser encontrada em comunidades contemporâneas, e até mesmo, no seio de um mesmo país, em classes sociais ou grupos religiosos e étnicos diversos. Conhecer essas variações culturais, às vezes importantes, pode ser benéfico para a ação moral? Acredito que sim. Mas antes de demonstrá-lo, é preciso afastar duas idéias que costumam aparecer quando se fala em pluralidade cultural.

A primeira refere-se ao relativismo moral axiológico, que consiste em considerar como igualmente válidos todos os sistemas de deveres. Como vimos anteriormente, o relativismo moral pensa, assim, dar provas de tolerância, mas acaba caindo em contradição. Inútil voltar a essa análise que, espero, ficou clara no capítulo anterior. Logo, se penso que conhecer outras culturas pode ajudar a construir uma maior sofisticação do juízo moral, não é pela afirmação de que "tudo se vale", mas sim pelo reconhecimento de que a dignidade do homem pode receber variados tratamentos.

A outra idéia perigosa que devemos descartar é aquela segundo a qual bastaria conhecer o outro para respeitá-lo. Alguns pensam, por exemplo, que, se pessoas de classe média desprezam os pobres, é porque desconhecem como vivem esses pobres, que, se conhecessem seus costumes, os respeitariam. Nessa tese, a intolerância, o desrespeito seriam fruto da ignorância. Ora, é correr um sério risco político aceitar a idéia segundo a qual basta apresentar às pessoas diferentes modos de vida para que elas passassem a respeitá-los. A realidade mostra que as coisas não são tão fáceis assim. Na França, por exemplo, há muitos jovens, filhos de imigrantes (em geral, do Magreb, norte da África[3]), que nasceram na França, que estudam em liceus franceses, que vivem nas cidades francesas e que conhecem, portanto, muito bem a civilização e cultura francesas, e que não somente não se identificam com elas como, em vários casos, rechaçam vigorosamente os valores dominantes desse país. No caso deles, não é conhecimento que lhes falta, pelo contrário até: eles conhecem e não aceitam. Logo, conhecer culturas diferentes certamente fornece uma chance de aceitar e respeitar diferenças, mas não o garante. O conhecimento pluricultural pode até despertar a tolerância, mas seu papel preponderante é o de nutri-la, enriquecê-la.

Em resumo, se coloco aqui o conhecimento cultural como alimento para a dimensão intelectual da ação moral, não é nem para atrofiar esta em nome do relativismo, e nem por acreditar ingenuamente que conhecimento implica respeito. Na verdade, a lógica contrária é mais correta: *o respeito implica querer conhecer*.

Qual é então o lugar que o conhecimento cultural pode ter? Trata-se de um alimento cognitivo que pode ter pelo menos dois efeitos: a *descentração* e a *inspiração*.

Comecemos pela descentração. Por mais que uma pessoa se disponha a refletir sobre seus próprios valores, sobre os princípios que inspiram suas ações, por mais que uma pessoa se disponha a discutir com os outros membros de sua comunidade a respeito do bem e do mal, do sentido da vida, as características da cultura à qual pertence sempre terão o efeito de uma força da gravidade que dificultará o distanciamento necessário a pensamentos realmente críticos e renovadores. Queiramos ou não, a cultura na qual vivemos acaba por nos impor certos hábitos de pensamento e de conduta, certos limites lingüísticos que tolhem nossa reflexão, certos símbolos que catalisam nossas decisões, e nem a maior boa vontade do mundo é, por si só, suficiente para fazer-nos escapar dessa força centrípeta que nos segura em nosso cotidiano. Para nos descentrarmos, para conseguirmos o distanciamento necessário à obtenção de novos nutrientes para a reflexão, precisamos de ajuda, e esta pode vir das outras culturas. Conhecê-las, portanto, não somente equivale à obtenção de uma bagagem intelectual interessante em si mesma, como pode nos ajudar a aprimorar nossa moral.

Com efeito, do ponto de vista moral (e também ético), as semelhanças e identidades podem ser confortadoras, uma vez que nos trazem o sentimento de pertencer a uma "comunidade humana" que compartilha certos valores e princípios. Tais semelhanças existem? Sem dúvida. Moritz Schlick (2000), em seu pequeno e rico texto sobre *questões éticas*, escreve que certas atitudes, como ser digno de confiança, ser solícito, conciliador, etc., costumam ser avaliadas como boas em todas as culturas, enquanto são sempre vistos como maus, por exemplo, o crime hediondo, o roubo, o caráter bélico. É claro que a confiança, a solicitude e a conciliação recebem tratamentos morais diferenciados em cada cultura, mas que são virtudes que todo sistema moral destaca e aprecia, não há dúvida, como não há dúvida de que o roubo e a violência sempre aparecem como moralmente suspeitos e, logo, como devendo ser coibidos. Spaemann (1999) faz eco ao pensamento de Schlick, ponderando que em todas as culturas há deveres dos pais em relação aos filhos, valorização da gratidão, da generosidade, da justiça e da coragem. Sabedora dessas identidades entre os sistemas morais de diversas culturas, a pessoa que reflete sobre sua moral pode sair confortada e fortalecida nas suas convicções. "Ah!, pensa ela, admirar a coragem e a generosidade não é fruto de uma peculiaridade cultural ou de uma idiossincrasia minha, pois parece que todos os povos têm a sua atenção e sua admiração despertada por essas virtudes; de modo que se eu encontrar um chileno, um esquimó ou um alemão, poderemos compartilhar nossa admiração diante delas, assim como nosso espanto diante de sua violação, nossa repulsa em relação à covardia, ao abuso sexual, à desonestidade, etc." Em todas as culturas há pessoas que roubam, matam seus pares ou deles abusam sexualmente; pessoas que mentem e fogem de suas responsabilidades, mas em todas as culturas elas são moralmente condenadas. E se não o forem, esse fato é mais o sinal de uma crise de valores e de desagregação social do que de mudança nos sistemas morais. Aliás, esse parece ser um pouco o caso de nossa cultura ocidental contemporânea: é às vezes moralmente mais confortador olhar para os comportamentos de pessoas de outras culturas do que para os comportamentos dos que nos rodeiam.

Em poucas palavras, conhecer outras culturas oferece a ocasião de pensar, com distanciamento, sobre os valores, princípios e regras próprios, de verificar se são limitados a uma forma de viver determinada ou se, pelo contrário, são reencontrados, sob formas diversas, em outras civilizações. Nesse último caso, o distanciamento leva a fortalecer as opções morais feitas, mas, no primeiro, pode, em diversas medidas, abalá-las. Com efeito, o conhecimento de outras regras, de outros princípios morais, e também de valores bem diferentes dos nossos, pode fazer-nos repensar nossa moral. Tal exercício não leva necessariamente ao abandono da moral antes adotada. Ele pode acarretar a tolerância: ficamos com nossas regras, princípios e valores, e aceitamos que outras pessoas tenham outros. Ele pode implicar também uma reformulação parcial da moral ou até a adesão a novas regras, princípios e valores, que, após reflexão, pensamos superiores aos nossos, ou mais desejáveis. Nos casos em que há reformulação ou adesão, podemos falar em *inspiração*. Concordo com Spaemann (1999) quando afirma que é possível acharmos, em outras culturas, regras e princípios morais que acabamos por julgar mais elevados que aqueles presentes em nossa própria cultura.

Há profusão de exemplos históricos que mostram o fenômeno da influência de certos sistemas morais e éticos sobre outros. Por exemplo, consta que o filósofo grego Sócrates inspirou-se, em parte, da filosofia Hindu. A reflexão cristã, oriunda do pensamento hebraico do Antigo Testamento, alimentou-se dos escritos de Platão e Aristóteles. Hoje, formas de vida e valores indígenas inspiram as pessoas preocupadas com o meio ambiente, e sistemas morais oriundos de religiões asiáticas são lidos e assimilados por ocidentais, como o atesta o grande número de leitores que têm, entre nós, o Dalai Lama. Aliás, na década de 1960, assistiu-se a um grande interesse por parte de jovens ocidentais pela sabedoria oriental. Ou seja, o conhecimento cultural e histórico da moral de outras civilizações pode ir bem além do acúmulo de uma cultura geral: pode exercer influência na forma de dar sentido à vida (ética) e na formulação de deveres (moral).

Em resumo, o conhecimento cultural pode servir de antídoto tanto ao dogmatismo (centrar-se em deveres considerados, *a priori*, perfeitos) quanto ao paulatino atrofiamento de sistemas morais fechados sobre si. O conhecimento cultural pode "oxigenar" a reflexão moral. Acrescentaríamos que, hoje, tal conhecimento torna-se necessário, tendo em vista o fato de convivermos com um número cada vez maior de pessoas de culturas diversas. Interessantemente, para certos viajantes do começo século XX, o Brasil representava uma cultura aberta e tolerante, onde o convívio entre diferentes opiniões, diferentes estilos de vida, diferentes etnias e religiões, e, logo, diferentes opções morais e éticas era possível e enriquecedor. Stefan Zweig, ilustre romancista austríaco, autor de um livro sintomaticamente intitulado *Brasil, terra de futuro*, escrito no próprio Brasil durante a Segunda Guerra Mundial, pensava ser o país sobre o qual dissertava uma civilização nova, que poderia tornar realidade uma cultura humana e pacífica, sonho de sua geração de intelectuais europeus desesperados pela barbárie que acometia a Europa. Vê-se que, para Zweig, o Brasil era um país de futuro, não pelo seu potencial econômico, mas sim por sua vitalidade moral e ética, decorrente da miscigenação das raças e dos valores. É claro que o romancista austríaco foi vítima de uma certa visão romântica que fazia tanta gente ver no Brasil um país sem maiores conflitos, e nos brasileiros pessoas cordiais. Infelizmente, o Brasil pouco cumpriu as promessas que Zweig pensava ter identificado. Mas isso em nada compromete o ideal de sociedade que ele concebia, e menos ainda a justeza no diagnóstico de que um dos elementos necessários à sua realização é o conhecimento cultural, que descentra e inspira a moral de seus membros.

Os conhecimentos de que acabamos de tratar estão diretamente relacionados com a moral. As regras concretizam-na em ação, os princípios lhe fornecem a matriz a partir de onde são inspiradas as regras, o mundo dos valores relaciona-a à vida na sua plenitude e complexidade, e as diferenças e semelhanças entre diversas culturas podem fortalecê-la, abalá-la e inspirá-la. Serão necessários outros tipos de conhecimentos, tais sejam eles científicos, políticos, psicológicos, entre outros?

Ora, não há dúvidas de que esses conhecimentos podem ser úteis e podem participar da construção da dimensão intelectual da ação moral. Por exemplo, certos conhecimentos científicos, talvez sejam necessários para a tomada de decisões com implicações morais, como é o caso do posicionar-se sobre temas como a clonagem de seres humanos. Podemos dar também o exemplo da política: embora esta não se confunda com a moral, é certo que há dimensões relacionadas ao poder, ao jogo de forças sociais na elaboração de regras morais, na escolha de princípios e, sobretudo, na reflexão ética sobre projetos de vida e busca da felicidade. Quanto à psicologia, não somente os conhecimentos oriundos dessa ciência podem permitir compreender certos comportamentos e, em conseqüência, julgá-los com maior propriedade, quanto eles podem promover o autoconhecimento necessário a avaliações e ações mais equilibradas e conscientes. O autoconhecimento é, notadamente, relacionado ao auto-aperfeiçoamento, o que faz Fernando Savater (1997) afirmar que o primeiro dever de cada um é "não ser um imbecil". E outros exemplos de conhecimentos variados (sociológicos, antropológicos, ambientais, etc.) também podem comparecer para enriquecer a ação moral.

Todavia, é preciso tomar cuidado e não chegar à conclusão de que a sofisticação moral é privilégio de pessoas cultas. Devemos reconhecer que há pessoas com poucos conhecimentos científicos, políticos e psicológicos, que mostram ser capazes de ações morais bem superiores a vários "doutores" universitários. Mesma ponderação deve ser feita em relação ao autoconhecimento decorrente de uma aprendizagem psicológica. "Não ser um imbecil", retomando a expressão de Savater, depende mais de uma atitude de procura da verdade e da excelência, do que de um estudo acadêmico. Logo, se os conhecimentos que acabamos de citar podem ser úteis à ação moral, não se deve esquecer que eles estão indiretamente relacionados à moral e à ética. Aqueles a elas diretamente relacionados, a saber, as regras, os princípios, os valores e os diversos sistemas morais são os únicos necessários pois representam o próprio conteúdo da moral, e o seu sentido.

Eis o que eu tinha a dizer sobre moral e conhecimento. Vou agora abordar o tema do equacionamento das situações que envolvem questões morais.

EQUACIONAMENTO MORAL

No item anterior, tratamos dos conhecimentos, ou seja, daquilo que a pessoa deve saber para agir. Mas há uma distância notável entre possuir certos conhecimentos e saber aplicá-los. Isso vale para todas as áreas de conhecimento. E vale também para a moral. Os sábios são sempre "sabedores", mas os "sabedores" não são necessariamente sábios. Os conhecimentos, morais e outros, são necessários à ação moral, mas não suficientes: é preciso saber colocá-los em movimento, relacioná-los entre si, dar-lhes vida, fazê-los produzir juízos e ações para cada situação encontrada. Em uma palavra, é preciso saber aplicá-los. Essa aplicação pode adquirir feições variadas, das quais destaco duas: o *equacionamento moral* e a *sensibilidade moral*. Comecemos pelo equacionamento.

Em certas situações, a dimensão moral pode aparecer de forma clara e não oferecer dificuldade alguma para a tomada de decisão. É o caso, por exemplo, da condenação do estupro. Se soubermos que tal ato violento ocorreu, a indignada reprovação deve ser imediata porque poderíamos dizer que "não há muito o que refletir" para chegar à conclusão de que um ato imoral aconteceu. Nesse caso, o equacionamento moral é fácil de ser feito: foi cometido um ato que contraria diametralmente uma regra e/ou um princípio e, logo, deve ser condenado (ou, pensando na ação própria, não deve ser realizado). Há vários outros exemplos desse tipo, pelo menos se aceitarmos os conteúdos morais eleitos no capítulo anterior, a saber, justiça, generosidade e honra: a condenação da tortura nas prisões, da humilhação de alunos, do roubo do dinheiro da Previdência Social, da violência física e psicológica, etc. Nesses exemplos, e em outros, o equacionamento moral da situação analisada decorre diretamente da aplicação das regras e dos princípios. Poderíamos até dizer que não há necessidade de equacionamento porque a situação é clara e evidente.

Todavia, há situações nas quais a idéia de equacionamento faz todo sentido: trata-se dos dilemas morais. Dilemas morais são situações nas quais não apenas uma decisão impõe-se, por absoluta falta de alternativas, com legitimidade moral. Voltando ao exemplo do estupro, vê-se que a condenação moral desse ato impõe-se, não havendo outra alternativa possível: logo, não há dilema. Mesma situação encontra-se na condenação do roubo de bens públicos: com efeito, qual seria a dúvida? Qual seria o dilema? Em compensação, o que decidir a respeito de uma pessoa pobre que roubou leite em um supermercado para alimentar seu filho? Condená-la? Aprová-la? Aqui, o dilema existe: por um lado, há o questionamento do ato de roubar, e, de outro, há o princípio de reza que a vida deve ser preservada (alimentar o filho). A tomada de decisão pressupõe o que chamamos de equacionamento moral: perceber que elementos *morais* estão em jogo, ponderá-los e hierarquizá-los.

Antes de prosseguirmos, dois esclarecimentos fazem-se necessários. O primeiro refere-se ao que acabo de escrever: o equacionamento moral trabalha com elementos morais. Com isso quero distinguir os dilemas morais de outros. Vamos pensar em um exemplo clássico. Uma pessoa encontra uma mala cheia de dinheiro e não sabe a quem pertence: deve ficar com o dinheiro ou deve esforçar-se para encontrar seu dono? É natural pensar que, em um caso desse, a tentação de ficar com o dinheiro pode ocorrer, sobretudo se quem encontrou a mala vive de modestas economias. Logo, é bem provável que, para essa pessoa, um dilema se coloque: ficar com o dinheiro ou procurar devolvê-lo. Mas o dilema não é moral, pela simples razão de que nada tem de moral a tentação de ficar com o dinheiro. A única decisão que merece o nome de moral é, evidentemente, procurar devolver o dinheiro. Assim, vemos que certos dilemas pessoais podem opor soluções morais a soluções de outro tipo. Ora, um dilema moral deve opor duas soluções[4] que são, cada uma delas, morais. É o caso do exemplo dado acima: roubar para salvar uma vida. Tanto o roubo quanto a vida remetem à dimensão moral.

O segundo esclarecimento refere-se à resolução dos dilemas. Permanecendo no exemplo do roubo e da vida, algumas pessoas poderão dizer que, para elas, não há real dilema pois a solução de roubar para alimentar uma criança *impõe-se sem demais dúvidas ou ponderações*. Sim, mas o fato de não ser um dilema *para elas* não implica não se tratar de uma situação dilemática, pois há dois elementos morais em jogo. Logo, para configurar-se como um dilema moral, basta que dois elementos morais conflitantes sejam abstraídos e pensados. O fato de a solução ser necessária ou até óbvia para alguns não retira o caráter dilemático de certas situações.

Isto posto, voltemos à nossa definição: *o equacionamento moral consiste em, diante de uma situação na qual regras, princípios ou valores morais conflitantes aparecem com clareza, destacar estes elementos, ponderá-los e, para tomar a decisão, estabelecer uma hierarquia de valor entre eles*. Nem sempre as dimensões morais de uma situação aparecem com clareza: nesses casos falaremos em *sensibilidade moral*, tema da análise de nosso próximo item. No caso do equacionamento, a dificuldade não está tanto em perceber que dimensões morais estão em jogo, mas sim, em refletir sobre suas implicações, e sobre a relação entre essas dimensões.

Analisemos alguns exemplos, começando por um dilema simples, empregado por Piaget em suas pesquisas sobre o desenvolvimento moral na infância. O psicólogo suíço submeteu crianças de 6 a 12 anos à seguinte pergunta: de duas pessoas, uma tendo quebrado 10 copos sem querer, outra tendo quebrado um copo em um ato de desobediência, qual merece ser castigada? É claro que, para garantir a compreensão do dilema pelas crianças, Piaget contou duas pequenas histórias, uma na qual uma criança abre a porta de seu quarto e, não sabendo que atrás dela há uma bandeja com 10 copos, derruba-os e os quebra, e outra, na qual outra criança, desobedecendo às ordens da mãe, quebra um copo ao procurar pegar um pedaço de bolo reservado para o jantar. Onde está o dilema? Ele está no confronto entre dois elementos relevantes para o juízo moral. Por um lado, há o tamanho do dano material (10 copos *versus* 1), e por outro, há a variável intencionalidade, ausente no caso do menino que quebra 10 copos (foi totalmente sem querer), e presente no caso do menino desobediente. Como dissemos, o dilema é simples de ser resolvido no sentido em que, a partir dos 8 e 9 anos, a quase totalidade dos sujeitos elege a variável intencionalidade como a mais importante. Qualquer adulto responderia da mesma forma. Mas a simplicidade da situação e a obviedade de sua solução não retira seu caráter dilemático. Com efeito, a variável gravidade dos resultados da ação é relevante para a moral: não se julgam pequenos delitos como se julgam os grandes. E a variável intencionalidade é uma das mais importantes pois remete à questão da responsabilidade. Logo, o dilema criado por Piaget pede que as crianças percebam e equacionem essas duas variáveis. Interessantemente, as crianças menores colocam o gravidade do dano material no topo da hierarquia e julgam mais culpado o menino que quebrou 10 copos. As maiores invertem essa hierarquia e privilegiam a intencionalidade. Tal gênese mostra bem a importância do equacionamento moral: o que faz a diferença entre fases de desenvolvimento não é apenas o conhecimento das regras, mas também a sua aplicação. As crianças menores sabem diferenciar os atos cometidos "sem querer" daqueles realizados com intenção, mas colocam a responsabilidade objetiva (a gravidade da ação) em primeiro plano. Mais velhas, elas farão o contrário.

Vejamos agora um dilema mais sofisticado, e com mais implicações morais em jogo. Trata-se do clássico dilema de Heinz, criado por Lawrence Kohlberg (1981), psicólogo americano que, como vimos, deu seqüência aos trabalhos de Piaget sobre desenvolvimento moral.

Eis a história. Um homem, chamado Heinz, tem uma esposa que está gravemente doente. Para salvá-la, há apenas um remédio, inventado por um farmacêutico da cidade. Heinz procura esse farmacêutico e descobre que este pede pelo remédio de sua invenção um preço muito caro, uma soma muito acima do que ele, Heinz, pode pagar. Apesar de ter explicado a terrível situação de sua mulher, o farmacêutico permanece inabalável e em nada facilita a compra do remédio. Então, Heinz resolve arrombar a farmácia e roubar o medicamento. E eis a pergunta moral: Heinz agiu corretamente?

Trata-se de um exemplo claro no qual um equacionamento é necessário para estabelecer um juízo moral consistente. A moral coloca a regra "não apropriar-se dos bens alheios". Mas ela coloca também o dever de "propiciar o bem-estar alheio", de "salvar vidas", de respeitar o "direito à vida". Logo, há um dilema: que regra ou que princípio seguir? Que valor privilegiar? Mas há mais elementos morais presentes nesse dilema. Um deles remete à vida privada, às relações de intimidade: Heinz não roubou o remédio para uma pessoa desconhecida, mas sim para sua mulher. Ora, pode-se perguntar: e se a pessoa doente não fosse sua esposa, estaria ele correto em roubar o remédio? (Kohlberg fazia essa pergunta). Outro elemento presente no dilema diz respeito às conseqüências sociais do ato de Heinz: e se todos agissem assim? Seria a sociedade sustentável se, a cada vez que uma vida está em perigo, tivermos a autorização moral para roubar na intenção de salvá-la? Ou então, pode-se indagar: que sociedade é essa que, para se sustentar, precisa que certas pessoas não possam ser salvas da morte? Esse elemento moral remete a outro, a saber, a relação entre a moral e as leis jurídicas: os deveres morais estão acima dessas leis? Se uma convicção moral é contraditória com o que reza a lei jurídica, deve-se seguir a própria consciência moral ou obedecer à lei? Destaquemos mais um elemento presente no dilema de Heinz: os limites da legitimidade da propriedade privada. A indagação moral pode ser a seguinte: o direito à propriedade privada e, conseqüentemente, à venda desta, independe das características dessa propriedade? Ou, nos casos em que vidas humanas estão em jogo, o direito à propriedade deveria deixar de existir ou tornar-se relativo?[5]

Vê-se, portanto, que, para resolver esse dilema, vários elementos devem ser destacados e relacionados entre si. É o que chamamos de equacionamento moral. E somente tal equacionamento pode garantir um juízo refletido e ponderado. Somente tal equacionamento pode permitir a argumentação entre pessoas que se debruçam sobre o mesmo dilema, e garantir um genuíno diálogo.

Note-se que o equacionamento moral não implica que todas as pessoas cheguem ao mesmo julgamento. *Não se trata, portanto, de encontrar a resposta certa*. Dito de outra maneira, o "saber fazer moral", diferentemente de certos outros tipos de saberes, não pressupõe que sempre haja apenas um juízo correto ao qual todo mundo deveria chegar. Pelo contrário, em vários casos – basta que tenham uma certa complexidade – algumas soluções podem ser defendidas. O "saber fazer" reside na capacidade de, por meio do equacionamento, dar sustentação precisa ao julgamento (e não ficar apenas no "eu acho que"). Mais ainda: o referido saber pode, às vezes, traduzir-se pela *hesitação*, pela consciência de que não apenas uma solução se impõe. Suspender um juízo moral pode, às vezes, ser a escolha mais judiciosa. É prova de tolerância.

Porém, notemos que a suspensão do juízo moral somente é legítima quando se trata de julgar a ação de outrem, mas não, quando se trata de decidir sobre a própria ação. Nesse caso, a hesitação pode acontecer, mas deve ser superada, pois há um imperativo: deve-se agir. Vejamos um dilema moral, infelizmente freqüentemente colocado pela realidade, que coloca de forma dramática a urgência da decisão do como agir em uma situação de difícil equacionamento.

Imaginemos que um médico, de plantão em um pronto-socorro, receba, ao mesmo tempo, dois pacientes, em estado de igual gravidade, que precisam ser internados na UTI. Façamos a hipótese de que somente a internação pode salvar-lhes a vida, que há urgência, portanto. E imaginemos que, naquele momento, haja somente um leito disponível. Um dilema se coloca: que paciente escolher? Como sabemos que os dois têm as mesmas chances de sobrevivência se forem internados, a variável estritamente médica deve ser descartada. Mas há outra sobre a qual pensar: um dos pacientes é uma criança, o outro é um velho. Então, salva-se a criança? Salva-se o velho? Ou não é possível decidir, e a solução que resta é sortear quem irá para o leito da UTI?

A opção pelo sorteio costuma chocar um bom número de pessoas, pois parece tratar-se de uma solução desumana. Em geral, a maioria das pessoas pensa que a solução moralmente superior é a de escolher a criança e, logo, condenar a pessoa mais velha à morte. Não há dúvidas de que as crianças costumam despertar mais compaixão do que os adultos e os velhos (a morte de crianças nas guerras sempre tem mais destaque, na mídia, do que a morte de adultos, sobretudo se forem homens). Todavia, o juízo exclusivamente inspirado pela compaixão não decorre do equacionamento moral da situação. Vamos então proceder a esse equacionamento, imaginando alguns argumentos e contra-argumentos.

Alguém poderá dizer, por exemplo, que o certo é salvar a criança pois ela ainda não teve tempo de viver o bastante, enquanto o velho teve a oportunidade de fazê-lo. O elemento moral destacado no caso pode ser chamado de "oportunidade" de viver, perante a qual os dois pacientes estão em desigualdade: um teve essa oportunidade, o outro não. Um contra-argumento possível pode ser o que se segue. A decisão de salvar a criança porque ainda não usufruiu da vida pressupõe, implicitamente, que o velho pôde dela usufruir, que tenha tido um vida razoavelmente boa. Ora, se imaginarmos que ele teve uma vida de extrema dificuldade e tristeza (em razão da miséria, por exemplo), e que agora está podendo gozar de um certo conforto e alegria, não seria injusto resolver que, porque teve mais tempo de vida, ele deve morrer? Logo, como não sabemos nada sobre esse velho que chegou ao hospital, não será cruel decidir que não mais poderá usufruir de uma paz talvez duramente conquistada? Que direito temos nós de tomar essa decisão?

Essa primeira oposição entre argumento e contra-argumento revela uma dimensão importante do equacionamento moral: tomar consciência dos pressupostos que certos juízos possuem. O que nosso hipotético "contra-argumentador" diz é que eleger a variável oportunidade de viver parece supor que a própria sobrevivência biológica é boa em si. Mas, será que é? Ele também diz que se pressupõe que o velho tenha usufruído da vida, fato provável, mas não necessário. Vê-se que a contra-argumentação apresentada não leva a escolher o velho como pessoa a ser salva, mas apresenta dificuldades para a escolha da criança.

Imaginemos agora um argumento a favor da sobrevivência da pessoa mais velha: em razão da sua idade, ele deu muito para a sociedade e, logo, seria dar prova de total ausência de gratidão condená-lo à morte. Pelo que ele, provavelmente, fez, ele merece viver. Quanto à criança, nada ainda fez pela sociedade. A esse equacionamento do dilema, que destaca a variável mérito, alguém poderá contra-argumentar dizendo que, em primeiro lugar, como nada se sabe sobre esse velho, não se pode realmente aquilatar o seu mérito (pode até ter sido uma pessoa má, que causou sofrimentos a seus próximos), e, em segundo lugar, que seria uma injustiça comparar pessoas a partir de posições desiguais: como a criança não teve ainda a oportunidade de viver, é claro que ainda não tem méritos, mas não é culpa dela. Condená-la à morte seria privilegiar alguém que teve a oportunidade de viver mais tempo.

Assim como o primeiro contra-argumento (questionando a validade moral da opção de salvar a vida da criança), este também procurar esclarecer pressupostos e implicações. O pressuposto seria que o velho, de fato, durante sua vida, contribuiu para o bem-estar alheio. A implicação seria o privilégio dado a quem teve a oportunidade de mostrar seu valor. E, assim como o primeiro argumento limitava-se a questionar a opção pela criança, mas sem afirmar a justeza da escolha pelo velho, este questiona a opção pelo velho, mas sem afirmar que se deve optar pela criança.

Um terceiro argumento pode ser o seguinte: deve-se salvar a criança, pois devemos sempre privilegiar o coletivo, e não o indivíduo. Em razão do tempo de vida que lhe resta, ela poderá contribuir para a sociedade, o velho não.[6] O contra-argumento a essa perspectiva seria questionar o critério da utilidade social. E se a criança em perigo de vida fosse deficiente mental, logo, sem perspectivas concretas de contribuição, deveríamos salvar o velho? E será que devemos sempre sacrificar o indivíduo em relação aos interesses da sociedade?

O debate em torno do terceiro argumento é clássico, pois opõe o valor do indivíduo ao valor da sociedade. No dilema de Heinz, ele também aparece. Quem pensa que, se fosse permitido roubar para salvar uma vida, a sociedade se desorganizaria, está privilegiando o valor da sociedade em relação ao valor do indivíduo. Esse pensamento postula princípio moral segundo o qual a sociedade é mais importante que o indivíduo. Todavia, é possível questionar tal ponto de vista. Por exemplo, como colocado acima, perguntando-se que sociedade é essa cuja sobrevivência implica o abandono ou a morte de alguns de seus membros. No debate em torno da decisão a respeito de quem será escolhido para entrar na UTI, o princípio em jogo é o mesmo: uma vida pode ser sacrificada em nome do bem-estar comum?

É possível que, tendo pensado em todos os argumentos que colocamos (e em outros ainda), alguém chegue à conclusão de que nenhum deles é decisivo e que, portanto, é preferível ficar com uma proposição mais ampla: a vida é um valor tão forte que ela nunca deveria ser pensada por meio de critérios que colocam certas vidas como mais importantes do que outras. Uma pessoa que pensa assim chega à conclusão de que, entre a criança e o velho, é impossível escolher a quem salvar. A indecisão seria, então, a opção moral mais válida. Tal indecisão pode levar a pessoa que a reconhece a aceitar que determinadas pessoas optem pela criança (nem que seja por pura compaixão – se não há outro critério, que então valha esse) e que outras optem pelo velho. Mas se a pessoa em questão tiver, ela mesma, de tomar a decisão, uma opção poderá se impor: apelar para o acaso. Essa opção poderia traduzir-se por salvar a pessoa que chegou segundos antes da outra, ou por alguma outra forma e sorteio.

Acabamos de analisar um dilema complexo para mostrar o quanto o equacionamento moral é importante. Insisto que não se trata de dizer que exista sempre uma só opção moral correta. Antes, trata-se de afirmar que uma decisão moral, para ser digna deste nome (e não ser mero impulso, mera intuição, ou mera obediência a certas regras ou leis jurídicas), precisa ser ponderada, refletida e passível de ser explicada para outrem. O diálogo moral, que tanto pode enriquecer aqueles que dele participam, depende desse equacionamento. Vimos também que o referido equacionamento consiste em destacar e hierarquizar os elementos morais em jogo, avaliar os pressupostos das decisões pensadas e suas implicações.

O equacionamento moral também é necessário para, em certos casos, escolher qual o melhor procedimento. No exemplo que acabamos de dar, o sorteio pode ser uma solução para quem não consegue se convencer de que outro critério de escolha seja possível. Vamos dar outro exemplo, mais simples e menos dramático, mas mesmo assim dilemático. Imaginemos um professor de filosofia que tenha, entre seus alunos, o próprio filho. Ele sabe que este não é dos melhores alunos. Na hora de corrigir a prova final do semestre (aquela que decide da aprovação e da repetência) esse professor tem escrúpulos: ao corrigir a prova de seu filho, corre o risco de ser complacente demais, privilegiando-o e cometendo uma injustiça em relação ao resto dos alunos. Mas há também o risco contrário: de medo de privilegiá-lo, ele pode ser severo demais, e, logo, injusto. Tais escrúpulos já são fruto de um equacionamento moral feito pelo professor: perceber a situação especial na qual ele se encontra, e as dificuldades que ele pode, à revelia sua, encontrar para corrigir a prova de seu filho com justiça. Mas então, o que fazer? Eis uma questão de procedimento. Uma solução pode ser a seguinte: pedir a um colega que corrija a prova para ele, sem, é claro, dizer-lhe o nome do autor da prova.[7] Em uma situação como essa, a dificuldade está em pensar qual a atitude que melhor garanta que a moral seja, de fato, respeitada. Trata-se de uma decisão que pressupõe um equacionamento moral, não tanto para decidir o que é correto ou incorreto, mas para escolher um procedimento que garanta a justiça.

Poderíamos dar exemplos e mais exemplos de situações morais dilemáticas às quais um equacionamento é necessário para, em sã consciência, tomar uma decisão. Mas penso que os já apresentados são suficientes para ilustrar o que entendo por equacionamento moral. Somente falta dizer que, se o leitor quiser mais exemplos, ele os encontrará a mancheias na literatura filosófica dedicada à moral. Com efeito, o maior problema sobre os quais se debruçam tais estudos é justamente o de estabelecer critérios para afirmar o que é o bem e o que é o mal, para decidir, portanto, que ações são moralmente necessárias, ou quais são preferíveis a outras. O sociólogo Max Weber (1912/1963), como vimos anteriormente, criou a célebre distinção entre *ética da responsabilidade* e a *ética da convicção*. A primeira elege como principal critério da ação moral a avaliação das conseqüências desta. A segunda não raciocina em função das conseqüências da ação, mas sim da coerência desta em relação a determinados princípios estabelecidos como corretos. Weber afirmava que o exercício da atividade política deve ser inspirado pela ética da responsabilidade. A oposição entre essas duas éticas reencontra-se noutra discussão filosófica, que opõe os partidários da moral teleológica (pensar a moral em relação aos fins da ação) e os da moral deontológica (pensar a moral a partir de deveres incondicionais), oposição essa já comentada anteriormente quando da análise do sentimento de obrigatoriedade. Em resumo, pode-se afirmar que os diversos autores que pensam a questão moral efetuam, entre outras reflexões, um complexo trabalho de equacionamento. Em algumas situações dilemáticas, cada um de nós deve fazer o mesmo.

SENSIBILIDADE MORAL

As situações dilemáticas apresentadas no item anterior possuem a característica de colocar com clareza os elementos morais em jogo. O equacionamento não se traduz, portanto, pela dificuldade de percepção das dimensões morais, mas sim pela reflexão sobre os pressupostos e implicações das decisões possíveis. No "dilema de Piaget" (o dos copos), estão claras as variáveis intencionalidade e gravidade do danos material. No "dilema de Heinz", estão explícitas as variáveis roubo, salvar uma vida, relação social íntima, a relação entre a moral e a lei jurídica, a viabilidade da sociedade. No "dilema da UTI", estão evidentes as variáveis vida/morte, idade (infância, velhice), utilidade social e mérito. E, finalmente, no "dilema do professor", encontramos o risco da injustiça e a dúvida sobre como evitá-la.

Alguém poderá dizer que, no caso do "dilema do professor", as implicações morais derivadas do fato de ele corrigir a prova do próprio filho não são tão evidentes assim: é provável que muitos professores achem perfeitamente normal corrigirem eles mesmos as provas decisivas de seus filhos, não enxergando na situação os perigos da injustiça. Com efeito, dos quatro dilemas que analisamos, o último talvez seja aquele no qual a dimensão moral é a menos visível. Quando se fala em salvar vidas, em roubar ou em intencionalidade, a dimensão moral fica, por assim dizer, nomeada. Em compensação, a ação de corrigir uma prova não sugere, de imediato, um problema moral (com exceção, é claro, da responsabilidade em corrigir corretamente cada trabalho). Ora, reservo a expressão *sensibilidade moral* para referir-me à capacidade de perceber questões morais em situações nas quais elas não aparecem com toda clareza. O "dilema do professor" pode ser considerado como um caso limítrofe entre o equacionamento moral e a sensibilidade moral. A rigor, pode-se dizer que perceber o risco de prejudicar ou privilegiar um filho na hora de corrigir uma prova decisiva não pressupõe nenhum poder de abstração especial: não deixa de aparecer com uma certa evidência o perigo da injustiça. Todavia, uma vez que a situação não corresponde a nenhuma regra moral clara, a nenhum dever classicamente definido (como seria o caso de não roubar ou salvar uma vida), pode-se dizer que uma certa sensibilidade é necessária para perceber a dimensão moral implicada (sobretudo, para as pessoas que reduzem a moral a um conjunto de regras que se bastariam a si mesmas).

Vamos então prosseguir na apresentação do que chamamos de sensibilidade moral, lembrando que ela corresponde *à capacidade de perceber as dimensões morais de certas ações ou situações nas quais estas não aparecem com evidência.*

Assim como o fizemos para o equacionamento moral, vamos analisar alguns exemplos nos quais parece-me ser necessária a sensibilidade moral para agir de forma moral (a falta de sensibilidade levaria possivelmente a ações imorais ou, no mínimo, inadequadas).

O primeiro exemplo apresenta uma situação escolar, que nos foi relatada por uma nossa colega. Um dia, seu filho (de 9 anos), que vamos aqui chamar de Marcos (seu nome, evidentemente, é outro), notou no balcão da cantina de sua escola, uma nota de 10 reais. Ao que tudo indica, a nota estava esquecida. Marcos então pegou-a, escondeu-a no bolso e entrou na fila da cantina. Quando chegou sua vez, ele pegou a nota de seu bolso e a deu para quem o atendia, dizendo: "peguei esta nota, mas não é minha, e estou devolvendo". A história poderia parar por aqui, mas ela teve a seqüência que passo a relatar. A pessoa da lanchonete contou o ocorrido a alguma professora, que contou para uma coordenadora, que contou para a diretora, que chamou os pais de Marcos para falar-lhes do erro moral cometido por ele: ele roubou! Ou seja, a escola criou todo um caso em torno do acontecido, preocupados com o comportamento de Marcos e decididos a tudo fazer para recolocá-lo no "caminho do bem".

A pergunta que deve ser feita é, evidentemente, a seguinte: ao darem visibilidade e dramaticidade à ação de Marcos, os educadores agiram bem? Ou agiram mal? O caso não deixa de ser interessante, pois nele há uma variável moral evidente: Marcos roubou, momentaneamente, uma nota de 10 reais. E é nesse ponto que os educadores se fixaram, aplicando a regra: quem rouba deve ser admoestado. Todavia, parece ter passado despercebido deles o fato de Marcos ter, sem pressão externa alguma, devolvido o dinheiro. Ora, será que este fato tem alguma relevância moral? Não me parece haver dúvidas de que a resposta é positiva. Vejamos o porquê, e também avaliemos como faltou sensibilidade moral aos educadores.

O que aconteceu com Marcos pode ser interpretado e reescrito como segue. Como qualquer menino de 9 anos, ele está em franco processo de desenvolvimento afetivo, cognitivo e moral. E, como se sabe, o desenvolvimento ocorre por fases, por saltos de qualidade, os quais resultam de conflitos subjetivos e intersubjetivos. Um dia ele encontra uma nota de 10 reais, um montante razoavelmente grande para a grande maioria das crianças de sua idade, e chega-lhe à mente a tentação, bem humana, de se apoderar do dinheiro. Em um primeiro momento, ele cede à tentação e, avaliando as chances de não ser visto, esconde a nota no bolso. Em seguida, entra na fila decidido a usufruir de seu pequeno butim. Todavia, enquanto ele espera, um processo interno, subjetivo, começa a acontecer. Marcos passa a pensar sobre o que fez: ele sabe que roubar é proibido, ele sabe que ficaria muito triste e bravo se ele fosse a vítima, e ele também pensa nas conseqüências de seu ato para a criança que, por descuido, esqueceu a nota sobre o balcão. Ao mesmo tempo em que ele pensa, sentimentos começam a aflorar: ele talvez sinta compaixão pela vítima, talvez sinta culpa pelo que fez, talvez sinta vergonha de se ver como pequeno ladrão, e talvez experimente esses três sentimentos ao mesmo tempo. Quando chega sua vez, ele está definitivamente convencido de que agiu mal, e precisa livrar-se desses sentimentos penosos, trocá-los por outro, prazeroso, o de pensar na alegria provável da criança que reencontra seus 10 reais, o de se ver como uma boa pessoa. Quando chega sua vez, ele pensa em devolver o dinheiro. Mas é possível que um fator ainda o faça hesitar: ele se pergunta o que vão pensar dele ao confessar ter pego o dinheiro (devolvê-lo implica tal confissão). Todavia, essa dúvida sobre a opinião alheia tem, naquele momento, peso inferior à vontade de reparar o que fez. Então, ele devolve o dinheiro. Talvez até ele pense que o fato de reparar o erro lhe dê crédito moral: afinal, é preciso força de vontade para não sucumbir à tentação, e é também necessário uma certa coragem para assumir um erro. E qual não será seu espanto ao verificar que, para julgarem-no, será levado em consideração apenas o seu primeiro ato nessa pequena, mas densa, história.

Creio verossímil essa descrição do que pode ter acontecido a Marcos, enquanto esperava na fila. E se aceitamos esta interpretação, chegamos facilmente à conclusão de que os educadores erraram ao se fixarem no roubo de Marcos e ao tratá-lo como um pequeno ladrão, chegando a chamar os pais para avisá-los de que seu filho estava no "mau caminho". Erraram, porque os fatos provam exatamente o contrário: Marcos passou por um conflito, superou-o e, assim, mostrou auto-respeito e coragem. Fosse para dar seqüência ao acontecido, os elogios seriam bem mais sensatos do que a censura. O melhor seria, de imediato, dar o caso por encerrado.

Se o leitor aceita minha interpretação e meu veredicto, ou seja, se o leitor concorda com minha crítica à reação dos educadores daquela escola, impõe-se a pergunta: o que faltou a estes educadores? Certamente faltou sensibilidade moral. Se a tivessem tido, poderiam ter inferido todo o processo interno que, tudo leva a crê-lo, levou esse menino de uma transgressão moral a um ato de boa fé, a um ato que depõe a favor de sua honra e prova ser ele inspirado pelo sentimento do auto-respeito. Se tivessem tido sensibilidade moral, poderiam ter pensado no pequeno drama vivido por Marcos e reconhecer o mérito que teve o menino ao enfrentá-lo, negando-se, por fim, a usufruir materialmente do pequeno capital furtado. Se tivessem tido sensibilidade moral, os educadores teriam evitado cometer uma injustiça com esse aluno (colocá-lo no centro das atenções como menino que furta) e teriam também evitado o risco de vê-lo desacreditar da moral, por pensar que não vale a pena confessar seus erros (a dissimulação e a mentira lhe teriam evitado as agruras pelas quais passou, depois de devolver o dinheiro). Mas alguém poderá perguntar: como os educadores podiam inferir todo esse processo interno e, logo, o valor moral do ato de Marcos, ao devolver o dinheiro? Ora, é justamente aqui que comparece a sensibilidade moral: ela é uma capacidade que permite avaliar a dimensão moral de certas situações e atos que, na aparência, nada parecem ter de moral. Faltou esse olhar aos educadores de Marcos. Eles permaneceram apenas no aparente, no visível. Alguém poderá também perguntar se o que estou chamando de sensibilidade moral não pressupõe certos conhecimentos, no caso, conhecimentos de psicologia do desenvolvimento. Minha resposta a essa indagação é dupla. Por um lado, como o vimos no item "Moral e conhecimento", é certo que conhecimentos (psicológicos e outros) ajudam. Então, nenhum argumento pode desautorizar a legitimidade da busca de conhecimento de vários tipos. Por outro lado, devemos lembrar também que uma grande bagagem cultural não é necessária para a ação moral (moral não é apenas para "especialistas"). No exemplo que estamos analisando, creio que nenhum conhecimento profundo da ciência psicológica seria necessário para fazer inferências sobre o estado de espírito de Marcos. Portanto, não foi o conhecimento que fez falta, mas sim a *disposição* de analisar com mais cuidado o ocorrido e uma certa fineza de pensamento que permitisse ir além do aparente. A sensibilidade moral traduz tal disposição e tal fineza. Como no caso do equacionamento moral, ela pressupõe vontade e capacidade de pensar. Além do equacionamento moral, ela pressupõe a capacidade de ler nas entrelinhas, de interpretar sinais, de perceber a sensibilidade alheia, seus motivos de alegria e de sofrimento.

Acabamos de falar em sofrimento e vamos então analisar um outro exemplo no qual tal afeição negativa está em jogo.

O tema do sofrimento é importante em todos sistemas morais. O filósofo Schopenhauer (1840/1995) chega a fazer dele o problema central de seu sistema moral. O valor a partir do qual ele é pensado é o do bem-estar, da qualidade de vida.[8] O princípio decorrente reza que devemos zelar pelo bem-estar alheio, não lhe causar sofrimento, e se possível retirar ou abrandar aquele que porventura ele experimente. O tema do sofrimento interessa tanto à justiça quanto à generosidade. Quanto às regras, temos algumas como não matar, não ferir, não humilhar, ajudar quem está em perigo, etc. Mas, como sempre acontece, as regras colocam o foco sobre determinadas ações, deixando inúmeras outras sem norma. Retomando a metáfora que já empregamos, sendo os mapas sempre limitados, devemos recorrer à bússola, isto é, ao princípio (zelar pelo bem-estar alheio). Ora, há situações em que a causa do sofrimento não é claramente identificável. Somente a sensibilidade moral pode fazer perceber os efeitos violentos de certas ações e, portanto, levar a evitá-las. Um caso desses é a invasão da intimidade.[9]

Podemos definir intimidade (ou privacidade, considerados sinônimos aqui) como o controle seletivo de acesso de outrem ao eu. O equilíbrio psicológico depende, entre outros fatores, da capacidade de ter intimidade, logo, da capacidade de preservar áreas secretas, de abri-las no momento em que se deseja fazê-lo, e a quem se deseja dar o acesso. Certas pessoas, por variadas razões, têm dificuldades em preservar sua intimidade. Elas não sabem proteger as fronteiras que dão acesso a seu corpo e à sua mente. Porém, a invasão nem sempre é decorrente de uma dificuldade psicológica de proteger a intimidade. Às vezes ela ocorre à revelia da pessoa: por força ou por simples descuido, outra penetra a sua esfera íntima e causa dor psíquica, vergonha ou humilhação. Quando a invasão dá-se em razão da motivação explícita de subjugar ou de humilhar, a questão moral fica claramente colocada: trata-se de um ato violento condenável. Mas a invasão pode dar-se sem que seu autor perceba que está atravessando, sem ser convidado, a fronteira da intimidade alheia, ou sem que ele perceba a dor que está causando. Somente a sensibilidade moral pode levá-lo a inferir as conseqüências de seu ato. Ilustremos o fato.

Muitos adultos agem em relação às crianças como se essas não tivessem vida privada, ou como se não precisassem ter uma. Henri Wallon (1941/1968) dizia que os pais erram ao pegar no colo ou abraçar uma criança cada vez que ela chora ou demonstra desconforto: o que ela às vezes quer é o contrário, ficar um pouco só, ou pelo menos longe das carícias adultas. Ela gostaria de poder controlar o acesso dos outros à sua pessoa, ao seu corpo, mas, pela incapacidade de impor sua vontade, e, ainda, por sua incapacidade de verbalizá-la com clareza, ela acaba por ter de suportar as invasões dos adultos e ficar na esperança de que eles tenham sensibilidade para compreender que estão lhe causando desconforto. Aliás, basta observar com um certo cuidado as crianças, para verificar o quanto é comum elas procurarem, por meio de mil sinais, mostrar que querem sair de um colo que lhes foi imposto. O mesmo cuidado é também suficiente para compreender que elas, por volta dos 4 anos, começam a criar áreas secretas, as quais defendem às vezes pelo silêncio, às vezes pela mentira. Tais áreas secretas, que qualquer adulto igualmente possui e procura preservar, freqüentemente são desprezadas: certos pais interpretam toda e qualquer mentira como afronta moral, e todo e qualquer segredo infantil como dissimulação suspeita ou então como mera brincadeira. Ao ver sua intimidade exposta, a criança não somente sofre, como sente-se traída. Esse sentimento pode acontecer, por exemplo, quando um adulto, a quem ela acaba de confiar um segredo, revela-o a outras pessoas presentes. É verdade que, muitas vezes, esse segredo é uma simples fórmula verbal que, para um adulto, não representa um conteúdo digno de ser escondido. Para a criança, o simples fato de contar um segredo já é importante (e não tanto seu objeto). Ao fazê-lo, ela está procurando estabelecer um momento de relacionamento privilegiado. Mas quando vê que o que ela cochichou cuidadosamente no ouvido de um pai ou de uma mãe é, logo em seguida, tornado público, ela sente-se traída e sofre com isso. Pode-se sentir-se humilhada. E pode sentir vergonha de se ver exposta. As crianças são suscetíveis (umas mais que outras) à vergonha decorrente da exposição (ver La Taille, 2002). Aliás, demonstram-no claramente pelo rubor que lhes sobe às faces. No entanto, muitos adultos, mesmo com essa prova clara de desconforto psicológico, continuam expondo a criança e, pior ainda, acusam publicamente sua vergonha.[10]

Novamente, alguém poderá dizer que os adultos que invadem a intimidade das crianças o fazem por ignorar que isso pode causar desconforto psicológico, ou até mesmo dor. Afinal, não estudaram psicologia. Ao que eu responderia, novamente, que, embora esteja claro que conhecimentos psicológicos sejam preciosos para lidarmos de maneira mais rica e humana com as pessoas (afinal, o objetivo da ciência não é separar especialistas de não-especialistas, mas sim o de socializar o conhecimento para todos), é também verdade que, por um lado, há pessoas que os possuem e, mesmo assim, permanecem desrespeitando a intimidade das crianças, e, por outro, que estas costumam dar sinais bastante claros de sua necessidade de controlar o acesso de outrem a seu eu, de que experimentam vergonha e humilhação. Na causa de tais comportamentos inadequados poderá haver a participação da falta de conhecimento, se bem que esse fator não seja por si só determinante, como o comprovam os que, tendo conhecimento mas sem lograr ir além da cega obediência à regra, não conciliam as ações adequadas ante situações como a que foi descrita. Há pessoas cultas e insensíveis, e há pessoas moralmente sensíveis apesar da parca bagagem intelectual que possuem. A sensibilidade moral é um "saber" específico, ou, se se quiser uma "sabedoria" e não mera decorrência de estudo.

Acabamos de abordar o tema da intimidade na criança. Vale a pena lembrar que a insensibilidade moral de muitas pessoas em relação a dor decorrente do desrespeito das fronteiras da intimidade não se verifica apenas em relação a crianças, mas observa-se também no trato social com outros adultos. Aliás, a sociedade contemporânea é singularmente invasora. Mas conservemo-nos no terreno infantil para dar um último exemplo de situação na qual a sensibilidade moral é dimensão intelectual necessária ao agir moral.

Faço uma pergunta provocativa: qual a dimensão moral presente no ato de se dar uma nota a um aluno? A resposta que imediatamente surge é: a nota deve ser *justa*, ou seja, deve corresponder ao mérito do aluno. Imoral seria dar nota baixa a um aluno que fez uma boa prova, mas que nos é antipático, ou uma nota alta a um aluno que fez uma prova ruim, mas do qual gostamos pessoalmente. Certamente seria também faltar com a justiça não levar em consideração as diferenças entre as pessoas, e demonstrar a mesma severidade cega na correção da prova de um aluno que assistiu a todas as aulas e de outro que perdeu semanas por estar doente. Tal resposta, segundo a qual a correção da prova deve ser justa, é, evidentemente, correta. Ela é decorrência do princípio da igualdade: não devemos privilegiar ninguém. Ela é também decorrência do princípio da eqüidade: devemos tornar os diferentes iguais. Para chegar a essa conclusão, basta, do ponto de vista racional, possuir o conhecimento das regras, princípios e valores relacionados à justiça, assim como a definimos no capítulo anterior. Ou, se alguma variável der alguma complexidade à ação de corrigir provas (como no exemplo do "dilema do professor", que tem seu filho como aluno), o equacionamento moral comparece para encontrar uma solução. Não precisamos, portanto, falar em sensibilidade para responder à nossa pergunta, baseando-nos no principio da justiça.

Todavia, a pergunta que fiz, a saber, *qual a dimensão moral presente no ato de se dar uma nota a um aluno?*, pode receber outra resposta. Para isso é preciso pensar em valores associados culturalmente a esse evento escolar.

Consideremos, para começar, que a nota a ser dada ao aluno seja de matemática. Ora, sabe-se que, pelo menos em nossa cultura ocidental, existe uma associação entre "ser inteligente" e "ser bom em matemática". Não é por acaso que alguém como Einstein seja considerado o gênio por excelência, e que sua inteligência tenha lugar de destaque na mitologia moderna. Sabe-se, cientificamente, que a associação entre a inteligência e o virtuosismo em matemática é, ela mesma, um mito: por um lado, existem os *idiots savants*, que fazem de cabeça contas irresolúveis sem lápis e papel para o comum dos mortais; e, por outro, inúmeras são as obras geniais (nas artes notadamente) que pedem formas de pensamento não redutíveis à matemática.[12] Mas, a despeito do que a ciência possa dizer, o fato é que, em nossa cultura, enquanto os maus alunos em geografia costumam ser suspeitos de preguiça, os maus alunos em matemática costumam ser suspeitos de inteligência inferior à dos que se dão bem nessa disciplina. E os alunos sabem disso! Logo, não ir bem em matemática pode ser motivo para estigma. Em poucas palavras, a nota em matemática, para além do diagnóstico preciso sobre a *performance* em um ou outro trabalho, costuma ter conseqüências na atribuição do valor a si próprio feita pelo aluno. Trata-se de uma dimensão moral? Parece-me que sim, pois está em jogo a autoconfiança, a auto-estima – assim como a definimos anteriormente – cuja falta traz desconforto psíquico e pode ter decorrências nefastas para a alegria com a qual o aluno deveria poder pensar em seu futuro.[13] Se os professores de matemática aceitarem nossa análise, eles deverão pensar não somente na seriedade com que devem corrigir a prova para que a nota seja justa, mas também na forma de devolver essa nota ao aluno. Não se trata, evidentemente, de dar ao aluno com dificuldades uma nota acima do que merece, mas sim de fazer o possível para que ele não veja na nota baixa um reflexo de sua inteligência, fazer o máximo para incentivá-lo e ajudá-lo a melhorar seu desempenho. E como os efeitos possíveis de uma nota baixa em matemática não aparecem de forma evidente, e devem, portanto, ser inferidos, somente a sensibilidade moral permite percebê-los

Começamos por pensar nas notas de matemática, mas análise parecida pode ser feita para todas as disciplinas: sendo que cada uma é associada a valores sociais, um bom ou mau desempenho pode ter efeitos que vão além da aprovação ou reprovação escolar. No caso da língua portuguesa, por exemplo, sabe-se não somente que ela é uma das disciplinas nobres do currículo, como também que o seu bom manejo costuma ser sinal de "distinção". O "falar errado" pode ser causa de vergonha ou, pelo contrário, marca de identificação em determinados grupos sociais. O manejo correto da chamada norma culta é causa, para certas pessoas, não do prazer de falar bem ou de se expressar com precisão, mas sim do desejo de se destacarem, sugerindo que pertencem a uma certa elite intelectual. Ou seja, há, no ensino e na aprendizagem da língua materna muito mais do que o frio trabalho sobre regras de sintaxe: como no caso da matemática, há valores sociais em jogo, e, logo, competências diversas podem implicar conforto ou desconforto psicológicos que cabe ao professor perceber e trabalhar. A mesma coisa pode ser dita do professor de educação física: ele lida, inevitavelmente, com a exposição do corpo. Na sociedade atual, que cultua o corpo "perfeito" e a beleza, ter de mostrar um corpo diferente do modelo pode causar vergonha. O professor não somente deve saber disso, como deve trabalhar essa dimensão inevitavelmente presente em seu trabalho.

Podemos finalizar nossa apresentação do que chamamos de *sensibilidade moral*. Não penso, é claro, que necessariamente o leitor tenha concordado comigo na análise dos exemplos apresentados. O importante não está nessa concordância, mas sim na observação do fato de que há situações em que as dimensões morais não se apresentam de forma clara. Em vários contextos, elas estão presentes, mas de forma encoberta, dissimulada. De qualquer maneira, como estão presentes, a moral exige que sejam percebidas e trabalhadas. Portanto, creio que o que chamo de sensibilidade moral deve ter o seu lugar ao lado do equacionamento moral. É preciso reconhecer que nem sempre é fácil distinguir entre as duas. Mas nem por isso é ilegítimo separar e dar nomes diferentes a essas duas formas de *ler* as dimensões morais presentes no dia-a-dia. Aliás, a percepção da diferença entre essas duas formas de leitura moral tem sido discutida na psicologia, mas com nomes diferentes. Vejamos, em poucas linhas, do que se trata.

A psicóloga americana Carol Gilligan (1982), citada no capítulo anterior, comparou as respostas de crianças, meninos e meninas, ao dilema de Heinz (item anterior). Segundo ela, muitos meninos não vacilam em seu juízo: para eles, como a vida vale mais do que o dinheiro, apóiam incondicionalmente a decisão de roubar o farmacêutico para salvar a mulher. Em compensação, meninas não vêem as coisas da mesma forma: estão preocupadas com a vida da mulher, mas ponderam que, se Heinz roubar, ele irá para a cadeia, deixando assim a mulher desamparada. Sua solução é insistir na conversa com o farmacêutico, para tornar a condição da mulher mais saliente a seus olhos, sensibilizando-o para o drama humano em curso. Em suma, enquanto alguns meninos afirmam categoricamente a necessidade do furto, algumas meninas hesitam, gostariam de encontrar uma solução melhor, que evite conflitos.

Como se sabe, para Gilligan, essa diferença de tratamento dado ao dilema de Heinz traduz duas posturas morais diferentes, uma masculina, que daria ênfase ao reconhecimento dos direitos, igualdade e reciprocidade (à justiça), e outra, feminina, que daria ênfase ao cuidado, à conexão entre pessoas, ao corresponder (características típicas da generosidade). Não nos interessa aqui a possível diferença entre os gêneros, portanto, fiquemos apenas com a diferença de juízo verificada nos dois sujeitos analisados pela psicóloga americana. Ora, não deixa de haver uma correspondência entre a postura do menino e o equacionamento moral, e entre a postura da menina e a sensibilidade moral. Com efeito, enquanto o equacionamento destaca elementos morais, pensa em seus pressupostos e implicações e os hierarquiza, a sensibilidade moral fica mais presa ao contexto, a detalhes, à singularidade das pessoas. Há algo de lógico e matemático no equacionamento moral, e é por essa razão aliás, que escolhi uma palavra derivada de "equação". Tal estrutura lógica não se encontra evidenciada para a sensibilidade moral. O equacionamento moral baseia-se essencialmente sobre a idéia de "sujeito de direitos" e a sensibilidade moral sobre a idéia de "sujeito psicológico". Um espírito de justiça é essencial para o equacionamento e uma atitude generosa é necessária à sensibilidade. A solicitude, para retomar um termo de Paul Ricoeur (1990), é necessária para se desenvolver a sensibilidade moral; o distanciamento é condição para o equacionamento. E tanto o equacionamento quanto a sensibilidade são condições necessárias à ação moral. Gilligan diz a mesma coisa a respeito das duas atitudes morais por elas definidas, a justiça e o cuidado: elas se complementam e se enriquecem mutuamente.

DESENVOLVIMENTO DO JUÍZO MORAL

Vamos agora aos dados da Psicologia, a respeito do desenvolvimento da dimensão intelectual da moralidade. Note-se que a grande maioria dos psicólogos do desenvolvimento debruçou-se sobre a gênese do juízo moral, e não sobre a dimensão afetiva.

Das categorias apresentadas – conhecimento, equacionamento e sensibilidade morais –, os estudos de que vou falar dizem essencialmente respeito à segunda. Um pouco do conhecimento moral foi abordado por Turiel (1993), que comentarei no final do capítulo. Em relação à sensibilidade moral, praticamente nada se encontra, com a exceção do trabalho da já citada Carol Gilligan. Eu mesmo tenho pesquisado as representações infantis sobre as virtudes, muitas delas mais relacionadas à sensibilidade do que ao equacionamento moral (pensemos na gratidão, na polidez, na generosidade, no humor, na simplicidade – ver La Taille, 2001). Mas tratarei delas em outra ocasião. Fiquemos portanto com a gênese do juízo moral, gênese essa que permite às crianças, aos adolescentes e aos adultos tornarem-se mais sofisticados, quanto ao equacionamento moral.

Já tive a oportunidade de falar das linhas gerais das abordagens de Jean Piaget e de Lawrence Kohlberg, quando começamos a apresentar as razões que me fizeram optar por definições diferenciadas e complementares de moral e ética. Vamos agora voltar a elas mais detalhadamente, respeitando a ordem cronológica de suas elaborações. Para não truncar minha apresentação, terei de repetir algumas idéias já apresentadas no capítulo anterior, para poder relacioná-las a outras complementares.

Faz-se justiça a Jean Piaget ao dizer-se que ele foi um dos pioneiros na área dos estudos psicológicos sobre o desenvolvimento do juízo moral. Nas décadas de 1920 e de 1930, quando ele pesquisou e publicou seus trabalhos sobre o *juízo moral na criança*, havia, é claro, outros pesquisadores interessados no tema e trabalhando nele. Porém, como Piaget estava construindo uma teoria psicológica geral, tanto os dados que coletou quanto a interpretação que lhes deu compuseram um quadro complexo, coerente e rico, que acabou servindo de referencial para a maioria das pesquisas subseqüentes. (Piaget, ele mesmo, abandonaria o tema da moral para dedicar-se exclusivamente ao da epistemologia genética, à construção das estruturas mentais responsáveis pelo conhecimento.) Conceitos como heteronomia, autonomia, realismo moral, coação e cooperação instalaram-se no campo teórico da psicologia moral e lá permanecem até hoje. Não é o caso aqui de resumir essa obra magnífica, somente sua leitura permite-nos compreender os meandros do pensamento de Piaget, a generosidade com que analisa inúmeros aspectos da moralidade infantil, a prudência com a qual deixa várias questões em aberto. Limitar-me-ei a lembrar os tópicos centrais de sua teoria.

A primeira idéia que Piaget nos apresenta pode hoje parecer banal, mas era totalmente nova no início do século passado: há um desenvolvimento do juízo moral infantil. Antes pensava-se (e alguns ainda o pensam) que a moral era fruto de uma aprendizagem, esta entendida como mera interiorização dos valores da sociedade e memorização de suas regras (lembremos das abordagens de Durkheim e de Freud). Assim haveria, na trajetória moral da criança, apenas dois momentos: aquele no qual ela ainda nada sabe da moral vigente, e, em seguida, aquele no qual a aprendizagem moral já ocorreu. Ora, o que Piaget vai defender, e provar, é que, longe de a moralidade infantil resumir-se a uma interiorização passiva dos valores, dos princípios e das regras, ela é o produto de construções endógenas, ou seja, o produto de uma atividade da criança que, em contato com o meio social, re-significa os valores, os princípios e as regras que lhe são apresentadas. Tal re-significação possui características que dependem das estruturas mentais já construídas. Logo, para Piaget, na história moral da criança, não haverá apenas dois momentos caracterizados pela ausência ou presença da moral, mas sim estágios, cada um deles caracterizado pela forma como a criança assimila a moral. Os dois momentos das interpretações antigas vão dar lugar a três estágios: anomia, heteronomia e autonomia. A anomia, como seu nome o indica, corresponde à fase do desenvolvimento durante a qual a criança ainda não penetrou no universo moral. Porém, quando ela ingressar nesse universo, o caminho a percorrer passará por uma fase chamada heteronomia e, finalmente, por outra chamada de autonomia (cada qual podendo ser dividida em subetapas). É por essa razão que

Piaget fala em *duas morais da criança* (heterônoma e autônoma), e não em apenas uma, que corresponderia apenas à interiorização da moral vigente na sociedade em que nasceu.

Antes de falarmos um pouco das características dos três estágios do desenvolvimento do juízo moral, façamos três observações de ordem geral.

A primeira diz respeito a uma característica importante de cada estágio: para Piaget, eles são definidos pela *tendência dominante* por meio da qual a criança pensa a moral. Isso implica dizer que nenhuma criança é totalmente heterônoma ou autônoma. Dir-se-á de um sujeito que é heterônomo se sua tendência for a de, *em geral*, pensar a legitimidade das regras morais com referência à obediência a uma autoridade. Mas será possível observar esse mesmo sujeito, em certas circunstâncias, mostrar a capacidade de levar em conta a reciprocidade, característica da autonomia moral. Em uma palavra, os estágios definidos por Piaget são, de um certo modo, *vagos*. Correspondem a uma descrição de alguns traços gerais, e não, como no caso dos estágios do desenvolvimento cognitivo (sensório-motor, pré-operatório e operatório), à definição precisa de estruturas (como o são os agrupamentos e o Grupo INRC).

A segunda observação que deve ser feita refere-se ao método empregado. Como, nesse método, as crianças devem pensar sobre histórias contadas verbalmente a elas, as dificuldades de abstração podem levá-las a dar respostas de nível inferior às que dariam se estivessem numa situação real. Logo, uma criança que mostra heteronomia no seu juízo sobre dilemas que lhe são colocados verbalmente, talvez julgasse de forma autônoma, se a mesma situação estivesse acontecendo no seu entorno social real. Mas o fato de o método não poder avaliar com precisão o estágio no qual a criança se encontra não desmente o fato de ela ter sido heterônoma antes de ser autônoma. O método pode falhar na "fotografia instantânea", mas não avaliação da gênese.

Isso nos leva à ultima observação: a ordem dos estágios é sempre a mesma. Ninguém "pula" estágios, pois o estágio superior nasce da superação do anterior.

Vamos agora às definições de anomia, heteronomia e autonomia.

A anomia, repito, corresponde ao estágio do desenvolvimento durante o qual a criança ainda não adentrou o universo moral. É verdade que, desde o nascimento, a criança é colocada em um universo de regras sociais. Umas são ligadas à saúde, como hora de dormir, escovar os dentes, lavar as mãos; outras são convencionais, como hora de comer, tempo de televisão, e outras ainda são de inspiração moral, como não bater, não xingar, etc. Todavia, antes dos 4 anos, em média, as regras derivadas da moral ainda não estão associadas, para a criança, a valores como o bem e o mal, o certo e o errado. Seria melhor dizer que se trata de hábitos de conduta: são apenas coisas que se fazem. Por volta dos 4 anos, a criança começa a conceber que há ações que *devem* ou *não devem* ser realizadas com referência a idéia de que as regras apontam para ações que são boas ou más, certas ou erradas. A apreensão da dimensão do dever, do bem e do mal, significa que a moral começa a fazer parte do universo de valores da criança. Da anomia, ela passa para a heteronomia.

A moral heterônoma (ou heteronômica) é definida por dois conjuntos de características, complementares entre si. O primeiro contempla a compreensão das regras, o segundo, a fonte da legitimidade destas.

Quanto à compreensão das regras, a criança tende, por um lado, a interpretá-las ao pé da letra e, por outro, a privilegiar as conseqüências da ação e não a intenção que a motivou. Empregando os conceitos explicitados no início deste capítulo, podemos dizer que a criança heterônoma ainda está presa à regras por não conceber o princípio moral que lhes dá sentido. E quanto ao fato de ela privilegiar as conseqüências da ação, trata-se de um equacionamento moral típico da heteronomia: a intenção da ação é colocada em posição hierarquicamente inferior.

Quanto à fonte da legitimação das regras, a moral heterônoma caracteriza-se pela referência à autoridade. É por essa razão que Piaget também chama essa moral de *moral da obediência*: moralmente correto é obedecer às regras que foram impostas pelas pessoas reconhecidas como autoridade legítima, em geral, os pais. É por essa razão que a moral heterônoma é a moral do respeito unilateral: não há exigência de reciprocidade, ou, dito de outra maneira, o *dever* respeitar não é compensado pela concepção do *direito* de ser respeitado.

Por volta dos 8, 9 anos, as concepções infantis a respeito da moral começam a mudar: a criança torna-se moralmente autônoma ou, como seria mais prudente dizer, ela começa a apresentar sinais de autonomia. Do ponto de vista da compreensão das regras e de seu equacionamento, a criança passa a poder julgar a partir de princípios e, assim, libera-se da obediência estrita às regras. Por exemplo, ela começa a conceber que a regra "não mentir" não implica sempre dizer a verdade, mas sim não violentar outrem com uma informação falsa. E, do ponto de vista do equacionamento, a intencionalidade que preside as ações passa a ser um critério necessário para julgar moralmente. Ainda do ponto de vista do equacionamento moral, um novo princípio começa a inspirar os juízos: o da igualdade. A criança moralmente autônoma pensa que um dever moral primordial é tratar as pessoas sem privilegiar umas nem desprezar outras.

Ora, a presença do princípio da igualdade vai redefinir a fonte da legitimidade moral das regras e dos princípios: essa fonte não será mais a autoridade, mas sim o princípio moral em si, o da igualdade, o da justiça. Assim como a moral heterônoma é uma moral da obediência e do respeito unilateral, a moral autônoma é uma moral da justiça e do respeito mútuo. Enquanto na moral heterônoma, os deveres têm maior importância que os direitos, na moral autônoma, deveres e direitos complementam-se e se equilibram. Em suma, enquanto na heteronomia uma regra é moralmente boa porque a ela se deve obedecer, na autonomia o raciocínio inverte-se: deve-se obedecer a uma regra porque ela é boa. Se a regra for considerada ruim, a desobediência pode passar a ser uma ação moralmente legítima – coisa ainda impensável, na moral heterônoma.

Podemos encerrar aqui nossa rápida descrição dos três estágios do desenvolvimento moral identificados por Piaget. Falta responder a uma pergunta central: quais são as causas desse desenvolvimento? Dar uma resposta completa a essa pergunta eqüivaleria a explicitar todo o arcabouço teórico do construtivismo piagetiano, o que nos levaria muito além das pretenções e objetivos de nosso texto. Limitemo-nos então a dizer o que segue. Em primeiro lugar, o desenvolvimento do juízo moral depende do desenvolvimento da inteligência (com efeito, como uma criança pequena poderia pensar a moral pela reciprocidade se esta reciprocidade é uma operação [implica reversibilidade] que será construída por volta do 7 anos [estágio operatório-concreto]?). Em segundo lugar, assim como acontece para a construção das estruturas mentais, o desenvolvimento moral é fruto de construções endógenas (por auto-regulação) desencadeadas pelas interações com o meio social.[14] Se as relações sociais forem essencialmente assimétricas, nas quais mandam uns e outros obedecem, a moral heterônoma prevalece. Em compensação, se as relações forem simétricas, baseadas na reciprocidade e na cooperação, a moral autônoma pode nascer e desabrochar. É por essa razão que Piaget sempre deu muita importância às relações sociais entre as crianças: o fato de elas serem iguais entre si favorece a construção da moral autônoma, enquanto a relação adulto/criança, assimétrica por natureza, faz nascer e fortalecer-se a moral heterônoma. Para Piaget, cooperação é condição imprescindível para o desenvolvimento cognitivo e moral.

Mas será que a sociedade realmente favorece relações de cooperação? Quando, na década de 1930, ele publicou seu livro sobre o juízo moral na criança, Piaget estava otimista: a autonomia é uma conquista possível e até provável, contanto que a educação abandone sua posição autoritária. Quando, na década de 1950, volta ao tema em um texto teórico (1965/1977), ele se mostra pessimista: a maioria das pessoas permaneceria moralmente heterônoma, dependente da referência a alguma forma e autoridade, e isso porque as relações assimétricas de coação são as mais freqüentes, em todas as instituições sociais.

É bem provável que a barbárie da Segunda Guerra Mundial tenha pesado nessa última avaliação de Piaget. Todavia, esses mesmos acontecimentos terríveis levariam um psicólogo americano, Lawrence Kohberg, a retomar as suas teses sobre desenvolvimento moral, a dar-lhes uma roupagem mais sofisticada e a re-afirmar a potencialidade humana para conquistar a autonomia moral.

Piaget deixou dois grandes problemas em aberto. O primeiro diz respeito à definição de o que é moral. Com efeito, contentou-se em dizer que a moral é um conjunto de regras e princípios (ele fala em "espírito" da regra). Mas isso é insuficiente. Por um lado, trata-se de uma definição restritiva, pois nem todos os valores e princípios morais podem ser traduzidos por regras. Por outro, mesmo em se tratando de regras, falta ainda saber que valor lhes dá unidade e coerência, se é que esse valor central existe. É verdade que, no capítulo dedicado à moral autônoma, Piaget escolhe a virtude "justiça" para suas pesquisas, mas explica sua escolha dizendo tratar-se da mais racional das noções morais, e a que resulta com mais evidência das relações de cooperação. Logo, Piaget não parece pensar que a justiça é o valor moral por excelência. Ora, é o que Kohlberg vai afirmar: o desenvolvimento do juízo moral é o desenvolvimento da noção de justiça. E todo o seu trabalho se dará em torno dessa virtude.

O segundo problema deixado em aberto por Piaget foi a questão da autonomia. Além de ser um conceito polêmico (vimos que alguns pensam que a autonomia é uma quimera), ele parece ser insuficiente para dar conta do juízo moral de crianças de 8 anos em diante. Talvez não seja o caso de se destacar a insuficiência daquele conceito, e sim de advertir que a busca da autonomia é uma tarefa demasiado árdua para que se possa ter a certeza de sua conquista pelo adolescente. A observação da realidade dá margem a dúvidas. Como afirmar que a autonomia moral já se encontra em crianças de 8, 9 anos, quando se verifica que muitos adultos passam a vida negando ou esquecendo princípios como o da igualdade? Que é feito da autonomia moral quando se sabe que muitos homens e muitas mulheres permanecem referenciados a alguma forma de autoridade? Enfim, quando se nota, no dia-a-dia, e também nos grandes acontecimentos históricos, a carência de senso de justiça e de capacidade de cooperação – que Piaget diz ter encontrado em seus sujeitos de 11 e 12 anos –, como falar em autonomia moral? Que autonomia moral é essa, que Piaget viu florescer durante a infância? Das duas uma: ou ela, misteriosamente, se dissolve durante os anos subseqüentes do desenvolvimento, ou conserva-se, mas é exercida apenas em pequenos dilemas caseiros, de pouca complexidade, como aqueles empregados por Piaget. Para enfrentar esse problema, Kohlberg, por um lado, vai empregar dilemas morais bem mais complexos (o dilema de Heinz, apresentado anteriormente, é um dele, e o mais importante), e, por outro, fugir da dicotomia heteronomia/autonomia, propondo os conceitos de estágio pré-convencional, convencional e pós-convencional.

Antes de apresentar a definição desses estágios – para usar a terminologia de Kohlberg –, façamos alguns comentários básicos.

O primeiro refere-se à importância da teoria de Kohlberg. Com sua teoria de desenvolvimento do juízo moral, não somente tornou-se o autor mais completo da psicologia moral, referência até hoje, como também um dos psicólogos mais citados na literatura das ciências humanas durante as décadas de 1970 e de 1980.

O segundo comentário refere-se ao eixo central de sua teoria. Kohlberg assume os pressupostos piagetianos, a saber: há um desenvolvimento do juízo moral que se dá por estágios, cada estágio corresponde a uma forma *sui generis* de equacionar as questões morais, a seqüência dos estágios é sempre a mesma (não há pulo ou inversão), tal seqüência vai de uma menor para uma maior capacidade de aplicar a reversibilidade ao campo dos problemas morais, logo, o desenvolvimento cognitivo é condição necessária ao desenvolvimento do juízo moral (mas não condição suficiente para a ação moral, pois ainda resta o problema da motivação), o desenvolvimento do juízo moral depende de construções endógenas realizadas pelo sujeito. E, como Piaget, ele pensa que as etapas e os processos do desenvolvimento cognitivo e moral são universais (reencontram-se em qualquer sociedade, em qualquer cultura). O que vai variar de pessoa para pessoa é o estágio atingido: umas vão mais além do que outras.

Isto posto, vamos à descrição dos estágios do desenvolvimento do juízo moral encontrados e analisados por Kohlberg. São três grandes estágios (níveis pré-convencional, convencional e pós-convencional), cada qual dividido em dois subestágios, em um total, portanto, de seis etapas.

Vejamos com o próprio autor descreve o caminho do desenvolvimento do juízo moral.

Nível pré-convencional

Neste nível, a criança responde a regras culturais e rótulos de bom e ruim, de certo e errado, mas interpreta tais rótulos em termos de conseqüências, sejam físicas ou hedonísticas, da ação (punição, recompensa, troca de favores), ou em termos da força física de quem enuncia as regras e rótulos. O nível é dividido nos seguintes dois estágios:

Estágio 1. Orientação para a punição e a obediência

As conseqüências físicas da ação determinam seu caráter bom ou ruim, sem considerar o sentido ou valor humano dessas conseqüências. Evitar a punição e respeitar incondicionalmente o poder são atos valorizados por si próprios.

Estágio 2. Orientação instrumental-relativista

A ação correta consiste naquela que satisfaz instrumentalmente as necessidades próprias e, ocasionalmente, as necessidades dos outros. Relações humanas são vistas como relações de troca em um mercado. Elementos de justiça, reciprocidade, repartição igualitária estão presentes, mas são sempre interpretados de um modo físico, pragmático. A reciprocidade é do tipo "você coça minhas costas e eu coço as suas".

Nível convencional

Neste nível, a manutenção das expectativas da família, grupo ou nação do indivíduo é percebida enquanto valiosa por si só, sem relação com conseqüências imediatas e óbvias. Tal atitude é não apenas de conformidade às expectativas pessoais e à ordem social, mas também de lealdade a esta, de manutenção ativa, de apoio a e justificação da ordem e de identificação com as pessoas ou grupos nela envolvidos. Neste nível, há também dois estágios:

Estágio 3. A concordância interpessoal ou orientação para o "bom menino – boa menina"

Bom comportamento é aquele que agrada ou ajuda os outros, e tem sua aprovação. Há muita conformidade a imagens estereotipadas do que é comportamento da maioria ou "natural". O comportamento é freqüentemente julgado pela intenção – o juízo "ele tem boa intenção" torna-se importante pela primeira vez. Ganha-se aprovação por ser "bonzinho".

Estágio 4. Orientação para a manutenção da sociedade

Há uma orientação em direção à autoridade, a regras fixas e à manutenção da ordem social. O comportamento correto consiste em fazer a própria obrigação, em mostrar respeito pela autoridade, e em manter a ordem (social vigente) pela ordem.

Nível pós-convencional

Neste nível, há um esforço claro para definir valores e princípios morais que tenham validade e aplicação, independentemente da autoridade dos grupos ou das pessoas que os adotam, e independentemente da própria identificação do indivíduo com tais grupos. Este nível igualmente tem dois estágios:

Estágio 5. Orientação para o contrato social

A ação correta tende a ser definida em termos de direitos individuais gerais e em termos de padrões que tenham passado por exame crítico e obtido concordância de toda a sociedade. Há uma consciência clara do relativismo de valores e opiniões pessoais, e uma ênfase correspondente nas regras procedimentais para obter-se consenso. Independentemente do que é concordado constitucional e democraticamente, o "certo" é uma questão de "valores" e "opinião" pessoais. O resultado é uma ênfase no "ponto de vista legal", mas com destaque para a possibilidade de modificar-se a lei em razão de considerações racionais de utilidade social (mais do que a congelando, nos termos da "lei e ordem" do estágio 4). Fora do domínio legal, concordância livre e contrato são fundamentos da obrigação. Essa é a moralidade "oficial" do Governo e Constituição americanos.

Estágio 6. Orientação para o princípio ético universal

O certo é definido pela decisão de consciência em concordância com princípios éticos escolhidos pelo sujeito, princípios esses que recorrem à compreensão lógica, à universalidade e à consistência. Esses princípios são abstratos e éticos (a "Regra de ouro", o imperativo categórico); não são regras morais concretas, como os Dez Mandamentos. No âmago, são princípios universais de justiça, de reciprocidade e igualdade de direitos humanos, e de respeito pela dignidade de seres humanos enquanto indivíduos. (Kohlberg, 1981, p.17-19).

Verifica-se que a autonomia, vista por Piaget como conquista suprema do desenvolvimento do juízo moral, também está presente no final da seqüência de estágios definida por Kohlberg. Ele também batiza o nível pós-convencional de "moralidade autônoma". Mas a teoria que acabamos de apresentar traz duas vantagens em relação à de Piaget. A primeira define de forma mais rigorosa e exigente os requisitos da autonomia moral. A segunda vantagem é de ordem empírica, as pesquisas mostram claramente que a maioria dos adultos não passa do nível convencional. Eis um diagnóstico mais convincente a respeito do que se pode observar no dia-a-dia: a autonomia é uma conquista cara e rara.

As teorias de Piaget e Kohlberg sofreram e sofrem críticas. Uma das polêmicas mais importantes recai, como vimos, sobre o caráter universal dessas abordagens construtivistas. Como dissemos, Piaget e Kohlberg acreditam ter descrito e explicado fenômeno universal. Porém, outros teóricos pensam que apenas deram uma razoável descrição do homem ocidental, mergulhado em uma sociedade individualista e democrática. Segundo esses críticos, afirmar que os seis estágios do desenvolvimento do juízo moral reencontram-se em qualquer época ou cultura nada mais é do que pecar por etnocentrismo. Mas essa polêmica, inspirada pelo relativismo moral antropológico, não nos interessa aqui. Há outra mais interessante, para o propósito de nosso texto, e que passo a explicitar agora.

Um estudioso da moralidade infantil, Turiel (1993), que rapidamente citamos anteriormente, afirma ter encontrado nas suas pesquisa que a competência intelectual para identificar elementos morais relacionados à justiça é extremamente precoce, pois já se encontra em crianças de 6 anos. Para defender essa tese, e realizar pesquisas empíricas que a comprovem, Turiel passou a falar em *domínios* do conhecimento social. Ele definiu três domínios. No *domínio pessoal* estão as condutas consideradas, pelo indivíduo, como dependentes apenas do livre-arbítrio. Por exemplo, escolher a marca de um carro, fumar ou não no próprio quarto, ouvir música ou preferir ler um romance, etc. No domínio pessoal, a liberdade de escolha da ação é total. Não há restrição social legitimada. A restrição pode, de fato, acontecer, mas será vista como violência, abuso de poder. Um segundo domínio, o *domínio convencional*, refere-se às condutas consideradas obrigatórias em razão de convenções sociais aceitas. Por exemplo, não entrar sem chapéu em uma Sinagoga, não falar alto em uma igreja católica, não andar nu pelas ruas. No domínio convencional há, portanto, restrição de liberdade de ação, mas tal restrição é compreendida como particular a uma determinada sociedade. Logo, aceita-se que outras pessoas de outras culturas não se conduzam da mesma maneira. Tal aceitação não mais existe para o *domínio moral*. Nele se encontram as regras de conduta referenciadas no princípio da justiça. Assim, um indivíduo, católico praticante, aceitará que uma pessoa de outra religião possa comer carne nas sextas-feiras, mas não que condene à morte um inocente, ou que promova um genocídio, pois tanto a condenação de um inocente como o assassinato contrariam os direitos individuais advindos do ideal de justiça.

Segundo Turiel, *as crianças pequenas já fazem distinção entre os três domínios*. Logo, segundo ele, não seria correto afirmar que elas estão exclusivamente referenciadas nas palavras da autoridade: como a competência para distinguir o domínio moral é precoce, elas sabem muito bem distinguir entre as obrigações que são morais e as que não são, e isso a despeito do que diz o discurso adulto. Nos termos que empregamos no presente capítulo, a teoria de Turiel diz-nos que o *conhecimento moral* é precoce e que, de certa forma, o valor e os princípios relacionados à justiça são apreendidos logo no início da socialização.

A teoria de Turiel traz problemas. Em que domínio fica, por exemplo, a virtude generosidade? Como o objetivo dessa virtude é o bem do outro, ela se enquadra no domínio moral. Porém, como a generosidade não contempla um direito alheio (mas sim uma falta) e, portanto, não pode ser exigida, ela se enquadra perfeitamente no domínio pessoal. Aliás, esse é o caso da maioria das virtudes morais, exceto a justiça. Outro problema apresentado por essa teoria é sua comprovação empírica. Alguns dados a sustentam, outros a contestam.

Todavia, penso que há algo nela que merece ser aceito: as crianças pequenas têm uma certa capacidade para pensar a moral, e isso além das influências dos adultos. Elas talvez não sejam capazes de traçar fronteiras tão claras entre os domínios, mas certamente estão atentas às diferenças entre as regras que lhe são apresentadas e impostas. Porém, esse fato, que se verifica facilmente no contato com as crianças pequenas, talvez não possa ser explicado apenas por disposições intelectuais. A dimensão afetiva deve ter sua contribuição. Pensemos, por exemplo, na compaixão: essa capacidade precoce de se sensibilizar pela dor alheia certamente contribui para pensar sobre e destacar as regras sociais que traduzem a solidariedade e a generosidade. Mas esse já é o tema do capítulo seguinte.

NOTAS

1. No caso das crianças, também temos os critérios da imaturidade afetiva e da construção, ainda inacabada, da personalidade. Note-se que esses dois critérios são de suma importância na discussão a respeito da idade mínima para uma pessoa ser considerada responsável, do ponto de vista penal.
2. Emprestamos essa metáfora do Professor Josep Maria Puig, docente da Universidade de Barcelona, e especialista em educação moral.
3. O Magreb é composto pelo Marrocos, pela Tunísia e pela Argélia.
4. Pode haver mais do que duas soluções (e podemos falar de "trilemas", e assim por diante), mas esses casos são raros.
5. Essa questão é hoje discutida a respeito das patentes de remédios para a Aids; os preços costumam ser tão proibitivos que deixam sem esperanças doentes de países pobres. A questão do direito à propriedade privada também reencontra-se nas discussões sobre reforma agrária e a legitimidade de invasões de propriedades. Note-se ainda que o tema da propriedade privada é central para as propostas políticas comunistas.
6. Esse tipo de argumento é bastante freqüente. Assisti uma vez a uma palestra sobre morte no trânsito, e o palestrante, após mostrar, com dados estatísticos, que a maioria das vítimas tem entre 18 e 24 anos, lamentou esta situação por morrerem jovens em idade na qual poderiam retribuir à sociedade tudo que esta investiu neles (escola, saúde).
7. Essa situação dilemática quanto à solução nos foi contada por uma colega do Instituto de Psicologia da USP, a Professora Zélia Ramozzi-Chiarottino: um dia, um colega seu, temendo ser injusto, pediu-lhe para corrigir a prova de um aluno que era (como ela soube depois) seu filho.
8. O tema do sofrimento também aparece quando a moral estabelece punições. Mas não tratarei dessa questão aqui.
9. Para um aprofundamento da questão da intimidade, remetemos o leitor so Capítulo 3 do livro *Limites: três dimensões educacionais* (1998).
10. Às vezes empregam expressões como: "olha, ela ficou vermelha!".
11. Ver Barthes R. (1957) *Mythologies*, Paris Seuil.
12. Não é por acaso que escrevi irredutíveis e não *diferentes*. Penso, com Piaget, que as operações mentais, com suas características de lógica e quantificação, estão na base de todas as formas de raciocínio superiores. Assim, uma pessoa pode ter dificuldade (ou desinteresse) em manipular vários algoritmos da matemática e, mesmo assim, ser operatória, capacidade de que ela demonstra ser capaz em outras áreas do conhecimento (um música *conta* compassos, um pintor organiza geometricamente o espaço, um bom autor dá coerência a sua narrativa, coerência essa não necessariamente relacionada aos fatos que narra, mas à estrutura de seu texto). O leitor terá compreendido que não sou adepto da teoria das múltiplas inteligências, teoria esta que nos parece falar em diversas competências, diferentes entre si. Ora, a despeito das diferenças entre várias competências, entre várias capacidades de resolver vários tipos de problemas, é possível encontrar identidades, um núcleo cognitivo comum, como dizia Piaget, nem que seja a capacidade de não cometer contradições ou de corrigir aquelas por ventura cometidas.
13. Há pesquisas que mostram que alunos que vão mal na escola (e nesse "ir mal" as notas de matemática ocupam um lugar importante) atribuem a si mesmos perspectivas de fracasso em tarefas totalmente estranhas aos conhecimentos escolares (como, por exemplo, desempenho em provas de atletismo). Ver Perron (1991)
14. E com o meio físico também, no caso das estruturas mentais da inteligência.

3

O querer fazer moral: a dimensão afetiva

Assim como o fiz para a dimensão intelectual, e pelas mesmas razões, vou, na apresentação da dimensão afetiva, restringir-me ao tema da moralidade. Penso ser uma escolha justificada porque, por um lado, as variadas forma de "vida boa" concebíveis implicam um amplo leque de investimentos afetivos que é impossível analisar aqui, e, por outro, interessa-nos o vínculo entre moral e ética, e que esse vínculo, como visto no primeiro capítulo, encontra-se na dimensão afetiva por intermédio do auto-respeito. É, portanto, a progressiva construção do auto-respeito que devemos privilegiar. Quanto ao título que dou ao presente capítulo, ele se justifica se lembrarmos que o dever corresponde a um querer e que, portanto, o sentimento de obrigatoriedade é, ele mesmo, uma forma de querer. Tudo o que vimos no capítulo anterior a respeito da dimensão intelectual depende, para tornar-se ação, desse "querer fazer moral", da vontade de agir e da intenção com a qual se age. Falta dizer que o sentimento moral de obrigatoriedade é despertado por ou composto de outros sentimentos. Ou seja, para compreender a gênese, a presença e a força do sentimento de obrigatoriedade, é preciso conhecer outros, que, como dito anteriormente, alimentam-no ou o compõem.

Isto posto, este capítulo será divido em duas partes. A primeira diz respeito ao "despertar do senso moral", ou seja, ao papel da afetividade no início da gênese da moralidade. Nesse período, no qual o "eu" da criança ainda está em formação, o auto-respeito ainda não é o sentimento central que inspira as ações morais. Outros sentimentos, que nomearemos e definiremos a seguir, ocupam o palco afetivo da moralidade infantil. A segunda parte dirá respeito justamente à construção do auto-respeito, construção essa que se dá por intermédio de transformações importantes ocorridas com o sentimento de vergonha.

Comecemos, portanto, com o "despertar do senso moral".

DESPERTAR DO "SENSO MORAL"

Entendo por "senso moral" (ou "consciência moral") tanto a capacidade de conceber deveres morais, quanto a de experimentar o sentimento de obrigatoriedade a eles referidos, de experimentar, portanto, o "querer fazer moral". Como se vê, trata-se da conjunção das dimensões intelectual e afetiva.

Em que momento da infância surge esse senso moral? Já vimos que, do ponto de vista intelectual, é por volta dos 4, 5 anos que se instala a capacidade de fazer a diferença entre as coisas "que se fazem" e aquelas que "devem ser feitas", a capacidade, portanto, de distinguir normas morais da comunidade em que vive de outras relacionadas a hábitos e rotinas. Ora, do ponto de vista afetivo, a idade é a mesma. Com efeito, verifica-se que as crianças dessa faixa etária seguem regras morais sem que essa obediência possa ser explicada pelo medo do castigo ou pelo medo da perda de amor e proteção. É claro que, por um lado, a obediência às vezes dá-se de forma bastante fantasiosa, em decorrência de uma assimilação insuficiente do sentido da regra, e, por outro, o controle externo traduzido pelo castigo ainda tem efeito poderoso. Mas, a despeito dessas limitações no cumprimento dos deveres, é certo que estes começam a inspirar as condutas das crianças pequenas. Isso se verifica tanto na observação de suas atitudes, como no fato de elas, às vezes, demonstrarem claro desconforto psíquico depois de atos de desobediência (alguma vezes, até exigem, dos pais, uma punição). Em resumo, por mais frágil que ainda seja sua influência, os deveres já fazem parte, sob forma de regra, das inspirações que presidem as condutas.

Isto posto, que sentimentos inspiram esse "querer agir moral"? Minhas leituras e pesquisas fazem-me eleger seis sentimentos. Os dois primeiros aparecem indissociáveis para o sentimento de obrigatoriedade: o medo e o amor. Os demais – a confiança, simpatia, a indignação e a culpa –, com exceção da culpa, não estão diretamente relacionados ao sentimentos de obrigatoriedade, mas o alimentam e o fortalecem. Antes de falarmos de cada um deles, é preciso sublinhar que devem ser entendidos como relacionados ao convívio social da criança. Eles correspondem, portanto, ao "cimento" afetivo que une a criança às pessoas de seu entorno social, cimento sem o qual ficaria difícil conceber o despertar do senso moral, a não ser que se faça a hipótese de que ele é inato, de que brota espontaneamente fora de qualquer tipo de socialização, hipótese essa pouco plausível.

Medo e amor

Devemos a Bovet (ver Piaget, 1932) a idéia segundo a qual se a criança respeita e, logo, obedece às regras morais, é porque respeita o que, para ela, representa a fonte dessas regras. Dito de outra maneira, não é tanto porque a criança aprecia intelectualmente as regras morais a que é submetida que a elas obedece, mas sim porque desenvolveu um sentimento de respeito pelas pessoas que apresentam tais regras e acentuam seu caráter de obrigatoriedade. Então, se agora sabemos que a criança obedece às regras porque respeita os pais ou outras pessoas responsáveis pela sua educação, falta-nos saber porque ela os respeita. Para dar uma resposta, Bovet, seguido nesse ponto por Piaget, fala em afetividade. Sua explicação pode resumir-se como segue: a criança pequena respeita seus pais ou demais pessoas para ela significativas porque eles lhes inspiram, ao mesmo tempo, medo e amor.

Comecemos por falar separadamente desses dois sentimentos.

Quanto ao medo, ele é inspirado tanto pela perspectiva de uma possível retirada de amor por parte dos pais e a decorrente desproteção, quanto pelas inevitáveis experiências desagradáveis das punições. Mas ele provém também e sobretudo do simples fato de a criança ser pequena, fraca, e os adultos serem grandes e fortes. Nesse caso, trata-se do medo experimentado quase que necessariamente pelo menor frente ao maior.

Quanto ao amor, trata-se naturalmente desse apego e admiração naturais que a criança tem pelos seus pais, ou demais pessoas para ela significativas. Ora, é justamente pelo fato de os pais inspirarem, *ao mesmo tempo,* medo e amor, que eles inspiram respeito. Lembremos que se trata de uma qualidade especial de respeito. Por um lado, ele é infantil. Por outro lado, ele é unilateral, portanto, típico da referência a uma autoridade pessoal (no respeito mútuo, não comparecem os sentimentos de amor e de medo). Trata-se, portanto, de uma primeira forma de respeito, intimamente relacionada ao despertar do senso moral, ao despertar desse querer singular que é o dever.

Em seu livro sobre o juízo moral na criança, Piaget contenta-se com o binômio medo/amor para dar conta da dimensão afetiva das primeiras formas de respeito moral. Não que ele negue a presença e a influência de outros sentimentos, mas, uma vez que está preocupado em sublinhar o caráter heterônomo da moral infantil e como entende que a fusão entre amor e medo explica perfeitamente esse "querer fazer" heterônomo, Piaget dá-se por satisfeito. Porém, alguns autores acharam dificilmente aceitável que o universo moral das crianças pequenas se restrinja a essa relação afetiva de dependência em relação ao adulto. Citemos alguns. Tugendhat (1998) comenta que temas como o senso de justiça e o respeito pelas promessas certamente fazem parte das preocupações morais infantis. Turiel concorda com Tugendhat, e suas pesquisas mostram que as crianças pequenas não julgam legítimo obedecer a seus pais quando estes dão ordens claramente injustas, fato que demonstra não a ausência do respeito unilateral por figuras de autoridade, mas que esse respeito não recobre toda a vida moral das crianças menores. Eisenberg (1979), que pesquisou as atitudes pró-sociais das crianças (a solidariedade, por exemplo), verificou a sensibilidade que as crianças menores têm por elas. Eu mesmo, como explicitarei mais adiante, encontrei maior sofisticação intelectual nas crianças menores quando o tema é generosidade, e tendência a legitimação da desobediência a pais que não merecem confiança. Em resumo, embora absolutamente não descartável enquanto base afetiva da moral heterônoma, o medo e o amor não parecem dar conta da complexidade do universo moral infantil. Tudo leva a pensar que a criança em fase de despertar do senso moral não se preocupa apenas em obedecer, não se preocupa apenas com relações de autoridade, mas se preocupa também com temas como as necessidades das outras pessoas, os direitos, o mérito, as promessas. Aliás, o próprio Piaget parecia não estar desatento a esse fato, pois ele notava que uma das causas da descentração que leva uma criança a julgar a partir das intenções é justamente a preocupação em satisfazer as necessidade de outrem, entre eles os adultos. A idéia é simples: para obedecer, a criança não precisa fazer inferências sobre o que pensam e sentem os adultos, mas para procurar agradá-los, sim. Como vemos, Piaget admite que nem tudo é obediência, na vida moral da criança.

Em suma, acredito ser necessário pensar a vida moral da criança pequena como mais ampla que a relação com a autoridade. Logo, do ponto de vida afetivo, outros sentimentos, outras fontes afetivas devem comparecer. Comecemos com a confiança.

Confiança

A referência que faço à confiança é complementar ao binômio medo/amor, pois não estou me referindo ao confiar em si mesmo, mas sim ao confiar nas figuras de autoridade. Alguém poderá observar que tal sentimento está de certa forma implicado no amor (quem ama confia na pessoa amada) e que, portanto, trata-se apenas de um aspecto do que foi escrito nos parágrafos anteriores. A essa hipotética crítica, eu responderia duas coisas. A primeira é que não é tão óbvio assim colocar a confiança como característica do amor. Na vida adulta, essa associação entre amor e confiança nem sempre se confirma, pois encontram-se casos em que o amor sobrevive a provas de infidelidade. Ora, na criança, o mesmo pode acontecer. A segunda resposta é que, mesmo que se queira admitir a indissociabilidade do amor e da confiança, essa última possui características que a tornam merecedora de uma atenção especial, notadamente em razão de sua relação com a *honra*, virtude esta que elegemos como um dos conteúdos da moral. Com efeito, a honra – ou auto-respeito – está relacionada ao *merecer confiança*. Vamos então começar por falar um pouco mais da confiança e de sua relação com a moral.

Confiar em alguém, seja em que área de atividade humana for, sempre implica fazer considerações sobre a moralidade da pessoa na qual se confia. Por exemplo, se confio no piloto do avião no qual estou viajando é porque, por um lado, avalio que ele é tecnicamente competente para tanto, e, por outro, porque penso que está compenetrado em sua tarefa de levar-nos a um bom aeroporto, que é uma pessoa séria, cuidadosa, honesta.[1] Imaginemos um instante que esse hipotético piloto seja, de fato, tecnicamente competente, mas que, por desleixo, não tenha estudado seu plano de vôo, ou que, por falta de consciência profissional, tenha bebido antes de decolar: se eu souber desses fatos, retiro-lhe minha confiança, não porque pense que não sabe pilotar, mas porque seu caráter apresenta características negativas que prejudicam diretamente o papel que está desempenhando. Pensemos, à guisa de segundo exemplo, em um médico: para nele confiar, precisamos não apenas avaliar sua competência técnica, mas também acreditar que fará seu trabalho com consciência, que não procurará ganhar dinheiro à custa de nossa ignorância em medicina, que estuda para manter-se atualizado, etc. Ou seja, para depositarmos confiança em alguém, além de fazermos hipóteses a respeito da qualidade de suas ações também fazemos hipótese sobre sua *qualidades enquanto pessoa moral*. Em suma, a confiança implica a dimensão moral.

Perguntemo-nos agora se a falta de confiança nas relações sociais pode acarretar prejuízos para as ações morais das pessoas envolvidas. Se a falta de confiança for decorrência de uma avaliação de incompetência técnica (por exemplo, não confio nos jogadores do meu time por achá-los tecnicamente fracos), a dimensão moral em nada deve ser afetada, pois não é dela que se trata. Mesma situação deve ocorrer quando se tratar de falta de confiança em traços de personalidade: não se vê como justificativa minimamente plausível a consideração da fragilidade do equilíbrio psicológico de certas pessoas para agir-se, em relação a elas, de modo imoral. Em compensação, o quadro pode ficar delicado se a falta de confiança for decorrente da constatação de que os demais membros da relação social agem de forma imoral. Nesse caso, a pergunta pode ser assim formulada: por que agir moralmente com pessoas que não agem moralmente? Por que ser moral em uma sociedade na qual a moralidade é, para muitos, letra morta?

Quando digo que tal quadro é mais delicado, não é porque eu pense que a desonestidade de um legitima a desonestidade de outro, não é porque eu pense que a mentira de um justifica a mentira de outro. Aliás, meu pensamento é diametralmente oposto a isso, pois, do ponto de vista moral, a questão parece-me claramente definida: é-se moral porque a moral é boa em si, não por motivos contingenciais. E alguém que diga que rouba "porque todo mundo rouba mesmo" não apresenta uma justificativa moral legítima para suas transgressões. Penso que ninguém pode contestar o que acabo de afirmar, do ponto de vista axiológico. Porém, muitos poderão dizer que, na prática, a avaliação de que os demais membros de uma comunidade não merecerem confiança moral faz com que muitas pessoas se permitam, como suposta "defesa", agirem, elas mesmas, de forma imoral. Ora, esse diagnóstico sobre a realidade é certamente, e infelizmente, correto. Lembro-me de uma tragédia recentemente acontecida na França. Um jovem, dirigindo em velocidade excessiva, perdeu o controle do carro e atropelou várias pessoas, das quais a maioria perdeu a vida. Dias antes, ele havia respondido a seu professor de auto-escola, que lhe recomendara respeito e prudência no trânsito: "Ninguém respeita mais nada hoje em dia, então, eu também não".[2] Eis um exemplo claro de argumento baseado na falta de confiança em outrem para justificar ações desrespeitosas e violentas. Será esse jovem uma exceção, ou, pelo contrário, um caso freqüente na população? Penso que ele não é apenas um caso isolado. É claro que nem todos chegam a matar por falta de confiança moral nos outros, mas diversas transgressões morais podem ser cometidas em nome dessa desconfiança.

Se faço tal afirmação é porque, graças aos estudos de Kohlberg, sabemos que a maioria das pessoas é moralmente heterônoma. Ora, o que é a heteronomia senão a referência a fontes externas para legitimar a moral? Se tais fontes externas dão, elas mesmas, o exemplo de que as regras morais podem não ser respeitadas, que os princípios morais não inspiram, de fato, condutas, o que sobrará ao heterônomo para permanecer legitimando a moral que lhe foi imposta? A razão? Se for ela apenas, nosso hipotético sujeito então não é heterônomo, mas sim autônomo. Nesse caso, intimamente convencido de que tal ou tal princípio moral é válido, ele o seguirá, mesmo que observe ser o único a fazê-lo. Não lhe ocorrerá dizer, como nosso irresponsável motorista, que, uma vez que ninguém respeita nada, ele também não respeitará nada nem ninguém. Em compensação, tal referência exterior poderá fazer muito sentido para o heterônomo pois, para ele, ser moral é *seguir* não uma idéia ou um valor em si, mas sim o que os outros dizem e fazem. E, freqüentemente, o heterônomo não elege uma ou outra figura de autoridade, mas sim o modo como as pessoas de sua comunidade, de fato, se comportam. O grupo, a maioria, os costumes são, para ele, a referência máxima. Então, se ninguém é moralmente confiável, por que ele haveria de sê-lo? Daí a freqüência com que se ouve, aqui e ali, frases como "todo mundo faz isso mesmo", proferidas por pessoas que procuram legitimar suas próprias ofensas à moral.

Em suma, o heterônomo precisa incessantemente de provas de que a moral é, de fato, respeitada por outrem, para que ele mesmo possa dobrar-se à suas exigências. Dito de outra forma, ele precisa confiar nas qualidades morais das outras pessoas para ele próprio adotá-las. Para o autônomo, a situação é, por assim dizer, oposta: sua questão moral não está em confiar em outrem, mas antes de mais nada em merecer a confiança de outrem, pois seu auto-respeito, ou honra, depende de sua fidelidade para com ele próprio.

Isto posto, podemos voltar agora à criança em fase de despertar do senso moral. Se tudo o que acabo de escrever sobre a confiança for aceito, faz-se necessário admitir que esse sentimento deve ser importante para ela, pois os primeiros passos do desenvolvimento moral correspondem a uma posição heterônoma. Uma das fontes essenciais da gênese do sentimento de obrigatoriedade está nas pessoas por ela prestigiadas. Digo uma das fontes porque logo veremos que há outras que não dependem das figuras de autoridade. Mas o fato de haver outras não anula a importância da referência heterônoma a fontes externas. Ora, de tudo que analisamos sobre o papel da confiança, podemos deduzir que a criança pequena precisa confiar nas pessoas que pretendem ser sua referência moral para que estas de fato o sejam, e que, do contrário, sua influência no despertar do senso moral fica abalada, com os prejuízos decorrentes para a construção do sentimento de obrigatoriedade.

Para não ficarmos apenas na dedução, reflitamos sobre observações e dados de pesquisa que reforçam a tese segundo a qual a confiança em outrem é sentimento importante no início do desenvolvimento moral.

Comecemos por lembrar que as crianças são muito observadoras e que não é raro vê-las questionarem os pais e demais educadores a respeito da coerência entre o que eles dizem e fazem. Se fazem tais questionamentos não é apenas porque foram capazes de notar incoerências, mas também e sobretudo porque tais incoerências as inquietam. Essa inquietação provém, por um lado, da vontade de compreender melhor as regras impostas, e, por outro, da vontade de saber se são, de fato, obrigações válidas para todos. É nesse segundo aspecto que se encontra a dimensão da confiança: se a criança percebe que as regras impostas não são seguidas pelos adultos, ela se sente enganada e injustiçada por ser obrigada a segui-las.

Voltarei à percepção infantil da injustiça quando tratar do sentimento de indignação. Por enquanto, basta compreender que a criança pequena está atenta ao que poderíamos chamar de "integridade" das figuras de autoridade. Aliás, não é apenas a integridade das pessoas que a interessa, mas sim as virtudes em geral. Uma pesquisa realizada por Andréa Felix Dias (2002) mostra bem essa precoce preocupação das crianças. Em um primeiro momento, Dias pediu a 30 crianças de 6 e de 7 anos que arrolassem qualidades que admiram nas pessoas. Juntando todos os exemplos dados pelos sujeitos (que foram entrevistados em grupos), a lista das qualidades ficou longa. A pesquisadora pediu então a seus alunos que, se achassem possível, classificassem as qualidades por eles lembradas. Sem muita dificuldade, as crianças estabeleceram três classes. Em uma primeira colocaram qualidades como "ter uma piscina em casa", "ter um sítio", na segunda, qualidades como "correr rápido", "cantar bem", e em uma terceira qualidades do tipo "ser amigo", "ajudar as pessoas". O leitor terá reparado que a classificação espontaneamente feita pelas crianças separa com clareza características pessoais de origem e efeitos sociais diferentes. O primeiro grupo refere-se ao "ter", o segundo ao "fazer" e o terceiro ao "ser". Mais ainda: a lista das qualidade do "ser", das virtudes, portanto, foi a mais longa de todas. Em resumo, na hora de falar do que admiram nas pessoas, não somente as crianças menores são capazes de distinguir claramente diferentes tipos de virtude, como reparam mais naquelas relacionadas ao caráter, à moral.

Os dados que acabo de descrever mostram bem que a criança menor está atenta às qualidades das pessoas e que, certamente, tal atenção lhe permite não somente construir as primeiras noções de virtude moral como julgar as pessoas em sua volta. Ora, se ela percebe que um adulto aparentemente não é uma "boa pessoa", pois diz uma coisa e faz outra, a confiança nele depositada fica abalada e, conseqüentemente, sua autoridade também fica enfraquecida.

Para verificar se, de fato, a falta de confiança abala o poder da autoridade, eu e minha equipe realizamos uma pequena pesquisa, que passo a descrever.

Perguntamos a 23 sujeitos de cinco e a 26 de seis anos se julgavam que o filho de um pai que costuma não cumprir promessas deveria obedecer-lhe. Cuidamos para que a ordem dada pelo pai não fosse moral, pois se os sujeitos respondessem que a obediência era necessária, não saberíamos ao certo se tal resposta viria inspirada pelo respeito à autoridade ou pelo valor da regra em si. Por essa razão escolhemos a ordem de ir buscar um o jornal, ou seja uma ordem sem conteúdo moral, mas que diz respeito às relações de obediência entre pais e filhos. Os dados que encontramos mostram que a maioria das crianças de 5 anos (65%) julga correta a obediência à ordem do pai, mas que praticamente 60% das de seis pensam o contrário. Note-se que com 5 anos, 35% já legitimam a desobediência, o que é muito para quem pensa que apenas amor e medo são responsáveis pela submissão a figuras de autoridade. Em outra pesquisa similar, perguntamos a 32 sujeitos de pré-escola (entre 5 e 6 anos) e a 40 de primeira série (entre seis e sete anos) se uma criança, que sabe que seu pai, com freqüência, fala mal dela publicamente, deve obedecer à ordem que este lhe dá de regar o jardim. Aqui correspondem a 35% os sujeitos de pré-escola e a 65% aqueles de primeira série que preconizam a desobediência.

Em suma, encontramos dados que mostram que, para um número apreciável de crianças em fase de despertar do senso moral, o respeito unilateral pelas figuras de autoridade não depende apenas de uma fusão de amor e medo (nenhuma criança falou em falta de apego em relação aos pais), mas também da confiança nelas depositadas. Piaget, cujo livro *O juízo moral na criança* é, como comentei várias vezes, repleto de observações relevantes que vão além da demonstração da oposição entre heteronomia e autonomia, já comentava que o fato de os adultos não seguirem, eles mesmos, as regras que impõem à criança, fragiliza sua autoridade ao olhos destas.

Para encerrar análise do papel do sentimento de confiança no despertar do senso moral, falta dizer que ainda está ausente, nessa fase, o agir para merecer a confiança. Se a criança exige do adulto que ele seja uma pessoa confiável, ela ainda não faz a mesma exigência para si mesma. Não há reciprocidade, portanto. Se o desenvolvimento moral seguir o seu curso até a construção do auto-respeito, o fato de *merecer* confiança tornar-se-á central, como o veremos mais adiante.

Vamos agora abordar um outro sentimento, a *simpatia*, sentimento que também não pressupõe reciprocidade, mas que, diferentemente do medo, do amor e da confiança, pouca relação tem com as imposições morais das figuras de autoridade.

Simpatia

Com o filósofo Adam Smith, vamos definir *simpatia* como *afinidade com toda paixão* (1723/1999). Trata-se da capacidade de sentir o que outrem sente. Trata-se, segundo o *Dicionário Houaiss*, *da faculdade de compenetrar-se das idéias ou sentimentos de outrem*. Vê-se que não estou empregando o conceito de simpatia no seu sentido mais usual de qualidade de pessoa "agradável". Estou falando de um tipo de sensibilidade para com as outras pessoas, a capacidade de perceber e de ser afetado pelos sentimentos destas (alguns preferem falar em empatia). Antes de situá-la no despertar do senso moral, falemos um pouco da relação entre a simpatia e a moral.

Comecemos por nos perguntar se a simpatia é, ela mesma, um sentimento. A rigor não, uma vez que, por meio dela, podemos nos compenetrar de sentimentos variados. Porém, ela certamente corresponde a uma dimensão afetiva. Com efeito, não basta perceber o sentimento alheio para comover-se com ele: é preciso que as cordas afetivas vibrem.

Mas, será que a simpatia diz respeito à ação moral? Alguns filósofos, como Smith (1723/1999) e Schopenhauer (1840/1995) não somente respondem que sim, mas a colocam no centro da moralidade. Todavia, seu papel nas ações morais não me parece tão simples assim. Analisemos rapidamente a compaixão, forma específica de simpatia, destacada por Schopenhauer.

A compaixão é a capacidade de sensibilizar-se pela dor alheia, seja ela realmente experimentada (compaixão por alguém que tudo perdeu), seja ela virtual (compaixão pela perspectiva de alguém tudo perder). Tal sentimento pode inspirar, é claro, condutas condizentes com a moral: por exemplo, ajudar alguém que sofre, ou deixar de causar um dano antecipando a dor que a vítima não deixará de experimentar. Não há dúvidas, portanto, que a compaixão é um sentimento útil para desencadear boas ações e evitar ações más. Das pessoas cruéis, que intencionalmente causam sofrimentos em outrem, costumamos estranhar a falta de sensibilidade à dor alheia, a "frieza" com a qual reagem a essa dor, a falta de "humanidade" de que parecem ser acometidas. A capacidade de experimentar compaixão por outros seres vivos (incluindo animais) parece-nos ser uma qualidade do ser "humano" que merece esse nome. Portanto, podemos perfeitamente admitir a tese segundo a qual a compaixão é sentimento que inspira condutas morais. Podemos também admitir que toda pessoa capaz de ações morais é também capaz de experimentar a compaixão. Mas é preciso distinguir essa capacidade de experimentar compaixão e o fato de experimentá-la em determinadas situações, porque é perfeitamente concebível que, em um determinado momento, alguém não se sensibilize pela dor real ou virtual alheia, seja porque graves preocupações dominam sua vida afetiva, seja porque simplesmente não perceba essa dor. Ora, nesses momentos de ausência de compaixão, o que garantirá a ação moral? Nada, se fizermos a hipótese de que somente a compaixão motiva ações justas e generosas. Imaginemos, por exemplo, que estejamos frente a um criminoso cruel que precisa urgentemente de nossa ajuda. É bem provável que, nesse caso, permaneçamos indiferentes ao que ele sente, mas nem por isso justifica-se moralmente abandoná-lo à própria sorte. E podemos ir além na reflexão sobre compaixão e lembrar que nem todas as ações morais têm como objetivo o bem-estar de outrem. Por exemplo, alguém que luta para que a justiça lhe seja feita está agindo moralmente, mas não se vê que lugar a compaixão ocuparia nesse caso em que o altruísmo não está em jogo.

Isto posto, podemos generalizar o que acaba de ser escrito à simpatia, que é afinidade com todas as paixões, e não apenas com o sofrimento alheio. Sua presença é certamente forte motivação para variadas ações justas e generosas, mas ela não é nem garantia perene de ações morais, nem sentimento necessário a todas as expressões da moralidade. Penso que o auto-respeito responde melhor a essas exigências. Porém, negar o estatuto de sentimento central na moralidade humana não implica desprezar seu papel na gênese dessa moralidade.

Falta acrescentar uma ponderação a respeito da simpatia. Contrariamente ao que se pode pensar, essa faculdade afetiva não é estranha à dimensão racional. É verdade que, como vimos, a simpatia não decorre de uma decisão consciente. Mas a razão não se manifesta apenas no nível da decisão. Ela se manifesta também por meio de juízos que fazem, ou não, com que certos sentimentos sejam experimentados. Por exemplo, é provável que cada um de nós sentirá simpatia por um criança que chora porque lhe roubaram o sorvete. Seremos afetados por sua dor e agiremos em conseqüência. Mas imaginemos agora que quem chora em razão da perda do sorvete seja, não uma criança, mas sim um adulto. Em vez de nos comovermos pela sua dor, é provável que o achemos ridículo, até desprezível. E, em vez de comprar-lhe outro sorvete, viraremo-lhe as costas. O que mudou de uma situação para outra? Por que fomos afetados pela criança e não pelo adulto? Ora, porque *julgamos* legítimo, compreensível, uma criança chorar a perda de um sorvete, e ilegítimo, incompreensível, covarde até, um adulto chorar pela mesma razão. A situação seria totalmente diferente se aprendêssemos que esse adulto está quase morto de fome e chora a perda da única comida disponível; ou se inferirmos que está em um estado psicológico deplorável, que o leva a desesperar-se com as mínimas frustrações. Em poucas palavras, somente temos simpatia por aquilo que julgamos digno de despertá-la. Trata-se, a meu ver, de um belo exemplo de complementaridade entre razão e afeto.

Isto posto, podemos retomar o tema do despertar do senso moral perguntando-nos, em primeiro lugar, se a simpatia corresponde a uma capacidade afetiva presente no início da vida moral, e, em segundo lugar, caso a resposta seja positiva, se desempenha um papel importante para a gênese da moralidade.

A resposta à primeira pergunta é claramente positiva. Pesquisas (ver Hoffmann,1978) e observações corriqueiras podem convencer-nos de que, desde cedo, as crianças são passíveis de serem afetadas por estados afetivos alheios. Tal fato verifica-se desde o berço, quando, por uma espécie de contágio, os bebês às vezes choram quando ouvem outro bebê chorar. Não se trata ainda de real simpatia, mas o fato já demonstra uma disposição a deixar-se comover (poderíamos escrever "co-mover") pelos sentimentos alheios. A simpatia propriamente dita poderá ser observada anos mais tarde, quando as crianças já demostram capacidade de inferir estados internos alheios e de serem sensíveis a eles. Em suma, a simpatia é um dos sentimentos presentes no despertar do senso moral. Como ela é relacionada ao juízo de valor, irá modificar-se ao longo do desenvolvimento e da vida: aquilo que comove aos 5 anos poderá não mais comover aos 12 ou aos 20, assim como aquilo que deixa uma criança pequena impassível poderá afetá-la mais tarde.

Se estamos convencidos de que a simpatia corresponde a um sentimento experimentado pela criança menor, devemos responder à segunda pergunta que nos fizemos: ela desempenha papel importante no despertar do senso moral? A resposta a essa pergunta também é positiva, e isso por duas razões complementares entre si.

A primeira já tinha sido apontada por Piaget: sensibilizada pelos estados afetivos alheios e procurando a eles corresponder, a criança é levada a esforços de descentração, de procura de compreensão do ponto de vista alheio, e tal descentração é, como se sabe, processo essencial do desenvolvimento cognitivo, afetivo e moral.

A segunda razão diz respeito ao que eu chamaria de a "saliência" de outrem no universo da criança. É claro que, do ponto de vista cognitivo, a criança sabe que outras pessoas existem, mas isso não é suficiente para que elas se tornem objetos com valor em si mesmos. Ora, a moral e a ética pressupõem essa atribuição de valor. É o que diz Ricoeur quando define a perspectiva ética como "vida boa" *para e com outrem*, e é o que diz Kant quando afirma que o ser humano deve ser um fim em si mesmo, e não um meio. O conhecimento da existência de outrem não implica, por si só, que ele seja visto como valor, como objeto digno de respeito e cuidado, pois ele pode ser instrumentalizado ou solenemente ignorado. O que chamo de saliência é justamente essa presença de outrem como objeto de atenção e creio que a simpatia corresponde a um sentimento privilegiado para que tal saliência se estabeleça e se amplie. É verdade que a educação moral, pela via da autoridade, também busca fazer com que a criança inclua outrem no seu universo de valores. Porém, há duas limitações dessa educação que a simpatia ajuda a superar. A primeira é o fato de ela ser costumeiramente baseada em regras oriundas de deveres negativos. Trata-se dos famosos "limites": não xingar, não bater, não pegar o que é dos outros, não mentir, etc. A educação moral incide mais sobre o respeito dos direitos alheios do que sobre as necessidades alheias, e, assim, diz mais respeito à justiça do que à generosidade. Isso fica claro nas punições: pune-se a criança que roubou, mas não a que não foi generosa. Ora, a simpatia está mais próxima da generosidade do que da justiça, pois, graças a esse sentimento, o outro é apreendido na sua singularidade. Logo, a simpatia pode ampliar o universo moral da criança para além das exigências e sanções educacionais. A segunda limitação que a simpatia ajuda a superar é a da heteronomia. Como os deveres negativos são impostos por intermédio de regras, eles permanecem, como bem percebeu-o Piaget, exteriores à consciência; em compensação, como os atos de generosidade inspirados pela simpatia são espontâneos, e bem menos normatizados, eles favorecem uma compreensão mais autônoma de seu valor. Dito de outra maneira, enquanto a regra imposta dá mais ênfase à obediência do que à pessoa-alvo da ação proibida, a simpatia faz o contrário, dando mais visibilidade a outrem e, por conseguinte, a uma das razões essenciais de ser da moral.

Para que não fiquemos apenas com afirmações teóricas, avaliemos alguns dados de pesquisa que reforçam a importância do papel da simpatia no despertar do senso moral.

Coordenei uma investigação (ainda não publicada) na qual pedimos a 30 crianças de 6 anos que julgasssem duas personagens, uma tendo se privado de uma de suas frutas prediletas para dá-la a seu irmão (que também adorava aquela fruta) e outra tendo comido apenas a metade de um pacote de biscoitos destinado a ela e a seu irmão. Pode-se dizer que a primeira personagem agiu de forma generosa, pois comer a fruta predileta não é direito de seu irmão, e a segunda agiu de forma justa porque, de direito, o pacote de biscoitos deveria ser dividido entre ela e o irmão. Uma vez contada a história, começamos por perguntar a nossos sujeitos se os protagonistas das duas histórias haviam agido de forma correta. A totalidade das crianças respondeu que sim. Em seguida, perguntamo-lhes se pensavam que um dos dois protagonistas havia agido melhor. O dado interessante é que apenas 13% dos sujeitos escolheram a personagem que havia agido com justiça como a que teria agido melhor. Mais da metade (57%) julgaram que as duas ações têm o mesmo valor, e 30% chegaram a dizer que a personagem generosa agiu melhor. Uma vez que realizamos essa pesquisa também com crianças maiores, verificamos que as respostas das crianças de 6 anos não são diferentes daquelas que dão sujeitos de 9 e 12 anos. Prosseguimos a investigação pedindo a nossos sujeitos que pensassem na situação inversa: uma das personagens come a fruta predileta em vez de reservá-la para o irmão, e a outra come todo o pacote de biscoitos privando assim o irmão da parte que lhe cabe. Pedimos, portanto, a nossos sujeitos que comparassem uma pessoa que não age de forma generosa e outra que infringe a regra que reza que a comida deve ser dividida em partes iguais entre irmãos. Perguntamos, então, se os dois protagonistas haviam agido errado. Novamente, de forma praticamente unânime, os sujeitos responderam que sim (o mesmo dado reencontra-se entre os sujeitos de 9 e 12 anos). Perguntamos em seguida qual dos dois havia agido pior. Curiosamente, 40% responderam que não era possível responder, uma vez que os dois haviam agido mal, e 53% optaram pela personagem que havia comido todos os biscoitos. Finalmente, perguntamos a nossos sujeitos quem merecia ser castigado: os dois? o que comeu a fruta? o que comeu os biscoitos? Praticamente 80% responderam que o castigo deveria cair apenas sobre aquele que não havia dividido o pacote de biscoitos.

Analisemos um pouco esses dados. A primeira coisa que mostram claramente é que as crianças em fase de despertar de senso moral são capazes de estabelecer uma diferença entre ações inspiradas pela generosidade e ações inspiradas pela obediência a uma regra justa. A segunda é que as crianças pequenas, pelo menos na situação a elas apresentada, admiram mais a pessoa generosa do que a pessoa justa. E a terceira é que, apesar dessa admiração, as crianças julgam que sanções devem recair sobre o não-justo e não sobre o não-generoso. Ora, como os dados obtidos com sujeitos de 9 e outros de 12 anos mostraram exatamente o mesmo tipo de resposta, verificamos que, nesse ponto, as crianças menores fazem prova de uma maturidade de juízo moral maior do que aquela achada em pesquisas que focam apenas a justiça. Com efeito, elas parecem ter bem claro o que corresponde a um direito e o que não corresponde, e, portanto, conhecem o caráter exigível das ações justas e o caráter não exigível das ações inspiradas pela generosidade (não se deve castigar o não-generoso). Adultos responderiam, *grosso modo*, da mesma forma.

Cabe então perguntar se as respostas obtidas explicam-se simplesmente pela educação moral dada por esses adultos, ou se encontramos algo, fruto da socialização, é claro, mas não da mera submissão aos ditames sociais. Das duas hipóteses que acabo de formular, fico com a segunda. Em primeiro lugar, como já comentado, porque a educação moral dada pelos pais e pelos agentes sociais em geral, costuma incidir mais sobre regras proibitivas do que sobre incentivos de ações generosas. O bom senso me parece bastar para concordar com esse diagnóstico pedagógico. Na minha experiência em ministrar palestras para pais e educadores sobre educação moral, quase nunca ouvi de nenhum deles uma queixa a respeito da falta de generosidade ou de gratidão das crianças. Em compensação, chovem queixas a respeito de desobediência às regras impostas. Se meu diagnóstico for correto, é preciso admitir que a percepção que as crianças pequenas têm do caráter singular da generosidade se deve mais a uma sensibilidade típica da idade do que aos efeitos de uma educação moral bem-sucedida. Ora, que sentimento pode dar lugar a tal sensibilidade, senão a simpatia? Ela é a disposição afetiva capaz de propiciar a percepção das necessidades singulares do outro, e a generosidade é a virtude que corresponde a essa percepção. Em segundo lugar, o fato de as crianças dessa idade mostrarem, em número significativo, maior admiração pela personagem generosa do que por aquela que se limita a cumprir a regra justa reforça o papel crucial dessa disposição afetiva. Com efeito, por que será que as crianças admirariam mais algo que não lhes foi imposto por figuras de autoridade? Se tais figuras fossem as únicas inspirações da vida moral da criança pequena, seria de se esperar que a obediência a regras impostas fosse mais admirado. Mas não é o caso. Há, portanto, algo mais do que amor, medo e confiança na dimensão afetiva responsável pelo despertar do senso moral.

Em resumo, penso que a simpatia desempenha papel a ser considerado no início da gênese da moralidade. Penso também que, graças a ela, a criança menor concebe melhor a generosidade do que a justiça. Vejamos o porquê.

Piaget afirmava que as regras impostas pelas figuras de autoridade permanecem, pelo fato mesmo de terem sido impostas, exteriores à consciência e que são, portanto, mal-assimiladas. Suas pesquisas, e as de Kolhberg, mostraram claramente esse fenômeno. Lembremos, por exemplo, a prevalência da responsabilidade objetiva sobre a responsabilidade subjetiva em crianças de 6 anos. Ora, se for verdade que a generosidade é inspirada pela simpatia, se for verdade, portanto, que a generosidade é antes produto da sensibilidade da criança do que de sua disposição a obedecer a figuras de autoridade, enfim, se for verdade que a percepção e a valorização da generosidade pouco devem a relações de coação, deve ser verdade também que as crianças a compreendem melhor do que compreendem regras atinentes à justiça. Dito de outra maneira, as crianças pequenas devem mostrar mais sofisticação intelectual quando pensam a generosidade do que quando pensam a justiça. Realizei uma pesquisa para testar essa hipótese (La Taille, no prelo).

A pesquisa que relatarei foi inspirada por um conjunto de outras, cujos dados são interessantes para nosso propósito porque incidem sobre a dimensão afetiva (ver a revisão feita por Arsenio e Lover, 1996). Conta-se, por exemplo, a sujeitos de 6 anos e a outros de 9 anos que uma criança, com vontade de brincar em um balanço, derruba outra que já se encontrava lá, e ocupa seu lugar. Trata-se de uma clara agressão, agressão essa costumeiramente objeto de proibições da parte dos adultos educadores. Para se certificar do fato de que, realmente, os sujeitos condenam moralmente a agressão, é-lhes perguntado se o agressor agiu corretamente. Como era de se esperar, todos os sujeitos, tanto de 6 quanto de 9 anos, condenam o ato violento. E para se certificar de que os sujeitos inferem o sofrimento da vítima, é-lhes perguntado como ela se sentiu depois de agredida. Também conforme a expectativa, todos os sujeitos inferem que a vítima experimenta sentimento negativo, que ela se sente mal. Depois dessas perguntas preliminares, chega o momento que lhes fazer a pergunta-chave desse tipo de pesquisa: *como se sentiu o agressor*? O objetivo é verificar se os sujeitos atribuem sentimentos positivos ou negativos a ele. Nas respostas a essa indagação, encontram-se respostas distintas entre as crianças menores e as maiores. Os sujeitos de 9 anos atribuem sentimentos negativos ao agressor, mas aqueles de 6 anos lhe atribuem sentimentos positivos. É por essa razão que se deu o nome de "pesquisas sobre o feliz agressor" ao conjunto de pesquisas desse tipo. A maioria das crianças menores julgam que, de fato, o agressor ficou feliz com o seu ato pois este lhe permitiu conquistar o que queria. No exemplo citado, ele conquistou o lugar no balanço, mas outras situações foram testadas (roubo, mentira, etc.), e o resultado obtido sempre foi o mesmo.

É possível que o leitor interprete os dados que acabo de descrever como desmentido da presença ou da força da simpatia nas crianças menores, raciocinando da seguinte maneira: se os sujeitos inferem que a vítima da agressão sentiu-se mal e, mesmo assim, atribuem sentimento positivo ao agressor, é porque não se sensibilizam com dor alheia, é porque não experimentam essa forma especial de simpatia que é a compaixão. A esse hipotético argumento, respondo o que se segue.

Antes de mais nada, não se pode inferir dos dados acima que os sujeitos pesquisados falaram sobre o que eles mesmos sentiriam se fossem agressores.

Seriam necessárias outras perguntas para obter essa informação. O que as pesquisas visam a saber é que inferências fazem as crianças sobre os estados afetivos alheios. Para tanto, a eles é pedido que reflitam sobre decorrências possíveis de um ato de transgressão a uma regra. Para realizarem essa reflexão, eles possuem dois dados, que devem ser articulados entre si: o ato de desobediência a uma regra e o estado afetivo da vítima. E eles devem, da articulação entre esses dois dados, inferir um terceiro, o estado emocional do agressor. A dificuldade está em pensar a dimensão da desobediência conjuntamente com a dimensão afetiva do transgressor. Ora, como vimos, a dimensão da desobediência leva as crianças menores a pensarem *antes* na reação da autoridade do que no estado afetivo da vítima. Em outras pesquisas (ver La Taille, 2002), verifica-se que o sentimento atribuído dominantemente ao transgressor é o medo das reações das figuras de autoridade, e não sentimentos decorrentes da relação entre o agressor e sua vítima. É por essa razão que, nas pesquisas aqui analisadas, que focam a relação agressor/vítima, outros sentimentos negativos não aparecem. Portanto, não se trata necessariamente da ausência da capacidade de pensar sentimentos negativos do agressor decorrentes daqueles também negativos de sua vítima, mas sim de uma dificuldade de pensar a agressão, não apenas como desobediência, mas como ação moralmente condenável em si mesma em razão da tristeza causada à vítima. Como as crianças maiores já se distanciaram da referência a figuras de autoridade, elas conseguem articular, pela reciprocidade, os sentimentos das personagens envolvidas, o agressor e sua vítima.

Se o que acabo de afirmar for correto, é de se esperar que mesmo crianças de 6 anos sejam capazes de inferir sentimentos negativos de pessoas que agiram contra a moral, contanto que se exclua a dimensão heterônoma da referência à autoridade.

Foi o que fizeram Nunner-Winkler e Sodian (1998) de forma muito simples: em vez de empregar histórias em que há a intencionalidade da agressão, eles contavam a seus sujeitos histórias nas quais alguém, sem querer, causa algum dano (por exemplo, derrubar por acaso alguém que se machuca ao cair). Vê-se que, assim, os pesquisadores retiraram a questão da obediência a autoridades. Ora, nessas situações, tanto as crianças maiores quanto as menores atribuem sentimentos negativos ao desastrado causador da dor alheia.

Quanto a mim, para testar a presença e a força da simpatia nas crianças em fase de despertar de senso moral, resolvi fazer uma espécie de "prova dos nove" comparando as atribuições de sentimentos que sujeitos de 6 e de 9 anos fariam em duas situações, uma de agressão intencional, outra de falta de generosidade. A situação de agressão colocou a apropriação indevida de um trabalho coletivo por parte de um dos seus autores; a situação de falta de generosidade falou de um menino que, por não estar com vontade, deixou de visitar um colega doente e triste que lhe pedira para ir com ele brincar.

Os resultados foram bem claros. Praticamente todos os sujeitos condenaram as atitudes do pequeno "ladrão" e do pequeno "egoísta". Ainda, todos eles inferiram que as pessoas lesadas "sentiram-se mal". No entanto, as crianças de 6 anos atribuíram, em sua maioria, sentimento positivo a quem se apropriou do trabalho coletivo, mas atribuíram sentimento negativo ao não-generoso. Os sujeitos de 9 anos atribuíram sentimentos negativos aos dois protagonistas. Ora, qual a diferença entre a situação de roubo e a de falta de generosidade? É justamente a forte referência, no primeiro caso, à questão da obediência, e sua ausência, no segundo. É por simpatia que a criança destaca e valoriza a generosidade, não por obediência. E, decorrentemente, ela mostra desde cedo sinais de autonomia ao pensar nessa virtude. Portanto, nem tudo é questão de obediência ou desobediência no início da gênese da moralidade, nem tudo é questão de referência a figuras de autoridade. É claro que tal referência é muito forte, do contrário não se explicaria o fato de as crianças menores atribuírem sentimento positivo aos agressores intencionais. Mas o fato é que outros sentimentos comparecem, entre eles a simpatia.

Para finalizar o item dedicado à simpatia, impõe-se deixar claro que não estou afirmando que a criança pequena é sempre generosa. Às vezes é, às vezes não é. Um virtude, para ser dominante e com alto grau de constância, precisa fazer parte da personalidade, ser valor central nas representações de si. Ora, ainda não é o caso para crianças em plena formação. O que eu quis foi apenas sublinhar que já se encontra, na fase de despertar do senso moral, um sentimento, a simpatia, cujo estímulo poderá contribuir, e muito, para o desenvolvimento moral, notadamente no que diz respeito à generosidade.

INDIGNAÇÃO

A fusão do amor e do medo juntamente com a confiança permitem explicar a obediência infantil aos mandamentos adultos, obediência essa decorrente dos primeiros sinais de sentimento de obrigatoriedade. A simpatia permite explicar atitudes morais, notadamente atos de generosidade, dificilmente tributáveis à imposição das normas adultas. Haverá outro tipo de comportamento da criança pequena que, por um lado, tenha relação com a moral, e que, por outro, não possa ser totalmente explicável nem pela submissão à autoridade adulta nem pela faculdade de compenetrar-se das idéias ou sentimentos de outrem? Creio que sim. Refiro-me à noção de direito, essencial à justiça.

Comecemos por lembrar algumas cenas do cotidiano infantil. Observa-se, às vezes, que as crianças reclamam porque desejos momentâneos foram contrariados, que se zangam por não verem cumprida uma promessa a elas feita, que se mostram fortemente contrariadas porque pensam não ter recebido um tratamento igualitário em relação a outras crianças, ou em razão de um castigo que julgam não merecido. Tais reivindicações costumam ser feitas com muita convicção, muita tenacidade, muita seriedade, e o sentimento que as acompanha, e que redobra de força se não forem atendidas, merece o nome de *indignação*. Além disso, é interessante verificar que não é raro a criança expressar sua indignação proferindo em alto e bom som que o que fazem com ela "não é justo".

Creio não estar exagerando ao chamar de indignação essa espécie de cólera que acompanha as queixas citadas e outras mais. E não creio que a criança esteja sempre errada ao associar a indignação à injustiça. Para compreendê-lo, falemos um pouco mais da indignação.

Trata-se de um forte sentimento negativo, muito próximo da cólera, desencadeado por um *juízo negativo* feito por quem a experimenta, sendo que tal juízo é de *ordem moral*. Devemos observar que nem todo juízo negativo acarreta indignação. É o caso daqueles aplicados a objetos e eventos naturais: se acho feia a cor do céu ou forte demais uma chuva, ou seja, se julgo negativamente esses dois eventos não atribuíveis a ações humanas, não experimento indignação. E tampouco todas as críticas feitas a ações humanas causam indignação. Posso criticar um violonista apenas por não tocar o bastante bem sem experimentar indignação, assim como não experimento esse sentimento quando julgo sem gosto uma comida ou sem talento um tenista. Em compensação, se paguei um ingresso para assistir a um concerto de violino e percebo que o músico toca sem ter ensaiado o bastante, posso sentir indignação, assim como posso senti-la se a comida sem gosto veio de um restaurante que cobrou-me uma fortuna, se o tenista faz o seu jogo profissional de exibição sem seriedade, se a enxurrada traz inundações devidas ao desleixo da prefeitura, etc. Em todos esses casos, não é a mediocridade da ação em si, a fatalidade dos eventos naturais em si, que causam indignação, mas sim o fato de ter havido condutas cujos efeitos traduzem uma forma de desrespeito. Em suma, sente-se indignação quando se é vítima de uma ação considerada imoral. Mas também se pode senti-la quando se é testemunha de ações imorais que vitimizam outrem: por exemplo, quando se sabe que se condenaram inocentes, quando se assiste a uma humilhação, quando se fica sabendo que políticos fraudaram uma eleição, etc. É por essa razão que se pode afirmar que a indignação é um sentimento moral (ver Tugendhat, 1998). Há mais: a indignação refere-se essencialmente a um conteúdo preciso da moral, a saber, a justiça. Podemos, é verdade, sentir indignação quando julgamos que houve falta de generosidade. Mas esse caso é mais raro. Quase sempre a causa da indignação é a consideração de que um direito foi desrespeitado. Ora, como o vimos, quem fala em direito fala em justiça. Em resumo, a indignação é um sentimento moral despertado pelo fato de direitos terem sido desrespeitados, pelo fato de alguma injustiça ter sido cometida.

Isto posto, voltemos às crianças pequenas. Escrevi, linhas acima, que elas demonstram sentir indignação. A pergunta que então se impõe pode ser assim formulada: se as crianças em fase de despertar do senso moral experimentam a indignação, e se esse sentimento costuma referir-se a injustiças, podemos então dizer que as crianças têm, precocemente, uma sensibilidade ao valor da justiça e clareza de que elas têm direitos?

Eu não me apressaria em responder de forma afirmativa a essa pergunta, pois isso equivaleria a atribuir às crianças de 5, 6 anos uma sofisticação moral que as pesquisas mostram não existir. Entretanto, creio que o fato de experimentarem indignação é um sinal de que a fonte do valor da justiça e dos direitos decorrentes não se encontra apenas na interiorização dos mandamentos dos adultos, mas também, por um lado, na afirmação dos *interesses próprios*, e, por outro, nessa força motivacional essencial do plano ético que é a *expansão de si próprio*. Porém, as primeiras expressões da indignação não dizem respeito aos direitos das outras pessoas, mas sim *aos direitos que a criança considera serem os dela*. Diante da violação dos direitos de outrem, somente em fases posteriores de desenvolvimento, com o advento da reciprocidade, o conceito de direito moral, com sua abrangência para todas as pessoas, será realmente concebido e a indignação experimentada.

Procurarei agora defender a tese que acabo de apresentar começando por revisitar rapidamente alguns dados de pesquisa sobre o senso de justiça da criança menor.

No final do capítulo anterior, falamos da abordagem de Turiel, segundo a qual as crianças menores já saberiam reconhecer a diferença entre os domínios moral, convencional e pessoal. Como o domínio moral é por ele definido com referência à justiça e ao bem-estar, teríamos que a criança de 5, 6 anos demonstraria uma maturidade moral superior à prevista por Piaget e Kohlberg no que tange à justiça. Aceita a perspectiva de Turiel, teríamos uma boa explicação para a presença do sentimento de indignação: ele seria inspirado pelo senso de justiça. Porém, e isto é crucial, se é verdade que a virtude justiça inspira os juízos e sentimentos morais da criança menor, também deve ser verdade que ela lhe atribui valor superior à obediência, também deve ser verdade que valoriza seus próprios direitos tanto quanto os dos outros, e deve ser verdade também que ela se indigna não apenas quando julga ter sido lesada, mas também quando avalia que outros o foram. Ora, os dados disponíveis não confirmam tais decorrências.

Quanto à relação entre obediência e justiça, temos dados conflitivos. Laupa e Turiel (1986) encontraram alguns que mostram que as crianças de 6 anos acham correto contrapor-se a figuras de autoridade quando essas ordenam atos como roubar e ferir. Porém, os dados de Piaget apontam para a direção contrária. Perguntados, por exemplo, a respeito do que deve fazer uma criança obrigada pela mãe a realizar mais tarefas caseiras que seu irmão; a maioria das crianças de 6 anos julga que o mais correto é obedecer. A diferença entre os dados que acabo de comentar poderia nos fazer pensar que as crianças menores aceitam ser injustiçadas, mas não serem injustas. Mas aceitar essa interpretação nos levaria a fazer a hipótese de uma sofisticação moral precoce, hipótese essa que a grande maioria dos dados levantados pela psicologia moral não nos permite aceitar sem grandes reservas. A diferença entre os dados de Laupa, Turiel e Piaget talvez se deva simplesmente ao conteúdo apresentado às crianças: roubar e ferir, por um lado, e pequena injustiça caseira, por outro. É provável que as crianças considerem precocemente a diferença entre esses conteúdos, e saibam, sobretudo em razão das falas dos adultos, que roubar e ferir são atos mais graves que desequilíbrios em distribuição de tarefas. De toda forma, a contradição entre os esses dados não nos permite decidir se o senso de justiça é ou não realidade plena no universo moral das crianças menores. Em compensação, aqueles apresentados acima, quando analisamos a simpatia, parecem mostrar que Piaget está mais perto da verdade. Como o ponderamos anteriormente, como explicar que crianças menores não atribuam sentimentos negativos a agressores sem fazer a hipótese de que a noção de direitos alheios ainda é fraca e que o senso de justiça ainda mescla-se com a referência à obediência? Uma pesquisa realizada por minha equipe reforça o que acabo de dizer. Perguntamos a sujeitos de 6 anos o que deveria fazer uma criança que recebeu um pacote de balas do pai enquanto seu irmão nada recebeu: não fazer nada? dar algumas balas a seu irmão? dividir com ele as balas? Vê-se que a primeira opção traduz uma falta de compromisso para com o irmão; a segunda demonstra generosidade, e a terceira, justiça. A maioria dos sujeitos de seis anos opta pela segunda solução, enquanto os sujeitos de 9 anos consideram mais correta a terceira. Esses dados mostram, por um lado, a preocupação das crianças menores para com outrem e, por outro, a prevalência, nelas, de ações inspiradas pela generosidade, mesmo quando se lhes apresenta uma situação de injustiça. Portanto, não parece ser clara e forte a idéia de que outrem, no caso o irmão, possui direitos que elas mesmas poderiam garantir (dividindo a pacote de balas). Para as criança maiores, tal clareza existe, assim como o sugerem nossos dados. Passemos agora ao sentimento de indignação e perguntemo-nos se as crianças costumam experimentá-lo quando direitos alheios são desrespeitados. Ora, é muito raro observarmos esse fenômeno, embora vejamos freqüentemente sinais de revolta em crianças que se julgam lesadas. Para finalizar a referência a dados de observação e pesquisa, lembremos que a descrição de Kohlberg do primeiro estágio do desenvolvimento moral (ver capítulo anterior) faz referência a uma mistura de tendências hedonistas e de veneração da autoridade, mas não se reporta à preocupação com direitos alheios.

Em resumo, sendo que a justiça, para merecer esse nome, deve ser pensada enquanto distribuição igualitária de direitos, e posto que as crianças menores não parecem se mostrar conscientes desse fato, não se lhes pode atribuir um senso de justiça apurado.

Todavia, tal diagnóstico não implica afirmar que a noção de direito lhes é estranha. Outros dados mostram que elas estão, sim, atentas a essa dimensão da moral, mas que tal atenção ainda permanece essencialmente *auto-referenciada*. Por exemplo, Piaget relata que praticamente a totalidade das crianças menores pesquisadas acha errado terem elas de esperar que, em lojas, os adultos sejam atendidos antes delas. Elas já enxergam em tal tratamento um privilégio indevidamente dado aos adultos. Esse tipo de dado acrescido das observações cotidianas sobre as razões das reações de indignação das crianças menores mostram que *estão muito atentas, não aos direitos dos outros, mas sim ao que consideram ser o seus próprios*. Mas, de onde virá tal atenção, acompanhada, às vezes, de indignação?

Creio que para responder a essa indagação devemos lembrar que parte do processo educacional inicia-se em um contexto de *confronto*: impõem-se às crianças limites à sua liberdade de ação, e isso desde o berço. Em poucas palavras: obriga-se a criança a fazer coisas que ela não tem vontade de fazer, ou a não fazer algumas que ela gostaria de fazer. Ora, como era de se esperar, a criança experimenta sentimentos negativos ao ver-se coagida a agir contra sua vontade, e a tendência natural é que, em um primeiro momento, procurem reagir e afirmar a sua vontade. Pode-se falar em indignação desde os primeiros sinais de desagrado por ser obrigada a agir de forma diferente de que gostaria? Ainda não, pelo menos em fase anterior ao despertar do senso moral. Todavia, penso que tais reações a anunciam, pois, dessas inevitáveis reações às imposições adultas, nasce na criança a noção de que coisas lhe são "devidas". E penso que tal noção é o embrião dessa outra noção que é a de *direito*. A rigor, antes da fase de despertar do senso moral, tudo o que quer que seja pode ser considerado como "devido": basta que corresponda a um objeto da vontade. Paulatinamente, porém, o "devido" circunscreve-se ao domínio moral e passa a requerer ser chamado "direito", embora ainda auto-referenciado. Penso em particular nos temas da igualdade e do merecimento. Com efeito, uma coisa é ver a criança contrariada porque não a deixaram assistir à televisão, outra é vê-la contrariada porque deram mais refrigerante a seu irmão do que a ela, porque recebeu um castigo imerecido, porque lhe prometeram algo que não foi cumprido. Nesses três últimos exemplos, a dimensão moral é clara, pois trata-se de justiça distributiva, de justiça retributiva e de cumprimento da palavra dada, e a reação merece o nome de indignação. Ora, por que será que, precocemente, mas já em fase de despertar do senso moral, a criança se indigna quando se acredita vítima de injustiça?

Um hipótese seria simplesmente a de dizer que se trata apenas de interesses próprios contrariados. Todavia, essa explicação, que satisfaz plenamente quando se trata de reivindicações sem conteúdo moral, deixa de ser esclarecedora quando elementos de justiça compareçam. Analisemos caso por caso os três exemplos dados.

Se uma criança reclama veementemente porque o irmão recebeu mais presentes no Natal do que ela, há certamente o interesse próprio de receber objetos que a atraem. Mas por que então a comparação com o irmão? Por que então essa reivindicação de igualdade? Imaginemos que ela tenha recebido exatamente todos os brinquedos que desejava, mas que o irmão ganhou maior quantidade de presentes: nesse caso, o interesse próprio estaria contemplado. Porém, mesmo assim, é muito provável que ela fique desapontada, que fique indignada com a distribuição desigual dos presentes. Logo, deve haver algo mais que o interesse próprio.

Mesma conclusão pode ser retirada da análise do castigo imerecido. Alguém poderá dizer que se a criança fica fortemente contrariada ao ser punida por uma coisa que não fez é porque o castigo é em si desprazeroso e que a impedirá de realizar outras atividades de que tem vontade. Mas, se esse fosse o caso, ela deveria também se indignar com o castigo merecido, pois o desprazer material que ele causa independe de ser merecido ou não. Mais ainda: se a reação da figura de autoridade a uma infração limitar-se a uma "bronca", o desprazer será muito passageiro. Ora, mesmo nesse caso, a criança que julga ter levado bronca por algo que não fez sente-se indignada. Novamente, penso que o interesse próprio ou a vontade de não passar por momentos de desprazer não são suficientes para explicar as reações negativas da criança pequena.

Quanto à indignação decorrente de promessas não cumpridas, o quadro é semelhante. É claro que podemos pensar que a criança reclama pelo fato da perspectiva frustrada de momentos de prazer (imaginamos que se trata da promessa de levá-la para passear a um lugar que aprecia). Porém, se ela perceber que houve não uma simples quebra de promessa, mas algum impedimento importante que causou o adiamento do passeio, ela poderá mostrar sinais de contrariedade, de tristeza, mas não de indignação. Ela se mostra indignada quando, sem motivo algum, a palavra dada é retirada.

Aceitas as observações que acabo de fazer, é necessário pensar em algo mais que o interesse próprio contrariado para dar conta do sentimento de indignação presente nas três hipotéticas situações analisadas, lembrado que elas dizem respeito a direitos morais. Nos casos de tratamento inegualitário e de castigo injusto, o direito moral é claro. No caso da promessa quebrada, a questão se complica. Uma promessa confere um direito a quem ela foi feita? Dizer que sim é discutível, mas certamente não é absurdo. Portanto, nesses casos a indignação infantil é aceitável, do ponto de vista moral. Isto posto, se – volto a dizê-lo – não podemos explicar a presença da indignação apenas pelo fato de interesses próprios terem sido contrariados, devemos fazer a hipótese de que outra dimensão psicológica está em jogo.

Ora, é aqui que devemos voltar a falar na importância da expansão de si próprio. A expansão de si próprio implica construir representações de si com valor positivo. Ora, para construir tais representações, a criança pequena ainda depende muito do juízo das outras pessoas, notadamente das pessoas afetivamente importantes para ela. Essa dependência pode expressar-se de variadas formas, uma delas sendo justamente a de lutar pelo reconhecimento alheio de seu próprio valor. Assim sendo, a fonte profunda da indignação é o sentimento de não ser valorizado, ou de ser desvalorizado. Ora, os três tipos de situação na quais identificamos reações de indignação correspondem justamente a uma percepção, por parte da criança, de algum "déficit" de valorização.

No caso de tratamento desigual, o juízo de desvalorização é decorrente de uma comparação: o fato de outra criança receber mais presentes é sentido como maior atribuição de afeto e, portanto, valor. A indignação expressada nesses casos é expressão de reivindicação de atribuição de valor, de auto-afirmação como "ser" tão importante quanto os demais. Reencontramos o mesmo tipo de auto-afirmação, até de forma mais clara, no caso do castigo imerecido. A criança pequena tem muita dificuldade em separar a ação do "ser". As críticas ao que faz são sentidas como críticas ao que ela é. Ela mesma passa muito facilmente da crítica às ações de alguém à afirmação de que esse alguém não é boa pessoa. Ora, ser castigado por ter feito alguma coisa errada é sentido não apenas como reação a ações determinadas, mas também, e essencialmente, como desvalorização de sua pessoa. Há algo de humilhação no castigo, humilhação essa que ela pode suportar quando de fato culpada, mas que rechaça veementemente quando inocente. Finalmente, no caso das promessas não cumpridas, ao sentimento do prazer antecipado e logo frustrado soma-se o sentimento de ser pessoa negligenciável – e justamente diante de quem tanta importância tem na confirmação de seu valor próprio. Em suma, nos três casos apresentados, parece-me verossímil a hipótese de que a questão da busca de representações de si com valor positivo, busca essa decorrente da expansão de si, desempenha, ao lado do interesse próprio, papel fundamental na desencadear do sentimento de indignação e no desenvolvimento da noção de direito a ela associada.

Em resumo, simpatia e indignação complementam-se em fase de despertar do senso moral, a primeira como fonte motivacional para levar em consideração a presença e as necessidades de outrem, a segunda para colocar a si próprio como sujeito de direitos. Piaget já havia notado a presença na criança pequena do que ele chamava de "alternâncias caprichosas" entre a simpatia e o egoísmo. Essas alternâncias traduzem o inicial desequilíbrio entre os deveres e os direitos, desequilíbrio que será superado em fases ulteriores, notadamente quando a criança compreender que certas necessidades de outrem correspondem a direitos, e quando, portanto, for capaz de indignar-se perante toda e qualquer forma de injustiça, seja ela vítima ou não.

Culpa

Falta vermos o último sentimento que inspira o "querer fazer" moral no período de despertar do senso moral: a culpa.

Assim como a indignação, não parece haver dúvidas de que a culpa é um sentimento genuinamente moral. Aliás, para alguns, notadamente os psicanalistas, ela é o sentimento moral por excelência: alguém incapaz de experimentá-la seria totalmente impermeável aos valores morais. Pessoalmente, não penso ser a culpa o sentimento moral maior, cuja presença dispensaria outros ou os dominaria, pois, como veremos mais adiante, creio que a vergonha é, no mínimo, tão importante quanto ela para dar conta das ações morais, e determinante para a articulação entre os planos moral e ético. Mas, a despeito dessa divergência, é claro que reconheço ser o sentimento de culpa essencial para a vida moral dos seres humanos, e isso desde o início de sua gênese.

Isto posto, sabe-se que a culpa é tema de variadas análises, de variados livros, de variadas teses psicológicas, sociológicas e até antropológicas, como o atesta o conhecido livro de Ruth Benedict (1972), *O crisântemo e a espada*, no qual é feita uma distinção entre culturas da culpa e culturas da vergonha. Muito se escreveu sobre a culpa e remeto o leitor interessado em aprofundar a análise desse sentimento a meu livro *Vergonha, a ferida moral* (2002): lá encontrará, entre outras análises, uma comparação entre a culpa e a vergonha. Aqui pretendo limitar-me a definir o que vem a ser a culpa, a mostrar sua íntima relação com a noção de responsabilidade, e a atestar sua presença na fase de despertar do senso moral na criança.

A definição habitual diz que a culpa é um sentimento penoso decorrente da consciência de se ter transgredido uma regra moral (ver Doron e Parot, 2003). Por exemplo, alguém que legitima a regra "não mentir", e que, por algum motivo, mentiu, sente culpa pelo que fez. Segundo Freud (1922/1991), pode-se sentir culpa até pelo fato de se ter a intenção de mentir, fato que tem o poder de inibir a ação de faltar com a verdade.

Assim, pensemos um pouco mais sobre o papel da culpa no "querer agir" moral. Alguém poderá dizer que, se sentimos culpa *após* termos agido de forma imoral, tal sentimento não participou do "querer agir" moral, uma vez que tal querer não existiu ou foi muito fraco. É verdade, porém três observações complementares devem ser feitas. A primeira é a de que o fato de sentir culpa atesta outro fato: o de que se legitima a moral. Se tal legitimação não existisse, não haveria porque sentir culpa. Logo, o sentimento de culpa pertence ao universo dos sentimentos morais. A segunda observação é a de que, não raras vezes, a experiência do sentimento de culpa leva a pessoa a querer, se possível, *reparar* o seu ato. Ora, essa busca de reparação é, sem dúvida, uma atitude moral. Logo, se há, em decorrência do sentimento de culpa, o querer reparar a ação imoral, há, portanto, um "querer agir" moral. A terceira e mais importante observação é a de que não é tanto o sentir culpa quando da transgressão que é importante para a moral, mas sim a *capacidade* de experimentar esse sentimento. Uma pessoa capaz de sentir culpa sabe que, se fizer determinadas ações, a sentirá de fato, e essa capacidade age como regulador da ação moral. É por essa razão que é correto afirmar que uma pessoa incapaz de sentir culpa carece de um "freio moral" essencial, e que certamente estará mais inclinada a agir contra a moral do que outras que possuem tal capacidade.

Antes de falarmos da presença da culpa no universo afetivo das crianças em fase de despertar do senso moral, analisemos um aspecto crucial desse sentimento: sua relação com a noção de *responsabilidade*. Para tanto, observemos, em primeiro lugar, que a culpa é sempre experimentada quando de uma *ação* ou de uma intenção de ação. Dito de outra forma: sente-se culpa pelo que se *fez* ou pelo que se desejou *fazer*, e não pelo que se *é*. Veremos mais adiante que o sentimento moral relacionado ao "ser" é a vergonha. Em segundo lugar, observemos que a culpa pode ser experimentada mesmo quando nenhuma intencionalidade imoral presidiu a ação que a desencadeou. Tomemos um exemplo. Alguém dá, de boa fé, um conselho a um amigo. Porém, na prática, o referido conselho revela-se péssimo, e o amigo padece por tê-lo seguido. Nesse caso, portanto, as dificuldades por que passa o amigo não foram causadas intencionalmente por quem deu o conselho. Este agiu de boa fé, sem desleixo, e, portanto, está moralmente isento. Mas será que ele, pelo fato de não ter tido a intenção de prejudicar, ficará emocionalmente indiferente à dificuldades vividas por seu amigo? Será que ele não experimentará o sentimento de culpa? Será que não se sentirá obrigado a alguma forma de reparação, a ajudar o amigo a sair das dificuldades causadas pelo desastrado conselho? Pode acontecer, é claro, que haja indiferença, ausência do sentimento de culpa e falta de uma ação no sentido de ajudar, porém, nesse caso tal reação terá algo de moralmente chocante. Creio não haver dúvida de que alguém movido pelo "querer agir" moral, mesmo nesse caso, sentirá culpa pois sabe-se *responsável* pelo que aconteceu. Ora, como vimos no capítulo anterior, a responsabilidade é essencial à moralidade. A pessoa moral é aquela que assume sua responsabilidade, perante outrem e perante ela mesma, isso até mesmo quando não houve intenção de causar prejuízos a outrem ou a si próprio, e o sentimento de culpa corresponde à dimensão afetiva desse compromisso. Dito de outra maneira, o "querer agir" moral implica o "querer responsabilizar-se" pelas ações, e somente possui tal querer quem é capaz de experimentar o sentimento de culpa.

Se o leitor concorda com o que acaba de ser dito, cabe agora perguntarmo-nos se a criança pequena é capaz de sentir culpa.

Se seguirmos a inspiração freudiana, que atribui ao superego o fato de sentirmos culpa, a resposta é negativa uma vez que essa instância psíquica inconsciente nasce no final da fase edípica, portanto por volta dos 7 anos. Tal concepção teórica é coerente com a idéia de que até essa idade não há vida moral, mas apenas medo do castigo e do abandono (ver Capítulo 1). Porém, se, com Piaget, admitimos que há um desenvolvimento moral e que esse já teve início pelos 4, 5 anos, tese que é assumida aqui, não é de se descartar a presença da culpa em crianças pequenas.

Notemos, em primeiro lugar, que as crianças empregam a palavra "culpa" e derivados em expressões como "foi culpa dele", "não foi minha culpa", "ele é o culpado". Tais expressões não remetem a um estado afetivo, mas sim à atribuição de responsabilidade. Notemos, em segundo lugar, que a negação da própria responsabilidade e a atribuição de culpa a terceiros são, nas crianças pequenas, mais freqüentes que a confissão dos atos pessoais que traduzem alguma forma de desobediência ou que causaram algum prejuízo a outrem. Em terceiro e último lugar, notemos que é muito raro uma criança dizer que *sente* culpa. Dessas observações podemos inferir que a criança concebe a idéia de responsabilidade como relação de causa e efeito, mas que, para fugir a conseqüências desagradáveis (como o castigo), procura negar a sua própria. Mas será que dessas atitudes egoístas de autoproteção podemos também inferir que ela é incapaz de experimentar o sentimento de culpa? Penso que fazê-lo seria simplificar as coisas ao extremo, e isso por duas razões. Por um lado, não é raro ver crianças com expressões físicas de tristeza depois de terem transgredido regras – ou de acreditar que as tenham transgredido –, de onde se pode inferir que algo está acontecendo na dimensão afetiva. Por outro lado, também não é raro ver crianças que, tendo começado por acusar outrem pelo que elas mesmas fizeram, acabarem, sem nenhuma pressão exterior, por confessar seu ato – às vezes, colocando-se, de moto próprio, de castigo. Ora, como explicar tais comportamentos sem fazer a hipótese de que o sentimento de culpa começa a nascer? Não vejo como evitar tal hipótese.

Uma vez admitido que a criança é capaz de experimentar culpa, devemos nos perguntar de onde provém tal capacidade. Penso que ela é correlata, por um lado, do medo e do amor e, por outro, da simpatia.

Vimos que graças à fusão do medo e do amor que a criança sente por alguns adultos, tornam-se estes autoridades e suas ordens morais são seguidas. Piaget assim explica a gênese do sentimento de obrigatoriedade. Ora, penso que as primeiras experiências do sentimento de culpa são decorrências dessas primeiras experiências do sentimento de obrigatoriedade: é porque se sente obrigada a agir de determinadas formas que a criança, ao fugir a esses primeiros deveres, sente culpa. Ou seja, o sentimento de culpa provém do sentimento de obrigatoriedade, e o reforça.

Penso, porém, não ser a culpa apenas decorrência da relação de submissão moral da criança a figuras de autoridade. A simpatia também desempenha um papel, sobretudo quando se traduz pela compaixão. Ao verificar que, de alguma forma, feriu a outrem, a criança, por causa da compaixão, sente culpa pelo que fez e quer reparar seu ato. Nesse caso, não se trata de mera obediência, mas de uma sensibilidade natural da criança em relação aos estados afetivos alheios, sensibilidade essa de cuja presença apresentamos claros indícios quando analisamos a simpatia. Observemos aqui que é de suma importância, mesmo para a moralidade adulta, a relação entre culpa e compaixão. A causa mais freqüente do referido sentimento não é tanto a transgressão à regra moral em si, mas sim as conseqüências negativas de nossos atos para outrem. Ora, o mesmo acontece com a criança pequena. Em suma, o sentimento de culpa é decorrência de ações que a criança considera negativas, seja porque traduzem desobediência (correlato de amor/medo), seja porque causaram prejuízo a outrem (correlato da simpatia).

Pode-se dizer que, em fase de despertar de senso moral, a criança sente culpa apenas por ter tido a intenção de agir de forma moralmente condenável? Certamente, ainda não, mas esse papel regulador da ação já está sendo gestado porque a culpa de fato experimentada depois da transgressão moral dá saliência à noção de responsabilidade. A criança passará do "fui eu que cometi tal ato" ao "não serei eu a cometê-lo". O ser moral evoluído pode não sentir mais culpa, uma vez que age moralmente. Mas, como o salientamos, ele é *capaz* de sentir culpa. Ora, somente é capaz de sentir culpa quem, pelo menos uma vez, experimentou esse sentimento. É o caso da criança em fase de despertar do senso moral. Verifica-se assim um elemento importante do desenvolvimento moral: *no início da gênese da moralidade, a transgressão, por ser causa do sentimento de culpa, participa da construção da moralidade*. Não houvesse ordens, não haveria despertar da moralidade, e não houvesse transgressão a elas, não haveria desenvolvimento moral.

Despertar do senso moral – conclusões

Impõe-se a necessidade de se responder a uma pergunta inevitável: o despertar do senso moral acontece em todas as crianças? Creio poder afirmar que, potencialmente, todas as crianças podem "despertar" para a moralidade. Todavia, como não se trata de um potencial exclusivamente determinado pela maturação biológica, a qualidade das relações sociais desempenha papel da maior relevância. Pode acontecer, por exemplo, de a criança não encontrar pessoas que desempenhem um papel social de autoridade (fato que parece ser freqüente, hoje em dia). Pode também acontecer de as pessoas que desempenham esse papel não serem vistas como merecedoras de confiança. Pode acontecer de a expansão de si próprio ser tão desprezada pelos adultos, e as manifestações de indignação tão reprimidas, que as regras morais apareçam como totalmente desagradáveis para a criança. Quanto ao sentimento de *simpatia*, que corresponde a uma capacidade de todo ser humano, pode acontecer de ele ser radicalmente desvalorizado pelo entorno social (com mensagens que sempre colocam a outrem como potencial adversário, como perigoso estranho)[3] e, em decorrência desse sufocamento, minguar e até desaparecer. Logo, cabe também aos educadores prepararem um terreno onde poderão nascer e fortalecerem-se os sentimentos presentes no despertar moral, e isso ao lado de um trabalho pedagógico que também favoreça o desenvolvimento da dimensão intelectual da ação moral.

Se isso acontecer, qual será o destino dos sentimentos que analisamos até agora? A fusão de amor e medo deverá desaparecer da cena moral, pois o respeito unilateral será paulatinamente superado pelo respeito mútuo, pela reciprocidade, portanto. A confiança nas outras pessoas não desaparecerá de cena, mas deixará de ser condição necessária para o agir moral e, sobretudo, também pela reciprocidade, será compensada pela vontade de merecer confiança, pelo sentimento da própria honra. Quanto à simpatia, tampouco deixará de existir e de inspirar condutas morais de generosidade e de solidariedade, mas também deixará de ser condição necessária às ações morais. Finalmente, quanto à indignação e à culpa, é claro que, por se tratar de sentimentos essencialmente morais, permanecerão presentes a vida toda. À experiência concreta da culpa decorrente de alguma transgressão de fato realizada sucederá sua antecipação, essa capacidade de sentir culpa a que nos referimos, intimamente relacionada ao assumir as próprias responsabilidades e ver-se como sujeito moral. A indignação, experimentada pela criança pequena, em razão de ela julgar que seus direitos estão sendo violados, será também experimentada quando direitos de outrem forem desrespeitados. E podemos dizer que será também experimentada em relação a si própria: penso aqui no sentimento de vergonha moral, essa espécie de indignação que inspiramos a nós mesmos.

Todavia, somente acontecerá o desenvolvimento desses sentimentos que, ao lado da razão, presidem o despertar do senso moral, se as primeiras noções morais construídas *penetrarem a personalidade*, se os planos moral e ético se articularem, se for construída, portanto, uma "personalidade ética".

PERSONALIDADE ÉTICA

A tese segundo a qual o desenvolvimento moral corresponde a uma progressiva integração da moral à personalidade encontra-se, por exemplo, em Piaget. Segundo ele, a cooperação promove a reforça a moral autônoma, porque nesse tipo de relação social a criança *investe sua personalidade*. Tal tese encontra-se claramente em Freud, uma vez que, para ele, o sentimento do dever é decorrência da força de uma instância psíquica, o superego, que, ao lado do id e do ego, corresponde à organização psíquica responsável pelas características de personalidade de cada pessoa. E tal tese encontra-se também em autores contemporâneos, como Blasi (1993, 1995) Colby e Damon (1993), e Puig (1998), que empregam a expressão *moral self*, cuja tradução em português pode ser *personalidade moral*. Em resumo, podemos dizer que, enquanto no despertar do senso moral, elementos intelectuais e afetivos da moral permanecem isolados entre si e ainda superficiais em relação à organização psíquica da criança, na seqüência do desenvolvimento da moralidade, esses elementos sofrerão uma coordenação entre si, coordenação essa decorrente de sua integração à personalidade.

É aqui que reencontramos nossa tese sobre as relações entre os planos moral e ético. Lembremos que assumimos que *a energética do sentimento de obrigatoriedade, essencial ao plano moral, deve ser procurada no plano ético na busca de representações de si com valor positivo.* Lembremos também que *o auto-respeito é o sentimento que une os planos moral e ético, pois ele é, por um lado, expressão da expansão de si próprio – portanto, elemento da "vida boa"–, e, por outro, causa essencial do sentimento do obrigatoriedade –, portanto motivação para a ação moral: respeita a moral quem, ao fazê-lo, respeita a si próprio.* Logo, o desenvolvimento moral e o fortalecimento do sentimento de obrigatoriedade que o inspira deve ser explicado pela construção de uma *personalidade ética*. Em outros textos, empreguei, com Puig e outros, o termo "personalidade moral" (ver La Taille, 2002). Mas agora, com a perspectiva de articular os planos moral e ético, parece-me mais correto empregar a expressão "personalidade ética", pois a ética engloba a moral, a expansão de si, o sentimento de obrigatoriedade.

A pergunta que deve ser feita agora é a seguinte: haverá um sentimento que seja experimentado tanto no plano ético quanto no plano moral e que, portanto, possa ser responsável pelo auto-respeito (ou honra)? (Lembremos que auto-respeito estabelece a junção entre os referidos planos e faz com que uma ética digna desse nome seja adotada?) Esse sentimento existe: a *vergonha*. Já mencionei o fato de ter dedicado todo um livro a esse sentimento e à sua relação com a moral, e remeto a ele o leitor que queira se aprofundar na questão. Limitar-me-ei, portanto, a retomar as características principais da vergonha para defender a tese de que esse sentimento é central para a construção da personalidade ética.

Vergonha

Comecemos por verificar que costumamos falar em vergonha em dois tipos de situação. Uma delas é a de *exposição*: uma pessoa pode dizer que tem vergonha de falar em público, referindo-se a um desconforto afetivo decorrente do fato de estar exposta aos olhares alheios. Vê-se que, nesse caso, não se trata de um desconforto decorrente de um juízo negativo, mas sim do simples fato de se sentir observado. O outro tipo de situação em que se fala de vergonha é aquela na qual ocorre um *juízo negativo*. Por exemplo, uma pessoa pode sentir vergonha de sair na rua com uma determinada roupa, ou sentir vergonha de ter mentido a um amigo.[4] Embora seja possível estabelecer uma conexão entre esses dois tipos de vergonha (La Taille, 2002 e Harkot-de-La-Taille, 1999), tratarei aqui apenas dos casos em que a vergonha decorre de um juízo negativo e, logo, traduz-se pelo sentimento de perda real ou virtual de valor. Falemos então de algumas características essenciais da vergonha, para, em seguida, voltar ao desenvolvimento do "querer agir" moral.

Comecemos pelo fato de que, para ser experimentado, o sentimento de vergonha pressupõe um *autojuízo negativo*. Dito de outra forma, quem sente vergonha julga negativamente a si próprio. Logo, duas idéias devem ser afastadas. A primeira seria pensar que basta sermos objeto de um juízo negativo alheio para sentirmos vergonha. Não: o juízo negativo proveniente de outrem somente desencadeia a vergonha se o envergonhado assumir tal juízo. No caso de ele discordar desse juízo, de desprezá-lo, a vergonha não ocorre. Uma segunda idéia a ser afastada é aquela segundo a qual somente sentimos vergonha em situação de exposição, ou seja, se somos vistos ou ouvidos por alguém. Não: podemos sentir vergonha sozinhos. A experiência pessoal basta para verificarmos o caráter verdadeiro dessa afirmação e, na literatura, não faltam exemplos de personagens a quem é atribuído o sentimento de vergonha apenas por terem, no fundo de suas consciências, pensado em fazer algo ou por terem lembrado que o tinham feito.

Sublinhemos agora outro aspecto crucial da vergonha: o fato de ela incidir sobre o *ser*. Anteriormente, vimos que o sentimento de culpa incide sobre a ação: sente-se culpa do que se fez, não do que se é. Ora, com a vergonha é diferente: *sente-se vergonha do que se é*. A vergonha, portanto, refere-se ao eu.

"Quem sou eu?", eis a pergunta que o envergonhado se faz. Nessa pergunta, ele compara as "boas imagens", ou imagens idealizadas, que tem ou quer ter de si, com a imagem por meio da qual ele realmente se vê. Assim, por exemplo, a pessoa que tem vergonha de ser feia, vê a si própria como feia (mas não necessariamente o é), isto é, distante de uma "boa imagem" que corresponde a um físico diferente. Se a beleza física não correspondesse a uma "boa imagem", a uma representação de si idealizada com valor positivo, se não correspondesse a um conteúdo da busca de expansão de si próprio, a vergonha não seria experimentada. Assim, também, a pessoa que sente vergonha de ter faltado a um compromisso firmado com um amigo, vê a si própria como desprovida de valor pois a "boa imagem", ou seja, aquela valorizada e almejada, implica condutas condizentes com a fidelidade à palavra empenhada.

Um último exemplo nos permitirá introduzir um terceiro aspecto importante da vergonha. Ainda no tema do honrar compromissos, imaginemos alguém *tentado*, por algum motivo, a faltar a um encontro combinado: a perspectiva, por si própria, de cometer esse ato de infidelidade pode desencadear a vergonha, pois ver-se como virtual infiel com relação à palavra empenhada contradiz a "boa imagem" almejada. Se compararmos os exemplos citados, verificamos que a vergonha pode ser experimentada em razão de algo que aconteceu, e também em razão de algo que poderá acontecer. Reencontramos aqui uma característica apontada para o sentimento de culpa: pode-se experimentá-la por ter agido mal ou pensado em agir mal. Ora, para a vergonha, é a mesma coisa: pode-se sentir vergonha pelo que acontece ou pelo que aconteceu, e também se pode senti-la pelo que poderia acontecer se determinadas ações ou situações se tornassem realidade.

Esse quadro deve tornar-se ainda mais complexo. Três cenários podem ser pensados. Em um primeiro, ocorre uma ação que leva seu autor a julgar-se negativamente (por exemplo, ele mentiu): a vergonha é experimentada porque o sujeito vê-se disjunto da boa imagem que pretende ter de si (de pessoa leal). Em um segundo, ocorre a intenção de mentir sem que a mentira seja dita, pois seu "quase" autor sente vergonha do simples fato de ter pensado em falhar no seu dever para com a verdade. Esse caso é intermediário entre o primeiro (quando ocorre, de fato, a mentira) e um terceiro cenário no qual a intenção de mentir não ocorre porque o sujeito antecipa a vergonha que sentiria ao ver-se minimamente atraído por uma tentação assim. Os dois últimos cenários nem sempre são facilmente distinguíveis, mas importa o fato de, em ambos, a vergonha inibir a ação.

Falta-nos considerar o fato de a vergonha poder incidir sobre valores morais, amorais ou imorais. Nos exemplos do parágrafo acima, tratamos de valores morais (respeito ao compromisso, logo, respeito pelo outro). Mas podemos sentir vergonha com base em outros valores associados à "boa imagem". Tais valores podem ser neutros em relação à moral: vergonha de ver-se ou antecipar-se como pessoa deselegante, como pessoa fracassada profissionalmente, como pessoa pobre, etc. Outros valores podem ser contraditórios com os da moral, pelo menos com aquela assumida no presente texto: ver-se ou antecipar-se como pessoa não violenta, como pessoa acovardada porque respeita as leis, como homem fraco porque fiel à esposa, etc. Posto que o sentimento de vergonha pode virtualmente incidir sobre todo e qualquer valor associado ao eu, devemos reservar um lugar especial aos valores morais e dizer que existe uma *vergonha moral*, ou seja, aquela experimentada apenas quando o não cumprimento do dever está, de fato ou virtualmente, colocado.

Ora, é interessante notar que a linguagem popular (e isto em vários idiomas e culturas) reserva expressões como "sem-vergonha" ou "não ter vergonha na cara" para a vergonha moral. O "sem vergonha" é aquele que, apesar de agir imoralmente, não sente vergonha. E a pessoa que "tem vergonha na cara" é aquela capaz de agir moralmente porque antecipa tal sentimento, na mera perspectiva da ação imoral. Tais expressões expressam com clareza o seguinte diagnóstico: *a incapacidade de sentir vergonha moral é típica das pessoas que agem contra a moral. Logo, a capacidade de sentir vergonha moral é condição necessária a esse "querer fazer" que é o dever moral.*[5]

Notemos ainda que não é apenas o pensamento popular que destaca a vergonha moral. Com efeito, um conceito, bem antigo, universal e presente em diferentes sistemas morais, refere-se diretamente a ela: estou falando no conceito de *honra*, que elegi como um dos conteúdos morais assumidos aqui. A pessoa "honrada" é aquela que sentiria vergonha se agisse de determinadas formas (ver La Taille, 2002, e Harkot-de-La-Taille, 1999). A pessoa com honra é aquela que, ao cumprir seu dever, respeita a si mesma, é fiel a si mesma; é a pessoa que, se faltasse para com seu dever, se tornaria uma pessoa indigna perante os próprios olhos. Se o conteúdo do dever for, como assumido neste texto, o do respeito pelos outros, temos que, para a pessoa com honra, não há diferença entre respeitar outrem e respeitar-se.

Para voltarmos ao conceito de personalidade ética e sua relação com o sentimento de vergonha, analisemos um caso real em que a vergonha foi experimentada e a ação moral realizada. Trata-se de um evento cujo protagonista é uma criança de 11 anos aproximadamente. Essa criança, cujo nome é Albert Camus, tornar-se-ia famosa, chegando a ganhar o Prêmio Nobel de Literatura. Em um romance póstumo,[6] Camus conta a história de Jacques, personagem que inventou para contar a sua própria história. Jacques (portanto Camus) é de origem economicamente bem humilde, órfão de pai e criado por uma mãe de pouca cultura, e que trabalha como empregada doméstica. Em um dos primeiros dias de aula no Liceu, ao qual, graças a seus esforços e à ajuda de seu professor (Monsieur Bernard), ele foi admitido após um concurso, é-lhe remetido um formulário em que, entre diversas informações solicitadas, ele deve registrar qual a profissão de sua mãe. Jacques sabe que, para não mentir, ele deve escrever a palavra "empregada doméstica" (*domestique*). O autor assim descreve a cena: "Jacques começou a escrever a palavra, parou e, em um só instante, conheceu a vergonha e a vergonha de ter tido vergonha" (p. 187).

À luz da perspectiva psicológica que adotamos para analisar a vergonha e sua relação com a personalidade ética, podemos interpretar essa pequena, mas rica e pungente cena, como segue.

Em um primeiro momento, Camus, que se sabe pobre e membro de uma família inculta, sente vergonha de sua condição social, vergonha de admiti-la em um lugar freqüentado por alunos oriundos de uma classe social economicamente mais elevada. Se ele sente vergonha nesse caso, é porque, entre suas "boas imagens", encontra-se o valor atribuído ao *status* social. Tal afirmação decorre do fato de a vergonha sempre decorrer de um autojuízo negativo; logo, não fosse o valor que o pequeno Camus atribui ao *status* social, a vergonha não ocorreria. Em termos de *representações de si*, que são sempre valor, podemos dizer que ver-se como membro de uma classe social mais elevada é uma das representações idealizadas e almejadas. Todo o problema reside em saber se tal representação é forte, ou fraca. A resposta nos é dada pelo relato de Camus. Tivesse ele experimentado apenas a vergonha de ser pobre, muito provavelmente teria apagado a palavra "empregada doméstica" e escrito outra, mais condizente com a classe social valorizada. Mas não é o que acontece, pois Camus relata-nos que, imediatamente, ele sentiu *vergonha de ter tido vergonha*. Isso significa claramente que, ao flagrar-se tendo vergonha de sua mãe, Camus vê-se como ingrato, infiel, injusto, ou seja, vê-se como pessoa que pensou em faltar com o respeito para com a mãe. E ele sente vergonha. Esse autojuízo negativo prova que, nas *representações de si*, não somente estão valores morais, *como são mais fortes do que aquele referente ao* status *social*. O final da história é que, agora sem mais experimentar vergonha, Camus entrega o formulário atestando que é filho de uma empregada doméstica.

Essa cena mostra claramente duas coisas. A primeira é a importância do sentimento de vergonha, para a ação moral. A segunda é o fato de que devemos pensar a personalidade como um jogo de força entre valores: Camus, membro de uma sociedade que valoriza classe social, não está imune a esse tipo de valor e o integra à sua personalidade, mas valores outros, no caso morais, têm maior peso. O pequeno Camus *tem uma personalidade ética*. Mas, é claro, poderia ter acontecido o contrário: Camus nega a mãe e mente sobre sua profissão. Nesse caso, a vergonha de ser pobre seria mais forte do que a de ser desleal, e, por conseguinte, não se poderia falar em personalidade ética, pois haveria, nesse conflito, a vitória da auto-estima sobre o auto-respeito.

Vamos agora voltar à questão do desenvolvimento moral.

Comecemos por nos perguntar se, durante a fase de despertar do senso moral, a criança sente vergonha. A resposta é positiva porque, como o mostram variadas pesquisas (ver La Taille, 2002), a criança começa a experimentar esse sentimento por volta dos 2 anos de idade. As primeiras experiências de vergonha coincidem com a construção da função simbólica, são contemporâneas, portanto, da capacidade de a criança eleger a si mesma como objeto de sua consciência (a diferenciação entre um "eu", sujeito, e um "me", objeto).

Todavia, os primeiros sinais de vergonha nenhuma relação têm com a moral. Trata-se exclusivamente do que chamamos acima de vergonha de exposição, esse desconforto particular decorrente da consciência de ser perceptível para outrem.

Quando a criança chega à fase de despertar do senso moral, ela é capaz de experimentar a vergonha decorrente não mais da mera exposição, mas sim de um juízo negativo que ela endereça a si mesma. Todavia, as pesquisas mostram a raríssima ocorrência da vergonha oriunda de juízos morais. É preciso esperar a idade de 9, 10 anos para que a vergonha moral se associe ao sentimento de obrigatoriedade. Vejamos alguns exemplos de pesquisa que atestam esse fato (todas elas publicadas em La Taille, 2002).

Perguntamos, minha equipe e eu, a sujeitos de 6 anos (portanto em fase de despertar do senso moral) se uma criança que roubou um objeto deve confessar seu delito. A maioria desses sujeitos responde que não e justifica a não-confissão pelo medo do castigo. Respondendo à mesma pergunta, poucos sujeitos de 9 anos justificam a não-confissão pelo medo do castigo: a maioria refere-se ao medo de ser desprezado pelos colegas, ao sentimento de vergonha. Verifica-se, portanto, uma diferença apreciável entre as reações das crianças em fase de despertar do senso moral e as maiores: para essas últimas, a vergonha moral é sentida como mais forte que os desprazeres decorrentes de punições. Expor o seu "ser" desvalorizado já é sentido como doloroso. Os dados a seguir confirmam a presença e a força dessa dor psíquica na fase posterior ao despertar do senso moral.

Perguntamos a sujeitos de 6 e de 12 anos o que sentiu uma criança que foi repreendida publicamente. Não encontramos referências à vergonha no sujeitos de 6 anos de idade, mas ela é dominante nos seus colegas mais velhos.

Vamos ver um último dado que reforça a tese segundo a qual a vergonha moral não é experimentada – ou o é bem pouco – por criança menores. Perguntamos a sujeitos de 6 e de 9 anos qual seria o castigo mais "doído": uma sanção expiatória (como ficar sem recreio) ou confessar publicamente o ato de transgressão. As crianças de 6 anos elegem como pior castigo as sanções expiatórias, e nem parecem compreender muito bem por que confessar publicamente a transgressão corresponderia a uma forma de castigo. Em compensação, seus colegas de 9 anos entendem muito bem o sentido punitivo da confissão pública e inclinam-se majoritariamente a pensar que ela é, de longe, mais dolorosa que a sanção expiatória. Um sujeito chegou a dizer que nem mesmo um adulto a suportaria.

Esses dados, e outros, mostram bem que a vergonha moral não é sentimento importante na fase de despertar do senso moral, mas que, em compensação, torna-se presente, e forte, na fase posterior, que chamamos de construção da personalidade ética. Esse fato não deve nos surpreender: uma vez que a vergonha incide sobre o "ser" e que, como bem notou-o Piaget, no início da gênese da moralidade, os valores morais ainda não penetraram a personalidade da criança, a transgressão moral pode causar medo do castigo, tristeza e culpa de se ter magoado outrem, mas não o sentimento pessoal de perda de valor. A presença desse sentimento, que nossas pesquisa atestam a partir dos 9 anos de idade, mostra que uma etapa do desenvolvimento moral foi superada e que, agora, o medo de decair perante seus próprios olhos e também perante os olhos das pessoas respeitadas – medo moral por excelência, como o afirmava Piaget – começa a poder tornar-se dominante. Primeiros sinais de auto-respeito, ou honra, aparecem, e se, ao longo do restante do desenvolvimento, ele se tornar sentimento central, terá sido contruída a personalidade ética. Porém, esses primeiros sinais de auto-respeito podem, eles mesmos, permanecer fracos, e a vergonha associar-se principalmente a conteúdos estranhos à moral. Dito de outra forma, pode acontecer de as escolhas efetuadas no plano ético terem pouca ou nenhuma relação com os valores morais, pode acontecer de os caminhos tomados pela expansão de si serem estranhos ou até contraditórios com os valores de justiça, generosidade e honra. Se tal acontecer, não se poderá falar em personalidade ética, pois, em casos de conflitos, a vergonha não moral será experimentada com mais força que a vergonha moral.

Todo o problema reside em saber o que determina a construção, ou não-construção, de uma personalidade ética. Ou seja, todo o problema reside em saber porque determinados conteúdos, e não outros, associam-se à vergonha. Confesso não ter dados de pesquisa que me levem claramente a optar pela hipótese que agora vou apresentar. Mas penso que ela faz todo sentido. Vamos a ela.

Antes de mais nada, deixemos claro que a experiência do sentimento de vergonha é comum a todos os seres humanos, a não ser em casos de patologia que não nos interessam aqui. Portanto, o que faz a diferença entre os seres humanos não é o fato de sentir ou não vergonha, mas as razões de experimentá-la. Toda criança, portanto, experimenta o referido sentimento e isso, como vimos, a partir dos 2 anos de idade. Vimos também que as primeiras experiências de vergonha não se relacionam com julgar-se negativamente, mas sim com o fato de estar exposto à percepção alheia. Mas, paulatinamente, a vergonha decorrente de um autojuízo negativo se instalará. Ora, de onde virão tais autojuízos negativos? A hipótese que parece se impor é a de que nascerão dos *juízos alheios*. A criança começará a olhar para si própria por intermédio dos valores que inspiram os olhares alheios. Portanto, o meio social em que vive, com destaque para as figuras de autoridade, terão grande influência sobre os valores por intermédio dos quais a criança vê e julga a si mesma. Ela tenderá, portanto, a sentir vergonha por julgar-se inferior aos ideais presentes na comunidade em que vive.

Trata-se de processo de interiorização de valores? Sim, mas não entendido com inteira dependência da criança em relação a seu meio. Em primeiro lugar, é preciso atentar para o fato de a criança *interpretar* os olhares judicativos alheios. Seria desconhecer as limitações intelectuais inerentes à sua idade acreditar que ela é capaz de sempre compreender com precisão sobre o que incidem as aprovações e reprovações de que é objeto. Em segundo lugar, não se devem menosprezar as auto-avaliações, sobretudo quando êxitos práticos estão em jogo. Todo mundo já teve a oportunidade de observar crianças que, embora elogiadas por algo que fizeram, permanecem insatisfeitas com elas mesmas, não dando ouvidos aos louvores que carinhosamente os adultos lhes dirigem. E todo mundo certamente já teve também a oportunidade de verificar a ocorrência de casos contrários: mesmo desaprovada pelo seu entorno, a criança permanece dando valor a coisas que fez. De onde virão tais recusas de assumir para si o juízo alheio? Ora, dessa força motivacional que é a expansão de si próprio. Para que os juízos alheios sejam aceitos, é preciso que a criança os considere como satisfazendo sua necessidade de auto-superação, o que nem sempre ocorre. Portanto, não devemos pensar que se trata de pura interiorização. Essa não deve ser, porém, menosprezada, sobretudo em relação à moral e seus conteúdos.

Se a criança viver em um meio social no qual ações morais são pouco valorizadas, pouco destacadas enquanto traduções de excelência do ser, o mais provável é que a expansão de si pouco se alimentará delas. Mas como a expansão de si é força motivacional incontornável, procurará seus alimentos em outros tipos de ação. Se a criança viver em um meio social no qual certos conteúdos morais – por exemplo, a justiça – são valorizados e os atos correspondentes julgados positivamente, o mais provável é que a criança também julgará a si própria de forma positiva quando agir de forma justa. Mas se acontecer de ela viver em um meio no qual ações morais são consideradas provas de fraqueza, ficará bem mais difícil para a criança ver-se como pessoa de valor agindo de forma moral. Penso, por exemplo, nas famílias em que se valoriza a violência como meio de resolver conflitos e, por conseguinte, julga-se positivamente a criança quando ela "revida" socos ou quando mente para levar alguma vantagem: vendo-se aprovada quando de atos violentos, a criança tende a fazer seu esse juízo, ter orgulho de suas contendas e vergonha de suas possíveis vontades pacifistas. Em suma, embora não determinantes de forma absoluta, os juízos alheios cumprem papel essencial na construção das representações de si, por parte da criança. Ela tende a se ver como é vista, a assumir as representações de si que acredita corresponder às representações que os outros têm dela, e, logo, a ter vergonha quando os outros a julgam negativamente. Ora, esse fato é essencial para o porvir do desenvolvimento moral.

Se, em fase de despertar do senso moral, quer dizer, em fase de heteronomia, na qual o juízo alheio é crucial para a construção das representações de si e dos ideais que inspiram as direções a serem tomadas pela expansão de si, as disposições para a moralidade forem totalmente desprezadas pelo entorno social, haverá pouca chance para que a construção da personalidade ética se torne realidade. Vimos que a fusão de amor e medo potencializa o respeito por figuras de autoridade. Ora, se essas não cumprirem seu papel de formadores morais, se, portanto, não desempenham seu papel de autoridade moral, é o próprio sentimento de obrigatoriedade que quedará interditado, e, logo, todo o resto do desenvolvimento moral poderá ficar comprometido. Porém, isso não significa que as figuras de autoridade não terão influência sobre os valores da criança: o desdém pelos valores morais e pelas ações decorrentes fará a criança pensar que outros são os valores importantes e tenderá julgar a si própria a partir deles. Como a expansão de si próprio é, como vimos, incontornável, paulatinamente agregará valores diversos às suas representações de si. Ou seja, haverá, de uma forma ou de outra, a construção da personalidade, mas dela ficarão de fora, ou com pouca força, as representações de si com valor moral. Mesma coisa acontecerá se as figuras de autoridade carecerem, aos olhos da criança, de confiança. Não podendo ela mesma alimentar a confiança de que precisa, poderá acabar negando valor a esse sentimento e, quando for maior, não se sentirá obrigada a ser merecedora de confiança. Ora, querer ser merecedor de confiança é um traço essencial do auto-respeito: quem tem honra sente vergonha de ter desmerecido a confiança alheia ou simplesmente de ter pensado em realizar ações que teriam esse efeito. Quanto à simpatia, pode-se dizer a mesma coisa. Se é verdade que a criança é espontaneamente capaz de compenetrar-se dos sentimentos alheios, se tal capacidade em nada for valorizada pelo seu entorno social – ou, pior ainda, se for desvalorizada –, provavelmente fenecerá e a criança procurará em outras áreas ações que a façam ser valorizada pelos outros. Em compensação, se perceber que seus repentes generosos são objeto de estima e admiração, paulatinamente poderá pensar em si mesma como pessoa de valor porque é generosa.

Em resumo, as disposições precoces para a moralidade, que analisamos quando falamos do despertar do senso moral, para "penetrarem" na personalidade da criança e tornarem-se valores associados às representações de si, precisam ser valorizadas pelo entorno social; do contrário, dificilmente a criança passará a sentir vergonha quando se surpreender agindo contraditoriamente com elas, ou quando perceber-se, como o pequeno Camus, na iminência de fazê-lo. Porém – é preciso insistir nesse ponto –, outras representações de si ganharão força, outro rumo tomará a expansão de si próprio e, portanto, outras serão as motivações fortes para a ação e para resolver conflitos entre vontades diferentes. Em poucas palavras, se o sentimento de vergonha for associado com mais força a conteúdos não-morais ou imorais, não haverá construção da personalidade ética.

Porém, como sempre afirmou Piaget, nem tudo é relação com o adulto na vida da criança: há também as relações criança/criança, relações essas que possibilitam a cooperação. Essa cooperação tem efeitos positivos sobre o desenvolvimento cognitivo e, conseqüentemente, sobre o "saber agir" moral. É graças a ela que a criança paulatinamente se libera das relações assimétricas que vive com os adultos, e enxerga sob novas luzes as regras morais, abstraindo os princípios dos quais elas provêm. É graças às relações simétricas e recíprocas de cooperação que a criança ensaia seus primeiros passos rumo à autonomia. É claro que – e Piaget nunca disse o contrário –, para que a autonomia se firme, relações de cooperação deverão ser vividas em vários níveis, e não apenas entre amigos. Se a coação for a norma social, a caminhada rumo à verdadeira autonomia terá vida curta e o desenvolvimento estacionará nos estágios que Kohlberg chamou de "convencionais" (ver Capítulo 2). Ora, penso que as relações de cooperação oriundas das relações das crianças entre si também têm efeito positivo para a evolução do "querer agir" moral. O que está em jogo é a fusão entre o "ser" e a confiança.

Vimos anteriormente que a criança precisa confiar nas figuras de autoridade para obedecê-las, mas que a recíproca ainda não é verdadeira: ela quer confiar mas não concebe que ela mesma deva ser confiável. Ela exige que as promessas dos adultos feitas a ela sejam cumpridas (e se indigna se não o forem), mas ainda é fraca a determinação de ela mesma cumprir as próprias promessas. É claro que as figuras de autoridade podem manifestar à criança que ela deve ser fiel às palavras que empenha, que ela não deve mentir, é claro que tais figuras podem admoestá-la se ela for infiel, mas esse aspecto educacional permanece ainda totalmente verbal: na prática, o descumprimento de uma promessa, uma mentira, um roubo, não acarretam real mudança nas relações que tem com os adultos: esses continuam pais, familiares ou professores. Porém, o quadro se modifica nas relações entre colegas: uma mentira ou uma promessa quebrada podem levar à ruptura da relação. Nesse caso, não se trata mais de discursos sobre a importância de ser uma pessoa confiável, mas sim de um efeito concreto decorrente do não-merecimento de confiança. Tais experiências, inevitáveis, fazem a criança dar um sentido mais sofisticado à questão da confiança e, sobretudo, levam-na a compreender que, para ser aceita no grupo, é preciso merecer confiança. Ora, merece-la é uma qualidade do "ser". E é uma qualidade central para a moral. Com efeito, uma pessoa moral é, antes de mais nada, uma pessoa na qual se pode confiar. Uma pessoa honrada é, necessariamente, uma pessoa que merece a confiança moral alheia e que sentiria vergonha somente em pensar em não merecê-la. É exatamente isso que, graças às relações de cooperação, a criança começa a compreender. Ela já o intuía em relação às ações dos outros, agora ela o aplica a si mesma. E entre as representações de si, o valor do merecimento da confiança começa a ter lugar e, logo, nasce a vergonha de não ser digno de confiança

Em resumo, as relações de cooperação também têm efeitos sobre o "querer agir" moral, sobre o sentimento de obrigatoriedade, sobre o sentimento de vergonha. Mas vale aqui o que foi dito acima: se as relações de cooperação limitarem-se ao pequeno âmbito privado, logo cessarão seus efeitos no desenvolvimento moral e na construção da personalidade ética.

CONCLUSÕES

Eu gostaria de finalizar este estudo com duas rápidas ponderações.

A primeira delas refere-se à relação entre as dimensões intelectuais e afetivas. Algum leitor poderá criticar-me por ter separado as duas dimensões e haver, assim, repetido a eterna desconexão entre razão e paixão. A essa possível crítica, respondo o que segue.

Em primeiro lugar, penso, com Piaget, que inteligência e afetividade representam duas dimensões psíquicas irredutíveis uma à outra. Portanto, fazer um amálgama com as duas leva não à compreensão das condutas humanas, mas sim à confusão teórica.

Todavia, não reduzir uma à outra não implica não relacioná-las. Com Piaget, assumo que a afetividade diz respeito à energética da ação (motivação) e que a inteligência corresponde às estruturas do pensamento que permitem guiar as ações. Assim colocada a relação entre as dimensões intelectuais e afetivas, reconhece-se forçosamente que não há estados afetivos puros, sem elementos cognitivos, como afirmava o epistemólogo suíço (Piaget, 1954), e que, também, não há atividade intelectual sem afetos que a desencadeiem. É por essa razão, aliás, que tivemos de nos deter ante o "saber fazer" moral (conhecimentos e estruturas cognitivas) e o "querer fazer" moral (sentimentos que desencadeiam e movem as ações). Mas se foram tratadas em separado, é porque essas duas dimensões têm, cada uma delas, aspectos particulares.

Outro aspecto da relação entre as dimensões afetivas e intelectuais é o fato de o desenvolvimento de uma depender da outra. Por um lado, se a inteligência se desenvolve, é porque a criança (e também o adulto) tem necessidade, isto é, interesse em conhecer certos objetos e pensar sobre eles. No caso da moralidade, podemos pensar esse fenômeno por meio de alguns temas aqui abordados. Pensemos, por exemplo, na sensibilidade moral. Parece-me natural acreditar que quem desenvolve essa capacidade de desvendar elementos morais encobertos o faz porque motivado pelo bem-estar alheio, pela simpatia. Alguém totalmente desinteressado pela qualidade de vida das outras pessoas dificilmente desenvolverá a referida sensibilidade, como também dificilmente desenvolverá a capacidade de equacionar situações complexas e dilemáticas. Pensemos agora no desenvolvimento do juízo moral. Alcançar níveis superiores de desenvolvimento depende, por um lado, da riqueza das interações sociais, e, por outro, de um interesse em refletir sobre essa dimensão humana que é a moralidade. Nesse sentido, a experiência dos sentimentos como a culpa e a vergonha representa uma força energética para a evolução da dimensão intelectual.

Por outro lado, deve-se reconhecer que a dimensão afetiva também recebe a influência dos avanços da inteligência e da sofisticação dos juízos decorrentes. Vimos, no Capítulo 3, o exemplo da simpatia. Para que esse sentimento seja experimentado, é preciso que reconheçamos, em outrem, um estado afetivo que julgamos legítimo. Teremos compaixão por uma pessoa que tudo perdeu, mas não por outra, milionária, que chora a perda de uma nota de 10 reais. Eis um caso claro de interferência da dimensão intelectual na dimensão afetiva. E há outros. Por exemplo, não é por acaso que o sentimento de vergonha somente é experimentado a partir do momento em que a criança constrói a capacidade de representação: como a vergonha é um sentimento que pressupõe um pensar sobre si, e que tal pensar depende de uma separação eu/me, a função semiótica é condição necessária para o despertar desse sentimento (no caso, a vergonha de ser exposto). Abordemos agora outro exemplo, também já comentado. Vimos que o auto-interesse dá lugar ao dever de justiça quando equilibrado pela reciprocidade. Ora, a reciprocidade é uma operação intelectual (reversibilidade), e como está ainda ausente das competências intelectuais de uma criança de 5 anos, entende-se porque o auto-interesse ainda não é compensado pelo reconhecimento dos direitos alheios e a busca por respeitá-los. Mesmo raciocínio deve ser feito para o sentimento de confiança. Vimos que a necessidade de confiar é paulatinamente complementada por aquela de ser uma pessoa confiável: novamente está em jogo a capacidade de pensar as relações pela reciprocidade.

Em resumo, as dimensões intelectuais e afetivas correspondem a dois domínios singulares, irredutíveis um ao outro, mas relacionados tanto no eixo sincrônico quanto no eixo diacrônico.

A segunda e última ponderação que gostaria de fazer pode ser apresentada sob forma de perguntas: o desenvolvimento intelectual e afetivo necessariamente ocorre? Ou trata-se apenas de uma potencialidade? A melhor resposta, aquela que mais coerência apresenta tanto com as pesquisas quanto com as observações do cotidiano, é a que aponta para a *potencialidade*. Com efeito, nem todas as pessoas desenvolvem ou possuem os variados aspectos que apontei para o "saber" e o "querer" fazer morais. Por quê? Do ponto de vista intelectual, sabemos que as estruturas mentais dependem da interação para se desenvolverem. Se imaginamos uma criança que vive em um ambiente social onde as relações de reciprocidade praticamente não existem, ela dificilmente desenvolverá a capacidade de pensar as relações sociais por meio da cooperação. Imaginemos outra criança que viva em um meio no qual valores como paz, justiça, respeito sejam trocados por outros, como violência, dominação e desrespeito: é bem provável, uma vez que tem a necessidade natural de inserir-se na comunidade que a acolhe, que tal criança não se desenvolva moralmente (ou permaneça em um nível primário, como o da Lei do Talião), pois está submetida a figuras de autoridade que proclamam tais valores e agem inspirados por eles. Do ponto de vista afetivo, o mesmo raciocínio impõe-se. Se uma criança vive em um lugar de miséria moral e violência, em um lugar no qual a compaixão é vista como fraqueza, sua tendência natural à simpatia pode ser embotada e dar lugar a uma espécie de couraça afetiva que a torna insensível aos estados afetivos alheios. Se ela vive numa comunidade que incessantemente lhe recomenda a desconfiança em relação às demais pessoas, o sentimento de confiança pode minguar e sumir. E quanto ao sentimento de vergonha, como eu já o sublinhei, se ela vive em um meio no qual principalmente valores como glória, dinheiro e *status* social aparecem como legítimas respostas à pergunta "quem eu quero ser?", a vergonha moral pode permanecer muito fraca, ou até mesmo não existir.

O que acabo de comentar a respeito das potencialidades e perigos do não desenvolvimento das dimensões intelectuais e afetivas da ação moral leva-me inevitavelmente a afirmar que um trabalho educacional sofisticado é necessário para a formação moral e ética dos recém-chegados ao nosso mundo – e também para aqueles que já o ocupam há algum tempo, nós mesmos, adultos. O livro de psicologia moral, que se encerra aqui, visou a ser uma contribuição teórica. Falta agora nos debruçarmos sobre as dimensões educacionais implicadas pelas reflexões aqui apresentadas a respeito das dimensões intelectual e afetiva da moral, da ética, e de sua relação. Por essa razão, proponho-me a dar continuidade às minhas reflexões em um livro que deverá intitular-se *Moral e ética: dimensões educacionais*.

NOTAS

1 Podemos acrescentar à moralidade traços de personalidade que independem da vontade: por exemplo, ser uma pessoa afetivamente equilibrada. Com efeito, podemos não confiar num piloto que, embora competente e sério, não domina, por algum motivo, suas emoções. Mas essa dimensão psicológica não nos interesse aqui.
2. Reportagem da revista *Le Point* (número 1.562, p. 55, agosto 2002).
3. É o que certamente acontece nos dias de hoje, quando pais "preparam", praticamente desde o berço, seus filhos para serem "competitivos", "vencedores", "famosos", e repetem-lhes mensagens do tipo "não se deixe passar para trás", "não seja otário", etc.
4. A língua inglesa não fala em vergonha (*shame*) no primeiro tipo de situação, mas sim de "embaraço" (*embarassment*). Nas línguas latinas, emprega-se a referência à vergonha nos dois casos.
5. É claro que o que às vezes está em jogo na atribuição do caráter de "sem-vergonha" não é a ausência do dever, mas sim um conteúdo diferente da moral de quem faz essa atribuição. Mas, nesse caso, a expressão "sem-vergonha" não é adequada. Pensemos, por exemplo, nos terroristas que, como no dia 11 de setembro de 2001, matam indiscriminadamente, milhares de pessoas. Serão eles "sem-vergonha"? Certamente não, pois tudo leva a crer que agiram inspirados por um sistema de valores, diferente do sistema ocidental, mas existente. Logo, é preferível reservar o diagnóstico de incapacidade de sentir vergonha moral à pessoas que, pelo que se pode apreciar, não sabem, ou sabem pouco, o que é esse querer singular que é o dever.
6. Trata-se do romance *Le Premier Homme* (Paris, Gallimard, 1994).

Referências

ADLER, A. (1933/1991) *Le sens de la vie*. Paris: Payot.

ADLER, A. (1912/1992) *Le tempérament nerveux*. Paris: Payot.

ARISTOTE (1965) *Ethique de Nicomade*. Paris: Flamarion.

ARSENIO, W & LOVER, A. (1996). *Children's conception os sociomoral affect: happy victimizers, mixed emotions, and other expentancies*. Em Killen, M & Hart, D. (Orgs.), Morality in everyday life (p.87-128). Cambridge: Cambridge University Press.

BENEDICT, R. (1972) *O crisântemo e a espada*. São Paulo: Perpsectiva.

BENNET, W. J. (1995) *O livro das virtudes*. Rio de Janeiro: Nova Fronteira.

BERTEN, A (2004) *Déontologisme*. In (org.) CANTO-SPERBER, M. *Dictionnaire d'éthique et de philosophie morale*. Paris: PUF.

BIAGGIO, A. (2002) *Lawrence Kohlberg: ética e educação moral*. São Paulo: Moderna.

BLASI. A (1993) *The development of identity: some implications for moral functioning*. In: NOAM G. G. & WREN, E. (org.) *The moral self*. Cambridge, The Mit Press: 99-122.

BLASI, A (1995) *Moral understanding and the moral personality: the process of moral integration*. In: KURTINES (Org.) *Moral development: an introduction*. London, Allyn and Bacon: 229-254.

BLASI, A. (1989) *Las relaciones entre el conocimiento moral y la acción moral: uma revisión crítica de la literatura*. In (orgs.) TURIEL, E., ENESCO, E., LINAZA, J. Madrid, Alianza Editorial.

BLONDEL E. (2000) *Le problème moral*, Paris: PUF.

BOURDIEU, P. (1965) *O sentimento da honra na sociedade Cabília*. In: PERISTIANY, J. G. (org.) *Honra e vergonha*. Lisboa, Fundação Capouste Gulbenkian: 157-198.

CAMUS, A. (1973) *Le mythe de Sisyphe*. Paris: Gallimard.

CANTO-SPERBER, M. (2002) *L'Inquiétude morale et la vie humaine*. Paros: PUF.

CANTO-SPERBER, M. A (2004) *Bonheur*. In (org.) CANTO-SPERBER, M. *Dictionnaire d'éthique et de philosophie morale*. Paris: PUF.

CARONE, I. (2003) *A psicologia tem paradígmas?* São Paulo: Casa do Psicólogo/Fapesp.

COLBY A, & DAMON, W. (1993) *The Uniting of self and morality in the development of extraordinary moral commitment*. In: NOAM G. G. & WREN, E. (org.) *The moral self*. Cambridge, The Mit Press: 149-174.

COLLIN, D. (2003) *Questions de morale*. Paris: Armand Colin.

COMTE-SPONVILLE, A (1995) *Petit traité des grandes vertus*. Paris: PUF.

COMTE-SPONVILLE, A & FERY, l. (1998) *La sagesse des modernes*. Paris: Lafont.

DAHRENDORF, R. (1997) *Após 1989 – moral, revolução e sociedade civil*. São Paulo: Paz e Terra.

DIAS, A. (2002) *Estudo sobre o lugar das virtudes no universo moral aos sete anos de idade: as crianças da primeira série discutem coragem e generosidade*. São Paulo, Instituto de Psicologia/USP (dissertação de mestrado).

DORON, R. & PAROT, F. (2003) *Dictionnaire de psychologie*. Paris: PUF.

DUPRÉEL, E. (1967) *Traité de morale – tome 1*. Bruxelles: Presses Universitaires de Bruxelles.

DURKHEIM, E. (1902/1974) *L'Education Morale*. Paris: PUF.

DURKHEIM, E. (1930) *Le suicide*. Paris: PUF.

EISENBERG, N. (1979). Developpment of chidren's prosocial judgment. *Developmental psychology*, 15-2, 129-137.

EISENBERG, N. & MILLER, P. A. (1987). The relationship of empathy to prosocial and related behaviors. *Psuchological Bulletin, 101*, 91-119.

FERRY, L. (2002) *Qu'est-ce que réussir sa vie?*. Paris: Grasset.

FLANAGAN, O (1996). *Psychologie morale et éthique*. Paris: PUF.

FOUCUALT, M. (1999) *Les anormaux*. Paris: Gallimard/Seuil.

FREUD, S. (1929/1971) *Malaise dans la civilisation*. Paris: PUF.

FREUD, S. (1922/1991) *Le moi et le ça*. Paris: PUF.

GIANNETTI, E. (2002) *Felicidade*. São Paulo: Companhia das Letras.

GILLIGAN. C. (1982) *Uma voz diferente*. Rio de Janeiro: Rosa dos Ventos.

GILLIGAN. C. (1988) *Remaping the moral domain: new images of self and relationship*. In GILLIGAN, C. (org.) *The moral domain*, Havard University Press.

GOLBERG, J. (1985) *La culpabilité: axiome de la psychamalyse*. Paris: PUF.

GRAZIANO, L. (2004) *A felicidade revisitada: um estudo sobre bem-estar na visão da psicologia positiva*. São Paulo, Instituto de Psicologia/USP (tese de doutorado).

HARKOT-DE-LA-TAILLE, E. (1999) *Ensaio semiótico sobre a vergonha*. São Paulo: Humanitas.

HOFFMAN, M. (1978). *Desenvolvimento moral*. Em Carmichael (Org.) *Psicologia da criança, socialização 2*. São Paulo: EDUSP.

HUME, D. (1757/1990) *Réflexions sur les passions*. Paris: Le Livre de Poche.

HUME, D. (1740/1993) *Traité de la nature humaine III*. Paris: Flamarion.

KANT, E. (1785/1994) *Métaphysique des moeurs – première partie*. Paris: Flamarion.

KANT, E. (1797/1985) *Métaphysique des moeurs – deuxième partie: doctrine des vertus*. Paris: Vrin.

KOHLBERG, L. (1981, 1984, 1987) *Essays on moral development*. S. Francisco: Harper & Row.

LAKS, A. (2004) *Épicure*. In (org.) CANTO-SPERBER, *Dictionnaire d'éthique et de philosophie morale*. Paris: PUF.

LA TAILLE, Y. de. (1995) La genèse de la conception du droit au secret chez l'enfant. *Enfance*, Presses Universitaires Française, número 4: 443-450.

LA TAILLE, Y. de. (1998b) *Limites: três dimensões educacionais*. São Paulo: Ática.

LA TAILLE, Y. de (2001) Desenvolvimento moral: a polidez segundo as crianças. *Cadernos de Pesquisa*, São Paulo, Fundação Carlos Chagas, (114):89-120.

LA TAILLE, Y. de. (2000) Para um estudo psicológico das virtudes morais. *Educação e Pesquisa*. São Paulo, Faculdade de Educação/USP, (26), volume 2:109-122

LA TAILLE, Y. de (2002) *Vergonha, a ferida moral*. Petrópolis: Vozes.

LA TAILLE, Y. de (2002b) *Cognição, afeto e moralidade*. In: OLIVEIRA, M. K. DE, SOUZA, D. T. & REGO, T.C. (orgs.) *Psicologia, educação e as temáticas da vida contemporânea*. São Paulo, Moderna, 2002, p.135-158.

LA TAILLE, Y. de (no prelo) A importância da generosidade no início da gênese da moralidade na criança. *Psicologia, Reflexão e crítica*.

LAUPA, M & TURIEL, E. (1986). Children's conceptions of adult and peer authority. *Child Development, 57*: 405-412.

LEVI-BRUHL, L. (1902/1971) *La morale et la science des moeurs*. Paris: PUF.

LIPOVETSKY, G. (1992) *Le crépuscule du devoir*. Paris: Gallimard.

MACINTYRE, A (1981) *After vertue: a study in moral theorie*. London: University of Notre Dame Press.

MARITAIN, J. (1960) *La philosophie morale*. Paris: Gallimard.

MILL, J. S. (1861/1988) *L'utilitarisme*. Paris: Flamarion.

MORIN, E. (2004) *La méthode 6 – éthique*. Paris: Seuil.

NIETZSCHE (1995) *La volonté de puissance I*. Paris: Gallimard.

NUNNER-WINKLER, G. & SODIAN, B. (1988). Children's understanding of moral emotions. *Child Development, 59*: 1323-1338.

PASCAL (1670/1972) *Pensées*. Paris: Librairie Générale Française.

PERRON, R. (1991) *Les représentations de soi*. Toulouse: Privat.

PIAGET, J. (1932/1992) *Le Jugement Moral chez l'Enfant*. Paris: PUF.

PIAGET, J. (1954) *Les relations entre l'affectivité et l'intelligence*. Paris: Sorbonne.

PIAGET, J, (1968) *La formation du symbole chez l'enfant*. Neuchâtel: Delachaux et Niestlé.

PITT-RIVERS, J. (1965) *Honra e posição social*. In: PERISTIANY, J. G. (org.) *Honra e vergonha*. Lisboa, Fundação Capouste Gulbenkian: 11-60.

PUIG J. M. R. (1998) *A construção da personalidade moral*. São Paulo: Ática.

RAWLS, J. (1971) *Théorie de la justice*. Paris: Seuil.

RICOEUR, P. (1990) *Soi-même comme un autre*. Paris: Seuil.

RICOEUR, P. (1988) *Philosophie de la volonté 2*. Paris: Aubier.

ROUSSEAU, J.J. (1762/1966) *Émile ou de l'éducation*. Paris: Garnier-Flammarion.

RUSSELL, B. (1962) *La conquête du bonheur*. Paris: Payot.

SARTRE, J. P. (1943) *L'être et le Néant*. Paris: Gallimard.

SAVATER, F. (2000) *Ética como amor-próprio*. São Paulo: Martins Fontes.

SAVATER, F. (1997) *Ética para meu filho*. São Paulo: Martins Fontes.

SCHLICK, M. (2000) *Questions d'éthique*. Paris: PUF.

SCHOPENHAUER, A (1840/1995) *Sobre o fundamento da moral*. São Paulo: Martins Fontes.

SELMAN, R. (1980) *The growth of interpersonal understanding*. New York, Academic Press.

SELIGMAN, M. (2004) *Felicidade autêntica*. Rio de Janeiro: Objetiva.

SENNETT, R. (1979) *Les tyrannies de l'intimité*. Paris: Seuil.

SENTIS, L (2004) *De l'utilité des vertus*. Paris: Beauchesne Editeur.

SHREVE, B & KUNKEL, M. (1991) Self-psychology, shame and adolescent suicide: theoretical and pratical considerations, *Journal of Counseling and Development*, vol. 69: 305-311.

SMITH, A. (1723/1999) *Théorie des sentiments moraux*. Paris: PUF.

SPAEMANN, R. (1999) *Notions fondamentales de morales*. Paris: Flamarion.

SPITZ, B. (1995) *La morale à zéro*. Paris: Seuil.

TAYLOR, C. (1998) *Les sources du moi*. Paris: Seuil.

TUGENDHAT. E. (1998) *Conférences sur l'éthique*. Paris: PUF.

TURIEL, E. (1993) *The development of social knowledge: morality and convention*. Cambridge: Cambridge University Press.

VYGOTSKY, L. S. (1984) *A formação social da mente*. São Paulo: Martins Fontes.

VALERY, P. (1941) *Tel quel*. Paris: Gallimard.

WALLON, H. (1941/1968) *L'évolution psychologique de l'enfant*. Paris: Armand Colin.

WEBER. (1912/1963) *Le métier et la vocation d'homme politique*. Paris: Plon.

WILLIAMS, B. (1990) *l'Ethique et les limites de la philosophie*. Paris: Gallimard.

ZWEIG, S. (1941/1998) *Le Brésil, terre d'avenir*. Paris: Aube.

Apêndice

Valores dos jovens de São Paulo[*]

Yves de La Taille
Elizabeth Harkot-de-La-Taille

Muito se tem falado do "vazio de sentido" experimentado pelos indivíduos da atual cultura ocidental (Taylor, 1998). O chamado "fim das utopias", fim este que implica a primazia do necessário (o dia-a-dia e sua concretude) sobre o possível (projetos de vida pessoal e social), parece ser um fato de decorrências sensíveis na vida de cada um, com destaque para os jovens, que estão em idade de projetar-se no futuro, tomar decisões sobre que "vida boa" vão eleger, sobre o que vão fazer, e, logo, sobre quem vão ser. Dados, como o aumento da violência e da incivilidade, o consumo crescente de drogas, a grande freqüência de suicídios (que matam, no mundo, tantas pessoas quanto as guerras e os crimes somados), a tendência ao "fechamento comunitário" nas grandes cidades, ao consumismo, à busca incessante de divertimento (donde o florescer e a força da indústria do entretenimento), o desafeto pelo saber e a atividade intelectual (ver Huntington, 1997), as crescentes queixas sobre a qualidade da educação (na maioria dos países ocidentais), etc., parecem ser indícios de um mal-estar ético.

Comprovar a presença de tal mal-estar e procurar entender suas causas parece-nos essencial, notadamente para guiar políticas públicas para a educação de crianças e jovens. Eis o objetivo maior da pesquisa que passamos a descrever.

---

[*] Publicado pelo Instituto SM para a Qualidade Educativa (ISME), São Paulo.

MÉTODO

Sujeitos: 5.160 alunos de instituições de ensino médio da Grande São Paulo, sendo 2.160 de instituições particulares e 3.000 de instituições públicas.*

Instrumento: questionário de Avaliação do Plano Ético (APE, criado por La Taille, Y. e Harkot-de-La-Taille, E.). Esse instrumento, um questionário com alternativas, coloca aos sujeitos questões que podem ser classificadas em três grandes categorias: 1) eu/sociedade, com questões relacionadas às instituições e agentes institucionais; 2) eu/outrem, com questões relacionadas ao convívio nos espaços público e privado; e 3) eu/eu, com questões relacionadas a projetos de vida e confiança na sua realização.

A aplicação foi realizada no primeiro semestre (março e abril) de 2005.

RESULTADOS E ANÁLISES**

Avaliação da APE

A última questão que foi submetida aos sujeitos pedia-lhes para avaliar a relação entre os conteúdos das questões da APE e a sua própria vida. Visávamos a, evidentemente, avaliar, nós mesmos, o valor da APE para os jovens pesquisados.

Os resultados mostram que 19,8% do total da amostra avaliou que os conteúdos da APE eram *muito relacionados* à sua vida, e 59,6% que eram *relacionados*. Ou seja, 79,4% dos sujeitos avaliaram que as questões a eles submetidas relacionavam-se com suas vidas. Apenas 17,3% afirmaram que havia pouca relação e 3,3% que não havia relação alguma.

Cremos que esses números testemunham a qualidade do instrumento para conhecer valores, perspectivas e graus de confiança da população estudada.

---

* A idade média dos alunos entrevistados é de 15,76 anos. No total, 10,3% dos alunos têm 14 anos; 32,6%, 15 anos; 32,8%, 16 anos; 20,7%, 17 anos; 2,8%, 18 anos, e 0,8% tem mais de 18 anos.

** As pequenas diferenças verificáveis entre a soma das porcentagens, que deveriam totalizar 100%, devem-se aos dados desprezados por erros no preenchimento dos campos, entre outros.

Auto-atribuição de nota

Os sujeitos foram solicitados a responderem se consideravam suas notas escolares *boas*, *médias* ou *ruins*. Eis os resultados:

Fonte: ISME.

Como se vê, 33% se auto-avaliaram como tendo notas boas, 62,1% como tendo notas médias, e apenas 4,9% como tendo notas ruins. Não deve causar estranheza o fato de a maioria considerar-se como alunos que obtêm notas médias. Em compensação, chama a atenção o número pequeno de jovens que se avaliaram como alunos de resultados negativos: apenas 4,9%. Mas esse dado deve ser imediatamente comparado àquele que distingue os alunos das escolas particulares e públicas: 7,7% daqueles que freqüentam o primeiro tipo atribuem-se notas ruins, enquanto apenas 2,9% que freqüentam o segundo tipo o fazem. Há, portanto, maior atribuição negativa nos sujeitos de escolas particulares. Mais ainda: são os alunos das escolas públicas que mais avaliam terem notas boas: são 37,8% contra 26,3% dos alunos das escolas particulares.

Como interpretar esses dados? Podemos pensar que se trata simplesmente do fato de as escolas particulares serem mais severas nas suas atribuições de notas. Seria preciso verificar se essa hipótese está de acordo com os fatos. Outra hipótese, que nos parece mais perto da realidade, é pensar que os alunos das escolas particulares são mais críticos em relação a si mesmos que seus colegas de escola pública. Como, quase sempre, o público das escolas particulares tem maior poder aquisitivo e maior perspectiva de *status* social que aquele das escolas públicas, pode acontecer que o sucesso escolar não seja tão central para sua auto-estima, daí suportar melhor reconhecer-se como tendo notas médias e ruins. Para os alunos de escola pública, com maior dificuldade de obter visibilidade social e de ter perspectivas objetivas de um futuro pessoal auspicioso, avaliar-se negativamente pode ter um peso psicológico maior.

Interessantemente, diferenças parecidas com as que acabamos de ver encontram-se entre os sexos. Com efeito, enquanto 28,8% dos homens consideram ter notas boas, esse número sobe para 36,8% para as mulheres. E quanto a avaliar-se com notas ruins, apenas 3% dos sujeitos de sexo feminino assim pensam, contra 7,1% dos homens. Podemos fazer as mesmas indagações que propusemos para a diferença entre alunos de escolas públicas e particulares. Pode ser que, de fato, as meninas sejam mais aplicadas e recebam melhores notas na escola. Mas pode ser também que elas tenham mais dificuldade de avaliar-se mal ou medianamente dada uma maior dificuldade de auto-afirmação na sociedade.

De qualquer forma, deve-se notar como dado principal o fato de a maioria dos sujeitos, tanto de um tipo de escola, quanto de outro, tanto do sexo masculino quanto do feminino, situar-se na categoria das notas médias. Como veremos em variadas análises, o fato de atribuir-se notas ruins correlaciona-se com um maior pessimismo e maior falta de confiança nos agentes sociais, nas outras pessoas em geral, e em si mesmo.

EU/SOCIEDADE

As perguntas classificadas no item "eu/sociedade" visam a avaliar o valor atribuído a instituições e agentes sociais que dizem respeito a todos os cidadãos e a confiança neles depositada. Uma vez que projetos de vida envolvem, necessariamente, a participação na chamada sociedade civil, importante é saber como nossos sujeitos se situam perante a mesma. Para não tornar o texto demasiadamente pesado, faremos referências a diferenças encontradas quanto aos quesitos tipo de escola (pública, particular), sexo e auto-avaliação (notas boas, médias e ruins) apenas quando elas forem encontradas. Do contrário, nos limitaremos à análise dos dados da amostra geral.

Progresso da sociedade no século XXI

O século XXI será um século de grande progresso para a humanidade? De moderado progresso? De pouco ou nenhum progresso? Ou de retrocesso? Eis o que perguntamos a nossos sujeitos. Como se sabe, há épocas de maior e menor confiança no futuro da humanidade. E é claro que tal confiança ou desconfiança tem influência sobre a avaliação das potencialidades que cada indivíduo atribui a si próprio. Com efeito, em geral, é mais fácil ver a si mesmo com perspectivas de um futuro próspero e avalia-se que a sociedade, como um todo, também tem boas probabilidades de prosperidade. E a recíproca é verdadeira: se o futuro é avaliado como mais negativo do que positivo, confiar nas próprias chances de progresso torna-se mais problemático.

Ao nos limitarmos em falar em "progresso para a humanidade", optamos por colocar uma pergunta de ordem geral, tanto do ponto de vista dos limites culturais (referência à humanidade) quanto do ponto de vista do conteúdo (progresso genérico, sem definição de área). A opção pela referência à humanidade deveu-se ao fato de vivermos em um mundo globalizado, no qual acontecimentos em qualquer parte do globo podem ter repercussões importantes em outros (vide as decorrências planetárias dos atentados do 11 de setembro, nos Estados Unidos). Além do mais, a categoria "humanidade", que diz respeito a todos os homens e a todas as mulheres, tem o sentido da universalidade. Não estávamos interessados em uma avaliação do Brasil ou de uma região (aliás, tão diferentes entre si, no Brasil), mas sim na relação que cada sujeito estabelece entre si e o mundo. Quanto à opção pelo progresso de forma geral, e não por um ou por outro conteúdo deste (moral, científico, político, etc.), ela deveu-se às mesmas razões que nos fizeram optar pelo conceito de humanidade. É natural que cada sujeito pôde, ao responder à nossa pergunta, pensar em um ou outro aspecto do progresso, ou mais no seu entorno cultural que no mundo como um todo. Porém, se tal tivesse sido a regra, teríamos obtido uma dispersão das opções que vão de muito progresso a retrocesso. Ora, não foi o que aconteceu, fato que nos leva a pensar que os sujeitos colocaram-se de um ponto de vista universal.

Os resultados apontam que, da amostra total, a quase totalidade dos sujeitos mostra-se otimista em relação ao progresso da humanidade, como é mostrado a seguir.

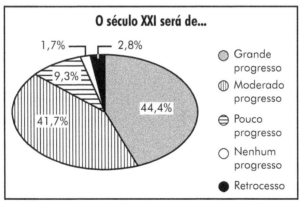

Fonte: ISME.

Como se verifica, as opções por "grande progresso" e "moderado progresso", portanto aquelas que apontam para o progresso, somam 86,1%, ficando apenas 13,9% para as respostas que podemos chamar de pessimistas. Note-se também que não mais de 2,8% de nossa amostra optou pela perspectiva de retrocesso.

Esses dados podem ser considerados até surpreendentes se pensarmos que, aparentemente, o "clima social" atual está mais para o pessimismo do que para o otimismo. Com efeito, pouco se ouvem, nos dias de hoje, referências às vantagens que o progresso da ciência, da tecnologia, da democracia, etc., trazem em termos de sofisticação ética e emancipação da humanidade. As chamadas utopias políticas, que traziam confiança no progresso social, praticamente desapareceram, e a própria ciência é hoje mais suspeita de ser a causa de danos à natureza e de barbáries sociais do que causa de desenvolvimento social. Porém, trata-se de discursos adultos. Os jovens aparecem como otimistas, e as causas desse otimismo devem ser melhor analisadas em futuras pesquisas.

Note-se que as meninas mostram um pouco menos de otimismo do que os meninos: enquanto 50,2% das meninas pensam que o século XXI será de "grande progresso", esse número cai para 39,4% para os meninos. É maior o número de meninas que optam por um progresso "moderado" (46,7%), enquanto 36% dos meninos pensam como elas. Todavia, como essa diferença de opinião entre homens e mulheres praticamente não se observa na maioria das questões, pensamos não haver muito o que deduzir dessa diferença com relação à avaliação do progresso da humanidade.

Em compensação, a auto-atribuição de sucesso escolar pesa nesta avaliação. Eis os dados relacionados ao progresso da humanidade:

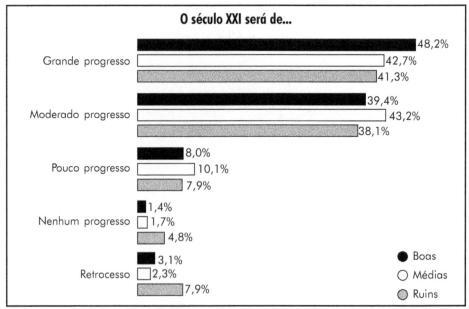

Fonte: ISME.

Como se vê, entre aqueles que se avaliam como tendo boas notas, 48,2% optam pelo grande progresso da humanidade, contra 39,4% de progresso moderado. Entre aqueles que se avaliam como tendo notas médias, as opções grande e moderado progresso receberam praticamente o mesmo número de respostas (42,7% e 43,2%, respectivamente). E entre aqueles que se auto-avaliaram negativamente, embora a maioria (79,4%) se mostre otimista, 20,6% se mostram pessimistas (contra 13,8% da amostra total, 12,4% dos alunos de "boas notas" e 14,1% daqueles de "notas médias"). Embora a diferença seja pequena, pensamos que não deve ser desprezada: auto-avaliações escolares negativas correlacionam-se não apenas com as avaliações do futuro pessoal, mas também sobre o da humanidade em geral. Um certo "negativismo" parece estar associado a essa medida, como teremos a oportunidade de verificar mais vezes.

Ciência e cientistas

Duas são as perguntas que colocam o tema da ciência e de duas profissões a ela relacionadas (médicos e economistas). A escolha dessas duas profissões deveu-se tanto à importância real delas para a sociedade quanto por sua grande presença na mídia, fato que as torna visíveis aos olhos da sociedade (também perguntamos sobre professores, mas os dados serão analisados à parte, no item "escola").

Começamos por pedir a nossos sujeitos que avaliassem o *"grau de importância para o progresso social"* de médicos, economistas e cientistas em geral.

Os resultados para os médicos foram os seguintes: 83,8% os consideram "muito importantes", 15,4%, "importantes", 0,7%, "pouco importantes" e 0,2% "nada importantes". Temos, portanto, que, somadas as avaliações de "muito importantes" e "importantes", os médicos são vistos pela quase totalidade dos alunos como profissionais de função relevante para a sociedade. Em uma palavra, os médicos gozam de excelente imagem no que tange à sua importância para a sociedade e seu progresso.

O cientistas (sem precisão de que área) também foram muito bem avaliados: 59% os julgam muito importantes e 33,2% como importantes, em um total de 92,2%. Os alunos que se auto-avaliaram negativamente quanto às suas notas mostraram-se mais críticos: 11,5% pensam que os cientistas são pouco ou nada importantes, enquanto esse número não ultrapassa 8% para os demais. Como a escola ensina, ela mesma, ciência, talvez haja maior associação negativa entre esse ramo de atividade humana e o desempenho escolar. Mas é com os economistas que os que julgam ter notas ruins são mais severos.

Os economistas também são vistos como importantes pelos jovens (38,6%), mas menos como "muito importantes" (25,1%). Mas somando essas duas porcentagens, temos 63,7% de sujeitos que avaliam esse trabalho como relacionado ao progresso social. Os economistas são menos valorizados pelo alunos com auto-avaliação acadêmica ruim. Enquanto 13,4% e 16,2% dos alunos que se auto-avaliaram com notas boas e médias, respectivamente, consideram os economistas pouco e nada importantes para o progresso social, são 29,4% os que o fazem entre aqueles que se auto-avaliaram com notas ruins. O fato de eles serem mais "severos" em relação a economistas do que a médicos e cientistas provavelmente se deve ao fato de os primeiros estarem diretamente relacionados à gestão da economia, gestão essa relacionada ela mesma às perspectivas profissionais. Como a escola é, entre outras coisas, lugar no qual os alunos se preparam para o mercado de trabalho, e que ver-se com notas ruins pode ser sinal de sérias dificuldades de nele adentrar, é compreensível que os alunos que se vêem em dificuldades sejam mais críticos em relação àqueles que são considerados como responsáveis pela boa ou má saúde da economia: atribuem a eles parte da responsabilidade por possíveis fracassos.

Também pedimos a nossos sujeitos que de *cinco itens, entre os quais a ciência (os outros são moral, política, religião e arte), optassem pelo mais importante*. Eis os dados:

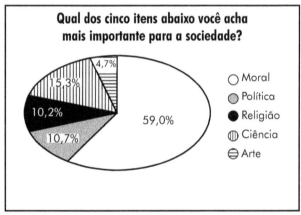

Fonte: ISME.

Como se vê, na amostra total, a moral recebeu maior número de respostas, seguida da ciência (15,3%). Voltaremos a esses dados quando falarmos da moral. Por enquanto, notemos que a ciência aparece valorizada. Há, porém, um dado relevante: entre os alunos da escola pública, a importância da ciência (13,2%) é igual à da religião (13,7%). Entre os alunos da escola particular, temos 18,2% de atribuição de importância para a ciência, mas apenas 5,4% para a religião. Vamos voltar agora a esse dado apresentando o que nossos sujeitos responderam quando lhes colocamos o tema da religião.

Religião

Fizemos quatro questões nas quais a religião ou os religiosos estão presentes. Na primeira, perguntamos, assim como o fizemos a respeito dos médicos, economistas e cientistas, *se os religiosos eram "muito importante,* "importantes", "pouco importantes" ou "nada importantes" para o progresso da sociedade. Eis os dados para a amostra total:

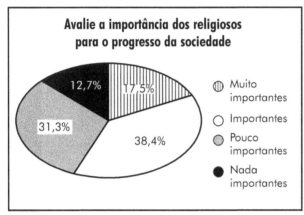

Fonte: ISME.

Como se vê, apenas pouco mais da metade da amostra total considera os religiosos muito importantes ou importantes. Note-se que o número de respostas "muito importantes" é inferior àquele de "pouco importantes". Em suma, religiosos ficam abaixo de médicos, economistas e cientistas no quesito "importância para o progresso social". Esse dado não deixa de ser relevante em uma época em que se discute uma suposta volta à religiosidade.

Mas devemos atentar para a diferença entre alunos de escola pública e particular.

Como se vê, há 20,5% a mais de alunos de escola pública que julgam os religiosos muito importantes e importantes para o progresso social. Em uma palavra, os religiosos são mais importantes para os alunos de classe social de menor poder aquisitivo. Não deixa de ser interessante apontar para um possível paradoxo: são as pessoas mais relacionadas à religião que freqüentam a escola *pública,* portanto laica, e são aquelas que se mostram menos relacionadas a ela que freqüentam escolas particulares, muitas delas de origem confessional. Os demais dados confirmam essa tendência.

160 Apêndice

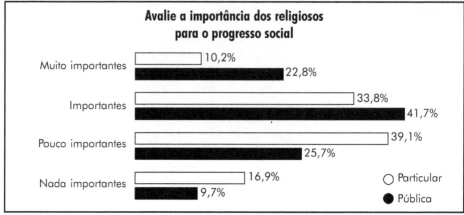
Fonte: ISME.

A segunda pergunta na qual comparece a referência à religião pedia aos sujeitos que avaliassem seu *grau de confiança nas instituições religiosas*. Eis os dados:

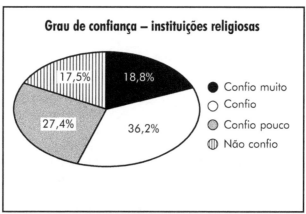
Fonte: ISME.

Na amostra total, pouco mais da metade (55%) ficou do lado da confiança e, portanto, 45% do lado da desconfiança. Novamente, pensamos que esse dado é relevante em época na qual se discute muito a influência da religião: ela não parece ser tão grande entre jovens. Mas entre eles, são os que freqüentam a escola pública que mais confiam na religião, como se verifica a seguir:

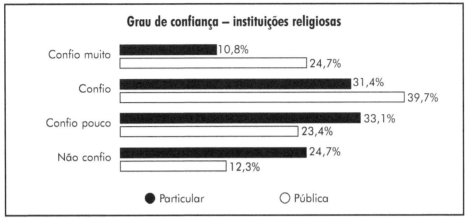

Fonte: ISME.

Na escola particular, são mais numerosos os que confiam pouco ou não confiam nas instituições religiosas (57,8%) do que os que confiam (42,2%). Em compensação, o quadro se inverte na escola pública, testemunhando maior religiosidade por parte dos alunos de classes menos favorecidas economicamente.

A terceira pergunta relacionada à religião refere-se ao *grau de influência que os sujeitos julgam ter, sobre eles, as instituições religiosas* (muita, média, pouca, nenhuma). Eis os dados:

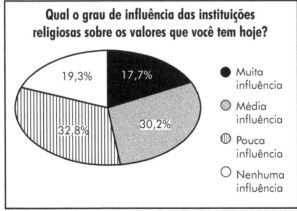

Fonte: ISME.

Na amostra total, 47,9% julgam que as instituições religiosas têm muita e média influência. Acrescentemos que tais instituições são vistas como tendo menos influência do que os pais, os professores, os meios de comunicação e os amigos, ficando apenas na frente, mas por muito pouco, das propagandas veiculadas na televisão, revistas e jornais (40,8%). Esse dado é coerente com os dois anteriores: não parece ser muito grande a presença da religião nos jovens do ensino médio; em todo caso, ela é menor do que aquela de várias outras instituições ou agentes sociais. Mas ela é maior entre os jovens de escola pública do que entre seus colegas de escola privada. Entre os primeiros, 57,9% pensam ser influenciados pelas instituições religiosas (somando as respostas de muita e média influência); entre os segundos, a porcentagem fica apenas em 34%. Esse dado também é coerente com os anteriores, assim como o é aquele já comentado no item anterior, referente à ciência e a cientistas: para os jovens de escola pública, cientistas e religiosos dividem o segundo lugar quanto à importância para a sociedade, enquanto para os seus colegas de escola particular, a religião ocupa o último, atrás da moral, da ciência, da política e da arte.

Em resumo, os dados mostram maior penetração da religião nas chamadas camadas populares, justamente aquelas que freqüentam a escola "republicana". Contudo, mesmo entre estes, a influência da religião precisa ser relativizada, pois, como veremos a seguir, ela parece menor que aquela da família, dos amigos, e não maior do que aquela exercida pelos meios de comunicação.

Política

A relação de cada um com a sociedade passa necessariamente pela dimensão do poder, portanto da política, notadamente em uma democracia. Logo, o valor atribuído aos políticos, aos partidos políticos e aos poderes tem importância crucial: afinal é deles que depende, em grande parte, o futuro da sociedade, a qualidade de vida dos cidadãos, o progresso social, etc. Há mais: o sucesso dos projetos de vida dos jovens está diretamente relacionado ao que decidem e fazem os responsáveis pelo poder, responsáveis estes que, lembremo-lo, são eleitos.

Comecemos pelo Poder Judiciário.

Pedimos a nossos sujeitos que julgassem a *importância dos juízes para o progresso da sociedade*. Somam-se 87,7% as respostas que apontam para a sua importância. Novamente, os alunos que se auto-avaliaram negativamente no quesito desempenho escolar se mostram mais críticos: 22,3% consideram os juízes pouco ou nada importantes, contra 13% dos alunos de "notas médias" e 9,5% daqueles de "notas boas".

Sempre em relação aos juízes, pedimos aos sujeitos que avaliassem o *grau de confiança que têm no Poder Judiciário*. Eis os dados:

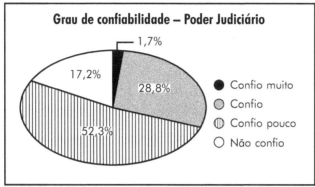

Fonte: ISME.

Como se vê, apenas 1,7% afirma confiar muito no Poder Judiciário, que, somado àqueles que limitam-se a dizer que confiam (28,8%), dá pouco mais de 30%. Do lado da pouca confiança e da declarada desconfiança, temos praticamente 70%, o que é muito.

Como de costume, os alunos que se avaliam como tendo notas ruins conseguem ser ainda mais desconfiados em relação ao Poder Judiciário: apenas 16,6% nele confiam, enquanto 35,6% afirmam que não confiam (o não confiar fica com 16% entre aqueles que se avaliam com notas médias, e 6% entre aqueles que pensam ter boas notas).

Em suma, temos, por um lado, uma grande parcela de sujeitos que pensa que os juízes são importantes para o progresso da sociedade (87,7%) e, por outro, uma também grande parcela (70%) que não atribui confiança ao poder político correspondente. Esse dado não é contraditório: pode-se muito bem pensar que determinados agentes sociais têm papel relevante para o progresso social (do ponto de vista sociológico e político, é certamente correto) e também pensar que não merecem confiança para exercer tal papel. Porém, essa dissociação entre atribuição de importância e de confiança coloca um quadro pouco alentador e revela um grande pessimismo por parte da maioria de nossos sujeitos.

Reencontramos quadro semelhante em relação aos políticos, aos partidos políticos e ao Congresso Nacional.

Assim como o fizeram em relação aos juízes, a maioria de nossos sujeitos (66,8%) pensa que os políticos são importantes para o progresso da sociedade (entre os alunos de baixa auto-avaliação escolar, esse número desce para 51,6%). Em compensação, são apenas 3,9% que dizem confiar nos partidos políticos, enquanto 60,8% afirmam não confiar (e 35,3% afirmam confiar pouco). Em suma, 96% dos sujeitos encontram-se do lado da desconfiança. Quanto ao Congresso Nacional, a respeito do qual apenas pedimos o grau de confiabilidade, temos apenas 27,7% que confiam, e 72,3% que atribuem pouca ou nenhuma confiança. Eis o que acabamos de comentar.

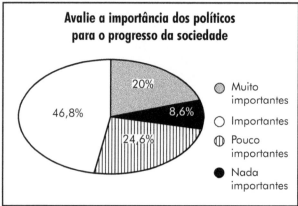

Fonte: ISME.

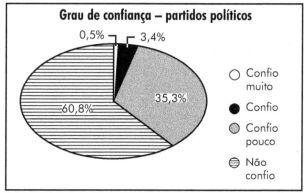

Fonte: ISME.

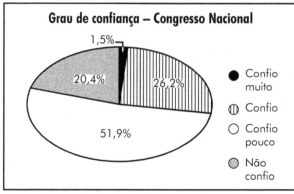

Fonte: ISME.

Vemos assim que os partidos políticos e o Poder Legislativo merecem ainda menos confiança que o Poder Judiciário, embora os políticos sejam vistos como desempenhando papel importante para o progresso da sociedade. Vale aqui o que comentamos para os juízes: não há contradição entre afirmar importância social e negar confiança. Mas esses dados são de suma importância, notadamente para um regime democrático.

Do ponto de vista da sociedade como um todo, o fato de os jovens não atribuírem confiança às instituições do poder e às pessoas que nelas ocupam cargos, coloca simplesmente em risco a democracia. Não vem ao caso aqui julgarmos se a maioria de nossos sujeitos têm razão, ou não, em negar sua confiança. Mas o fato de eles o fazerem constitui um inegável perigo para o futuro político. O fato de a legislação brasileira obrigar cada cidadão a votar não permite avaliar se, como em outros países (a França, por exemplo), a população não compareceria em massa para votar nos dias de pleito caso o voto fosse facultativo. Mas nossos dados apontam claramente para essa possibilidade. Não podemos não dizer, aqui, que, se nossos dados forem confiáveis - seria necessário realizar a pesquisa em outras regiões, e também em jovens de faixa etária superior -, os responsáveis políticos brasileiros devem pensar seriamente sobre a postura dos jovens perante a política, suas instituições e seus representantes, esses mesmos jovens que, como vimos anteriormente, e voltaremos a comentá-lo, elegem a *moral* como o elemento mais importante para a sociedade (a política fica apenas com 10% das escolhas).

Do ponto de vista das perspectivas éticas dos próprios jovens, o desencanto notado em relação às instituições políticas e seus representantes é também problemático. Vimos que a maioria acredita que o século XXI será um período de progresso para a humanidade. Eis uma postura otimista, mas que fica fragilizada, pois é difícil imaginar progresso sem a participação, de uma forma ou de outra, dos políticos. Muitos jovens certamente percebem essa contradição e, como veremos adiante, se voltam para o espaço privado.

Meios de comunicação

Não fazia sentido perguntarmos a importância dos meios de comunicação para o progresso da humanidade, pois tal não é sua vocação. Limitamo-nos, portanto, a avaliar como os nossos sujeitos confiam neles e o quanto eles pensam ser influenciados por ele.

Comecemos pela questão da *confiança*. A seguir (p. 166), os dados obtidos:

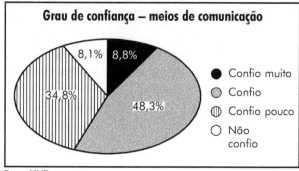

Fonte: ISME.

Como se verifica, temos aproximadamente metade dos sujeitos que fica do lado da confiança (57%) e outra do lado da desconfiança (43%). Note-se que apenas 8,8% afirmaram que confiam muito nos meios de comunicação, praticamente a mesma porcentagem daqueles que dizem não confiar (8,1%). Note-se também que os que dizem confiar são 48,3%, portanto 14% a mais que aqueles que dizem confiar pouco na mídia. Desses dados, pode concluir-se que os meios de comunicação situam-se abaixo do que seria desejável do ponto de vista da confiança. Afinal, é essencialmente por intermédio deles que a população recebe as informações necessárias para compreender variados aspectos do mundo, da política, dos eventos do espaço público em geral. Se esta "janela para o mundo" é vista por praticamente metade de nossos sujeitos como no mínimo suspeita de não informar corretamente, temos mais um indício de que os jovens têm dificuldades de relacionar seus projetos de vida com a dinâmica da sociedade como um todo. Parece que, para eles, o mundo aparece como mais perigoso que acolhedor, fato que será confirmado por outros dados.

Vejamos agora como eles julgam o *grau de influência dos meios de comunicação sobre seus próprio valores: eles têm muita influência? Média influência? Pouca influência? Ou nenhuma influência?* Eis os dados:

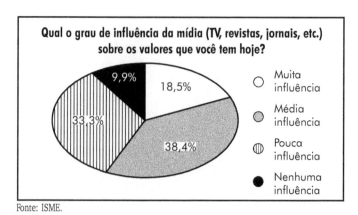

Fonte: ISME.

Nossos dados são coerentes com aqueles encontrados para a confiança depositada nos meios de comunicação: 56,9% pensam ser influenciados por eles, e 43,1% pensam o contrário. Novamente, os alunos que se avaliam como tendo notas ruins rechaçam em maior número a influência dos meios de comunicação: 14,2% deles optaram pela resposta "nenhuma influência", enquanto apenas 9,6% dos alunos de "boas notas" e 9,7% daqueles de "notas médias" o fizeram. Uma maior tendência à negação do outro parece ser característica dos alunos que avaliam não estar tendo sucesso na escola.

Falta vermos mais um dado, esse relacionado a um aspecto especial dos meios de comunicação: as propagandas. Optamos por destacar esse item pelo fato de a mídia veicular incessantemente propagandas variadas, propagandas essas que não somente são repetidas centenas de vezes como quase sempre apelam para os supostos traços de personalidade dos virtuais consumidores (fala-se cada vez menos das qualidades dos produtos e cada vez mais daquelas dos consumidores).

Os dados são parecidos com aqueles obtidos para os meios de comunicação: 40,8% pensam que são influenciados, e os 59,2% restantes pensam que não, ou não muito. Mais uma vez, verificamos que os meios de comunicação dividem as opiniões de nossos sujeitos.

Tal não acontece com suas opiniões sobre a escola.

Escola

São várias as perguntas relacionadas à escola (as diferenças entre graus de auto-avaliação acadêmica, dada sua relação direta com a escola, serão comentadas somente no final do presente tópico).

Como o fizemos para outros agentes institucionais (médicos, juízes, etc.), perguntamos a nossos sujeitos qual o *grau de importância dos professores para o progresso da sociedade*. Veja os resultados:

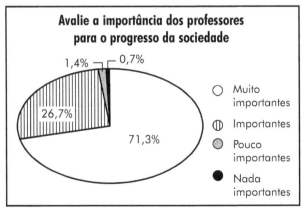

Fonte: ISME.

Como se vê, os professores são muito bem avaliados: um total de 98% pensa que são muito importantes (71,3%) ou simplesmente importantes (26,7%). Os professores equiparam-se, portanto, aos médicos, nas avaliações dos jovens. Eis um dado que não deve passar despercebido: os professores são vistos como agentes essenciais para a sociedade e seu progresso. Tal diagnóstico parece contrariar o senso comum atual segundo o qual os professores teriam perdido *status* social. Ora, não parece ser o caso, pelo menos no que tange aos rumos que a sociedade pode tomar.

Vejamos agora o *grau de confiança depositado na instituição escola*. Eis os dados:

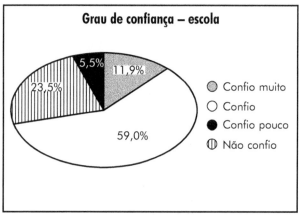

Fonte: ISME.

Já tivemos a oportunidade de ver os resultados dessa pergunta para outras instituições. Lembremo-los rapidamente para verificar que a escola inspira mais confiança que as demais, com exceção da família (dados que serão analisados no item "eu/outrem"). Se somarmos as porcentagens das respostas "confio muito" e "confio", temos que a escola aparece com 70%, contra 57,1% para os meios de comunicação, 55% para as instituições religiosas, 30,5% para o Poder Judiciário, 27,7% para o Congresso Nacional e 3,9% para os partidos políticos (a família recebe 97,4% das respostas). Logo, entre as instituições públicas (a família pertence ao espaço privado), a escola é a que merece maior confiança por parte dos jovens do ensino médio. Verifica-se também que são bem poucos os jovens que nela não confiam (5,5%), mas não é de todo desprezível o número daqueles que nela confiam pouco (23,5%). Também não é desprezível o fato de haver poucos alunos que dizem confiar *muito* na escola: apenas 11,9% (para a família, o número sobe para 80,7%).

Tais dados, somados àqueles sobre a importância dos professores para a sociedade, são certamente reconfortantes para quem avalia um radical distanciamento entre a escola e seus alunos. Afinal, a escola é melhor avaliada que as outras instituições públicas, e em torno de 70% dos jovens dizem nela confiar. Porém, deve chamar a atenção o pequeno número de alunos que nela confiam muito (11,9%), sobretudo se lembrarmos que são por volta de 80% aqueles que julgam a família merecedora de grande confiança. Considerando que os alunos passam boa parte de sua infância e juventude nas salas de aula, sua majoritária recusa em confiar muito na escola mostra, sim, um certo distanciamento, distanciamento este que sublinham os 23,5% que afirmam confiar pouco na referida instituição. Em suma, podemos dizer que a escola "vai bem", mas que seria desejável que fosse mais digna de confiança, haja vista sua importância prática na vida dos jovens.

Finalmente, há uma diferença que vale a pena ser notada: os alunos de escola particular mostram-se mais confiantes na escola que seus colegas de escolas públicas. Com efeito, são 75,4% dos primeiros que confiam na escola, enquanto esse número cai para 67,4% para os segundos. Em relação à não-confiança, temos que 19,1% dos alunos de escolas particulares dizem confiar pouco nelas, enquanto esse número sobe para 26,7% entre aqueles que freqüentam escolas públicas. Essas diferenças não são muito grandes, mas como giram em torno dos 10%, devem ser levadas em consideração. Afinal, deveria ser a escola pública, por ser uma instituição de todos, a maior merecedora de confiança. Mas acontece exatamente o contrário.

Vejamos agora, assim como o fizemos para outros agentes sociais, a avaliação que fazem nossos sujeitos a respeito da *influência que exercem seus professores sobre seus valores*. Eis os dados:

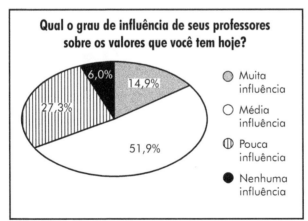

Fonte: ISME.

Entre os agentes sociais do espaço público, vê-se que os professores são vistos como tendo mais influência: 66,7% (os meios de comunicação receberam 56,9%, as instituições religiosas, 47,9%, as propagandas, 40,8%). Mas eles ficam bastante atrás dos pais (92,6%) e dos amigos (72,9%). Voltaremos aos dados relacionados ao espaço privado, mas, desde já, podemos sublinhar o fato de os agentes sociais do espaço público serem vistos como menos influentes do que as pessoas do entorno privado.

Novamente, devemos notar que são poucos os sujeitos que pensam que os professores têm muita influência sobre seus valores (14,9%) e que quase um quinto da amostra pensa que eles têm pouca influência (27,3%). Esses dados são coerentes com aqueles atinentes ao grau de confiança, e as ponderações feitas anteriormente também valem para esse item.

Vamos analisar agora outros dados, oriundos de perguntas exclusivamente focadas sobre a escola.

Perguntamos a nossos sujeitos se a *escola era um lugar no qual se ensinam muitas coisas, algumas coisas, poucas coisas ou nada sobre os problemas da sociedade e sobre como enfrentá-los*. Como se vê, essa pergunta visa a saber o quanto os alunos pensam ser a escola um lugar no qual se preparam os jovens para a vida, e não apenas para o mercado de trabalho. Os dados estão abaixo:

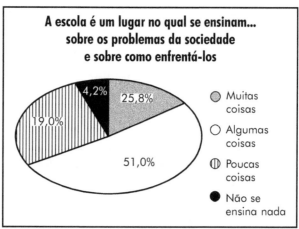

Fonte: ISME.

Se considerarmos que somam 76,8% as respostas que afirmam que a escola ensina coisas sobre os problemas da sociedade e sobre o como enfrentá-los, podemos dizer que a escola é bem avaliada enquanto lugar que instrumentaliza os jovens para a vida. Tal interpretação fica fortalecida se atentarmos para o fato de apenas 4,2% dos jovens afirmarem que a escola nada ensina a esse respeito. Confessamos que esse resultado nos surpreendeu: pensávamos que os alunos seriam mais críticos em relação a essa essencial função social. Mas não foi o que aconteceu, o que deve ser positivo para a educação. Os dados que vamos agora mostrar confirmam essa boa avaliação da escola, por parte de seus alunos.

Perguntamos a eles se *o saber que se ensina na escola era extremamente importante, importante, pouco importante ou nada importante para o desenvolvimento social*. Eis os dados:

Fonte: ISME.

Somam-se 93,8% as respostas das opções "extremamente importante" e "importante", cada uma delas tendo recebido porcentagem de 47,2% e 46,6%, respectivamente. Esses dados, juntamente com os anteriores, mostram não haver, segundo nossos sujeitos, distanciamento entre a escola e a vida social.

E para a vida pessoal? Para sabê-lo, perguntamos aos alunos se viam *a escola como elemento muito importante, importante, pouco importante, nada importante ou como fator negativo para o seu desenvolvimento pessoal*. Os dados mostram, novamente, uma boa avaliação da escola:

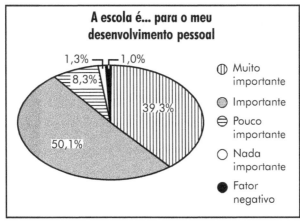
Fonte: ISME.

Em resumo, a maioria dos alunos pesquisados pensa que a escola é um lugar no qual se aprendem coisas importantes sobre os problemas da sociedade e sobre como enfrentá-los, pensam que o saber que ela ensina é relevante para o desenvolvimento social e pessoal. Esses dados, ao lado daqueles que mostram serem, para os jovens do ensino médio, os professores agentes sociais importantes para o progresso da sociedade, com influência sobre seus valores e a escola merecedora de confiança, temos que é positivo o balanço final sobre a imagem que a escola tem aos olhos dos jovens. O balanço final é positivo e aparentemente contraditório com o tão propalado descrédito da escola aos olhos dos jovens.

Para finalizar, *vamos ver agora se houve diferenças sensíveis entre as respostas daqueles que se auto-avaliam com notas ruins e aqueles que pensam ter notas boas e médias*. Podemos ser rápidos na apresentação desses dados porque, em todas as perguntas feitas sobre a escola, aqueles que se avaliam negativamente, do ponto de vista acadêmico, mostram-se mais críticos em relação a ela.

Para a pergunta sobre a *importância dos professores para o progresso social*, enquanto apenas 0,5% dos alunos de média auto-avaliação e 1,3% dos de boa auto-avaliação pensam que escola não é nada importante, sobe para 6% a porcentagem dos alunos de auto-avaliação ruim que pensam da mesma forma.

Para a pergunta sobre a *influência dos professores sobre os valores dos jovens*, 21,7% dos alunos que se avaliam como tendo notas ruins julgam que eles em nada os influenciam, enquanto para seus colegas a porcentagem gira em torno de 5%.

Em relação ao *grau de confiança que têm na escola*, 22,1% dos alunos que se vêem com notas ruins dizem que não confiam, mas apenas 5% dos alunos de notas médias e 3,9% daqueles de notas boas pensam como eles.

A situação não é diferente quando se trata de avaliar se a *escola ensina a enfrentar os problemas sociais*: enquanto apenas 3,7% dos alunos de notas médias e 3,4% daqueles de notas boas julgam que ela nada ensina, sobe para 15,9% os alunos de notas ruins que negam à escola essa qualidade.

Quanto ao *papel dos saberes que se ensinam na escola para desenvolvimento social*, enquanto 94% dos alunos que se avaliam como tendo notas boas e médias julgam que são importantes, essa porcentagem cai para 78,7% entre aqueles que se avaliam como tendo notas ruins.

Finalmente, no que diz respeito ao *papel da escola no desenvolvimento pessoal*, 6,7% dos alunos de auto-avaliação ruim julgam que a escola é um fator negativo, mas apenas 0,7% dos alunos de auto-avaliação "média" e 0,5% daqueles de auto-avaliação "boa" têm a mesma opinião negativa.

Tais dados são, de certa forma, esperados: aqueles que pensam "ir mal" na escola têm maior tendência de retirar valor a essa instituição. Mas devemos lembrar que não é apenas a escola o objeto de tal desvalorização, mas também outras instituições e agentes sociais, como vimos anteriormente.

Vamos agora conhecer os dados relativos à relação Eu/outrem.

EU/OUTREM

É em boa parte convencional a fronteira que separa os temas que colocamos na classe "eu/sociedade" daqueles que escolhemos para a classe "eu/outrem". Todos dizem respeito às relações sociais. Porém, pensamos que faz sentido analisarmos separadamente as respostas dadas a respeito das instituições (como o Poder Judiciário) ou agentes institucionais (como os médicos) e aquelas que tratam do "outro", sem que um lugar preciso lhe seja atribuído. Fizemos uma única exceção para a "família", que também é uma instituição social, mas que diz respeito ao âmbito privado, às relações de intimidade.

Vamos apresentar os dados sob três rubricas: relações conflituosas, espaço privado, virtudes morais. Como o fizemos até agora, somente nos referiremos a diferenças relacionadas ao tipo de escola freqüentada, ao sexo e à autoavaliação acadêmica se elas forem encontradas.

relações conflituosas

Vamos começar por verificar como nossos sujeitos avaliam as potencialidades de harmonia social. Para tanto, pedimos-lhes que julgassem a proporção de *amigos e adversários que temos no mundo de hoje*. Havia cinco alternativas: temos *muito mais* ou *mais* adversários que amigos, temos *tanto* adversários *quanto* amigos, ou temos *menos* ou *muito menos* adversários que amigos. Eis os dados:

Fonte: ISME.

Como se vê, vence o pessimismo em relação à harmonia e à paz entre os membros da sociedade. Se somarmos as porcentagens das duas alternativas que falam em mais adversários que amigos, temos mais da metade da amostra (55%). E se somarmos a esses 55% a porcentagem de sujeitos que pensam que temos tanto adversários quanto amigos, chegamos a quase totalidade das respostas: 91,8%. Ou seja, apenas 8% da amostra pensa ser mais provável que a balança penda para o lado dos amigos. Interessante sublinhar aqui que os alunos com auto-avaliação acadêmica boa e média, que, como vimos, costumam ser menos críticos ou pessimistas que seus colegas com auto-avaliação negativa, na presente questão se mostram tão desencantados quanto eles. Em suma, para a grande maioria de nossos sujeitos, o trânsito social pelo espaço público apresenta-se como conflitivo e ameaçador.

Os dados que vamos agora apresentar confirmam esse diagnóstico. Perguntamos se, *no mundo de hoje, os conflitos são muito mais, mais, menos ou muito menos resolvidos pela agressão que pelo diálogo*. Vejamos os dados:

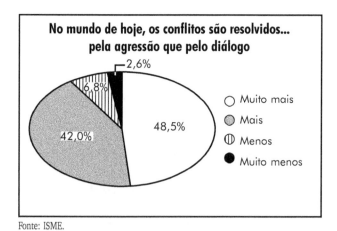

Fonte: ISME.

Coerentemente com os dados relacionados à proporção entre adversários e amigos, esses mostram que a quase totalidade dos sujeitos (90,5%) pensa que a regra é a agressão, não o diálogo. Novamente, a auto-avaliação em nada interfere nesse diagnóstico. Pode-se dizer que o jovem de hoje pensa mais viver em um mundo de possíveis adversários agressivos do que em um mundo de possíveis companheiros dispostos a dialogar quando há conflito. Se pensarmos esses dados com aqueles atinentes ao sistema democrático de poder (questões referentes à confiança nos partidos políticos e nos poderes), encontramos o perfil de um jovem disposto a desertar o espaço público e a resguardar-se no espaço privado, junto a familiares e amigos. Os dados que veremos mais para a frente confirmam a realidade desse perfil.

Antes, vejamos rapidamente o que pensam nossos sujeitos a respeito de preconceitos e dos possíveis obstáculos que inviabilizam uma vida que vale a pena ser vivida.

Perguntamo-lhes *quem sofre mais preconceito na sociedade brasileira: mulheres? Deficientes? Doentes de AIDS? Negros? Adolescentes grávidas? Ou pessoas pobres?* A seguir temos os resultados.

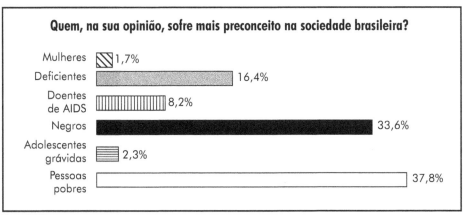

Fonte: ISME.

Negros e pessoas pobres são vistos como principais objetos de preconceitos. Como explicar o empate entre essas duas alternativas? Tendemos a pensar que ele se deve ao fato de, no Brasil, a maioria das pessoas pobres terem pele escura, de onde a dúvida: os preconceitos sofridos se devem a qual dos dois fatores? Como o sabemos, as opiniões divergem, e nossos sujeitos não fogem à regra, apesar de uma ligeira preferência pelo fator pobreza (37,8%, contra 33,6% para a negritude). Pensamos que esse dado pode ser relevante para aqueles que estudam o preconceito e desenvolvem políticas para combatê-lo. Também deve ser relevante para a discussão sobre a "discriminação positiva": admitindo-se que ela é legítima, sobre quem ela deve recair?

No que se refere a obstáculos para alcançar uma vida que vale a pena ser vivida, *pedimos a nossos sujeitos que avaliassem o peso (muito forte, forte, pouco forte e nada forte) dos seguintes: isolamento, preconceitos, violência, má preparação profissional, crise econômica e racismo.*

Vamos aos dados, apresentando apenas a soma das opções "muito forte" e "forte". O isolamento aparece como o obstáculo menos ameaçador, com 55,1%. Em seguida vêm o preconceito e o racismo, com, respectivamente, 69,5% e 70,1%. A crise econômica recebeu 72,5%, a má preparação profissional, 73,9%, e a violência, 74,3%. No caso dessa última, as meninas mostram-se mais preocupadas com ela que os meninos, pois 55% delas dizem ser a violência obstáculo *muito forte*, enquanto são 44,1% dos meninos que pensam a mesma coisa.

Em suma, nossos dados não permitem estabelecer uma clara hierarquia entre os obstáculos escolhidos. Com exceção do isolamento, que fica apenas um pouco acima dos 50%, os outros praticamente se equivalem, com porcentagens em torno dos 70%. Todos eles, portanto, são considerados obstáculos relevantes para alcançar uma vida que vale a pena ser vivida. Como esses obstáculos de fato existem, e que, para dois deles, preconceito e violência, dados já comentados mostraram que nossos sujeitos os consideram muito presentes na vida contemporânea, temos um quadro pouco alentador para o alcance de uma vida boa, pelo menos no que diz respeito a aspectos do espaço público.

Vamos ver agora que é no espaço privado que os adolescentes sentem-se mais confortáveis.

Espaço privado

Comecemos por conhecer *o grau de confiança que nossos sujeitos atribuem à família*. Lembremos que há quatro opções: *confio muito, confio, confio pouco e não confio*. Eis os dados:

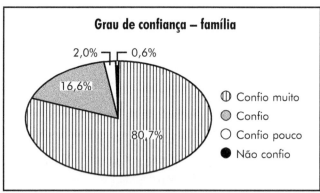

Fonte: ISME.

Vale notar o fato de 80,7% dos sujeitos afirmarem confiar *muito* na família, número que, somado ao confiar, nos dá a quase totalidade da amostra (97,3%). Lembremos que a escola, digna de confiança para 71% dos jovens pesquisados, apresentava apenas 11,9% para a opção "confio muito". Logo, a família aparece longe na frente das outras instituições sociais em termos de confiança, e isto vale tanto para os alunos da escola pública quanto da particular, e vale também tanto para meninos quanto para meninas. Em compensação, a auto-avaliação diferencia um pouco os sujeitos. Enquanto os alunos que se avaliam com notas boas e médias apresentam, respectivamente, 82,5% e 80,8% de opções "confio muito" - números iguais aos da amostra total -, esse número cai para 67,1% para os alunos que julgam ter notas ruins (26,2% optaram pelo "confio"). Note-se também que a opção "não confio", escolhida por apenas 0,6% dos alunos que se avaliam com notas boas e 0,4% daqueles que julgam ter notas médias, recebe 3,6% das opções entre os alunos que se avaliam negativamente quanto ao desempenho escolar. Mas uma vez verificamos a correlação da auto-avaliação acadêmica com variadas áreas distintas da escola.

Vejamos agora *o quanto os pais são vistos como importantes na formação de valores*. Antes disso, lembremos rapidamente os dados anteriores referentes a outros agentes sociais. Somando "muita influência" e "média influência", temos para os professores 66,7%, para a mídia, 56,9%, para as propagandas, 40,8% e para as instituições religiosas, 47,9%. Eis os dados para os pais:

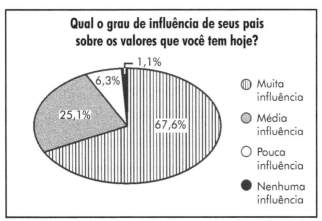

Fonte: ISME.

Assim como aconteceu para o grau de confiança, é alto o número de opções pela alternativa "muita influência" (67,6%). Para os demais 34 agentes sociais, esse número não ultrapassa 18,5% (para a mídia). A soma das respostas "muita influência" e "média influência", 92,7%, também supera largamente as porcentagens dos demais agentes sociais (os professores, segundos colocados, ficam com 66,7%). Em suma, a família, os pais, ocupam um lugar positivo e de destaque para os alunos do Ensino Médio, e isso sem distinção de tipo de escola freqüentada.

Encontramos uma pequena diferença devida ao sexo: 71,6% das meninas optaram pela alternativa "muita influência", enquanto 63% dos meninos fizeram a mesma opção. Estes quase 10% de diferença tendem a mostrar que as meninas são ainda mais ligadas à família que os meninos.

Como já verificada várias vezes, a auto-avaliação acadêmica também diferencia um pouco os sujeitos. Enquanto 74,8% dos alunos "notas boas" e 64,8%

daqueles "notas médias" pensem ser muito influenciados pelos pais, 52,8% dos alunos "notas ruins" pensam a mesma coisa. E enquanto apenas 4,8% dos alunos "notas boas" e 6,6% daqueles "notas médias" pensam ter seus pais pouca influência sobre seus valores, 13,1% dos alunos "notas ruins" pensam da mesma forma. Vale para esses dados as análises já realizadas anteriormente.

Falta vermos *como se situam os amigos como fontes de influência de valores*. Os dados:

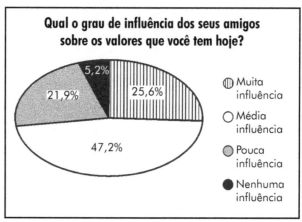

Fonte: ISME.

Como se vê, os amigos são vistos como menos influentes que os pais, mas mais do que professores, mídia, etc. Esse dado, junto com os demais, mostram bem a clara preferência que nossos sujeitos dão ao espaço privado em relação ao espaço público.

Interessantemente, não encontramos diferença devida à auto-avaliação. A explicação talvez seja a de que amigos, portanto relações de reciprocidade, não representam instância de autoridade ou poder (como família, escola, mídia, etc.) e não são, portanto, alvo de atribuição de responsabilidade pelos virtuais fracassos pessoais.

Virtudes morais

Para finalizar a análise das respostas relacionadas ao "eu/outrem", vejamos *como nossos sujeitos avaliam a importância da moral e de algumas virtudes*.

Comecemos por rever os dados relacionados à atribuição de importância, para a sociedade, da moral, da política, da religião, da ciência e da arte.

Como se vê, a moral, com 59% das respostas, aparece claramente mais valorizada que os demais itens. Esse dado é plenamente coerente com o fato de os adolescentes verem o espaço social como lugar de agressão, e de pensarem estar mais rodeados de adversários do que de amigos. A moral é justamente o

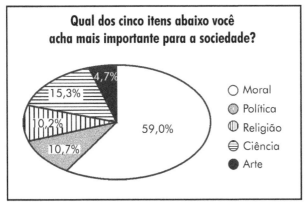

Fonte: ISME.

sistema de valores, princípios e regras que visa a, entre outras coisas, dar paz e harmonia às relações sociais. Parece haver uma demanda de moral por parte de jovens, demanda esta correlata do diagnóstico de sua ausência na sociedade.

Há uma pequena diferença, mas que seria uma pena não revelar, entre meninos e meninas. Enquanto 65,7% destas últimas escolheram a moral, a porcentagem cai para 51,2% para os meninos, que dão mais importância do que elas à ciência (20,7% para eles, e 10,7% para elas) e à política (12,6% para eles e 9,0% para elas).

Vamos ver agora *que importância eles atribuem a virtudes, uma não moral (competência profissional), duas morais (honestidade e tolerância), e uma tanto moral quanto jurídica (a justiça)*. Lembremos que, para a grande maioria dos filósofos da moralidade, a justiça é a virtude moral por excelência, sem a qual, como o dizia Adam Smith, nenhuma sociedade é viável. Nossos sujeitos parecem concordar:

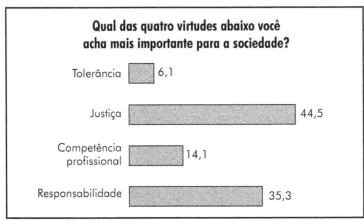

Fonte: ISME.

Note-se que as três virtudes morais (tolerância, responsabilidade e justiça) somam juntas 86% das escolhas. Note-se também que as opções pela justiça quase equivalem à metade das respostas. Mas há outro dado que merece ser sublinhado: o fato de a tolerância ser objeto de apenas 6,1% das respostas, ou seja, abaixo dessa virtude pragmática que é a competência profissional. Uma pesquisa realizada por nós no ano de 2000 trouxe um dado coerente com o que acabamos de comentar. Nela pedimos a 438 sujeitos de ensino médio do município de São Paulo, metade deles de um escola particular e a outra de uma escola pública, que fizessem um *ranking* por ordem de importância de 10 virtudes (coragem, gratidão, fidelidade, generosidade, honra, prudência, polidez, tolerância, justiça e humildade) A tolerância ficou em último lugar. Em uma época na qual muito se discute preconceito e racismo (vistos respectivamente por 69,5% e 70,1% de nossos sujeitos como forte obstáculo para a vida), a menor valorização da tolerância deve chamar a atenção. Podemos, aqui, lembrar dos dados atinentes ao fato de os jovens pensarem ter mais adversários que amigos e que os conflitos são mais resolvidos pela agressão do que pelo diálogo. Na medida em que o outro é visto como provável adversário, só mesmo a justiça (que se institucionaliza no Poder Judiciário) para garantir a harmonia social, pois a tolerância, além de pressupor a abdicação de uma parcela de poder pessoal, depende de relações de confiança.

Finalmente, vejamos como nossos sujeitos *comparam a importância de cinco virtudes, todas elas morais, para o convívio entre as pessoas*. Eis os dados:

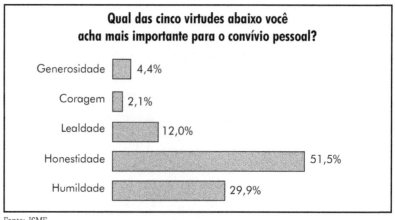

Fonte: ISME.

Honestidade (51,5%) e humildade (29,9%) são as virtudes mais escolhidas, sem diferenças significativas atribuíveis a tipo de escola freqüentada, sexo e auto-avaliação. Que a honestidade tenha recebido praticamente a metade das escolhas não deve ser estranhado: essa virtude, que implica assumir responsabilidades e ter honradez, faz-se presente em todos os conteúdos morais.

Em compensação, chama a atenção o fato de a humildade ser a segunda mais escolhida, na frente de virtudes como a lealdade (muito relacionada à amizade, portanto ao espaço privado) e a generosidade (também relacionada ao espaço privado). Citamos anteriormente a pesquisa realizada, no ano de 2000, com 438 sujeitos do ensino médio paulistanos na qual havíamos pedido um *ranking* por ordem de importância de 10 virtudes. Coerentemente com os dados agora coletados, a humildade ficou em primeiro lugar, justo na frente da justiça e da fidelidade. Por que será a humildade tão valorizada pelos jovens? Houvesse a religião ou as instituições religiosas se mostrado muito importantes para nossos sujeitos, poderíamos a elas atribuir a causa da grande valorização desta virtude, uma vez que a religião dominante no Brasil é o catolicismo, que confere grande importância à humildade. Mas como não foi o caso, deve-se procurar respostas em outras direções. Talvez se trate de uma reação ao grande lugar que ocupa, hoje, a fama e a glória e a constante celebração de ídolos de todo tipo. Hoje em dia, mostrar-se, falar de si, fazer de si um objeto de *marketing*, são estratégias sociais cada vez mais comuns e que, é claro, em nada se relacionam com a humildade, muito pelo contrário. Esta forte presença de variadas formas de vaidade talvez explique porque a virtude que lhe é contrária esteja, ela mesma, no centro das atenções. Trata-se de um tema que deve ser melhor pesquisado. Mas há outra hipótese. O que talvez esteja em jogo é a importância da humildade no outro (e não para si mesmo): o outro humilde seria menos ameaçador. Ora, haja vista que os jovens pensam ter mais adversários que amigos, parece natural que convivendo com tantos adversários, em um mundo hostil, pense-se que falta ao outro humildade para que o "eu" possa sentir-se um pouco mais seguro.

EU/EU

Reservamos para esse último bloco de apresentação e análise de dados aqueles referentes aos juízos de valor que os sujeitos fizeram a respeito de si mesmos. São quatro questões, que passamos a apresentar.

O que não ser

Solicitamos a nossos sujeitos que elegessem, entre quatro possibilidades, a pior para a vida. As possibilidades eram: *ser otário, ser injustiçado, ser desprezado ou ser sozinho*. A escolha das alternativas "injustiçado", "desprezado" e "sozinho" deu-se em razão do conhecido sofrimento psíquico que costumam causar. Acrescentamos a alternativa "otário" porque queríamos verificar se o ser enganado por pessoas mais "espertas" - tema freqüente nos dias de hoje - comparecia entre as representações de si com valor mais negativo. Não foi o que aconteceu, como se vê a seguir:

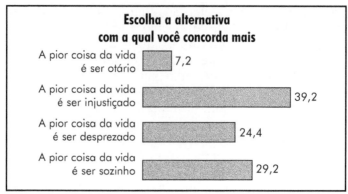

Fonte: ISME.

Coerentemente com outros dados que já vimos, a alternativa "injustiçado" foi a mais escolhida (39,2%). Porém, as alternativas "sozinho" e "desprezado" também receberam uma porcentagem alta de respostas, com 29,2% e 24,4%, respectivamente. O ser "otário" ficou apenas com 7,2% das respostas, sendo os meninos mais preocupados com essa possibilidade que as meninas (10,8% para eles e apenas 4% para elas). Os sujeitos com auto-avaliação acadêmica baixa também se diferenciam de seus colegas nesse item: 12,3% pensam que ser otário é a pior coisa da vida, enquanto apenas 7,3% dos alunos "notas boas" e 6,8% daqueles "notas médias" pensam a mesma coisa.

Houve também uma diferença digna de nota entre os alunos das escolas particulares e aqueles das escolas públicas. São 42,5% dos alunos das escolas públicas os que escolheram a alternativa "injustiçado", contra 34,5% daqueles das escolas particulares. Esse dado faz todo sentido, uma vez que os alunos das escolas públicas, costumeiramente mais desfavorecidos economicamente, são alvos preferenciais das injustiças sociais. Os alunos das escolas particulares optam tanto pela alternativa da injustiça quanto pela da solidão (33,3%), fato que não se verifica entre os alunos das escolas públicas (26,4% para a solidão). A sombra da solidão parece estar, portanto, mais presente entre os jovens de classe social economicamente superior.

Em resumo, podemos dizer que, no geral, ser injustiçado, ser sozinho e ser desprezado dividem as opiniões dos jovens a respeito do que é pior para suas vidas.

O que ser

Fizemos uma pergunta praticamente oposta à anterior *pedindo a* nossos sujeitos que dissessem o que esperavam da vida: ter fama? Ter emprego? Ter amigos? Ter filhos? Ter reconhecimento social? Para cada alternativa, quatro opções foram apresentadas: *muito importante, importante, pouco importante e nada importante*. Eis os dados:

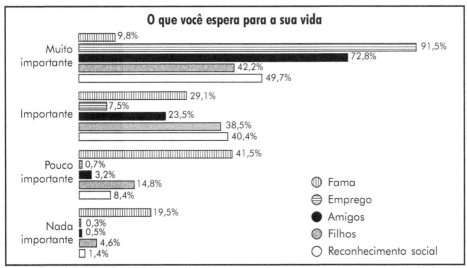

Fonte: ISME.

Como era de se esperar, a alternativa "emprego" foi aquela que mais respostas "muito importante" obteve (91,5%). Como as demais incidem sobre variáveis psicológicas, vamos compará-las entre elas.

Contrariamente ao que se poderia pensar em época de suposta busca de glória, a importância da "fama" aparece bem abaixo daquela atribuída aos outros índices: ela foi reconhecida como muito importante por apenas 9,8%, e como importante por 29,1%. Mas isso não significa que nossos sujeitos desdenhem o olhar alheio. Com efeito, 90,1% pensam que o "reconhecimento social" é muito importante ou importante. Ou seja, grande parte desdenha o caráter freqüentemente superficial da fama, mas não o caráter concreto e sério do reconhecimento. Note-se que o reconhecimento sempre implica mérito, enquanto que o mesmo não vale para a fama.

Do lado das relações privadas, ter amigos aparece como mais importante que ter filhos, embora importância tenha sido atribuída pela maioria dos sujeitos a ambas as alternativas. Vale a pena notar que, para amigos, 72,8% dos sujeitos responderam "muito importante", enquanto que essa porcentagem desce para 42,2% para filhos. Um estereótipo social poderia nos fazer esperar que as mulheres seriam mais inclinadas a privilegiar filhos a amigos, mas não foi o que aconteceu: 71,2% das meninas atribuíram muita importância a amigos, e 42,9% a filhos. Os meninos fizeram igual: 71,2% deram muita importância a amigos e 41,3% a filhos.

Finalmente, encontramos uma diferença devida à auto-avaliação acadêmica para a alternativa "reconhecimento social". São os alunos que se avaliaram com notas ruins que menos importância atribuem a ela: 14,2% pensam que tal reconhecimento é pouco importante e 4,1% que ele não é nada importante. Seus colegas com auto-avaliação superior não são tantos a desprezar o reconhecimento social. Para os alunos "notas boas" temos 7,1% para o "pouco importante" e 1,5% para o "nada importante". E para aqueles de "notas médias", temos 8,7% para o "pouco importante" e 1,2% para o "nada importante". Negar a importância do olhar alheio é traço mais característico dos alunos que julgam ter maus resultados escolares.

Amor, justiça e sentido

Propusemos a nossos sujeitos uma questão filosófica: *o que é o mais importante para a sua vida: ser amado? Ser tratado de forma justa? Achar que a vida vale a pena ser vivida?* Trata-se de três temas maiores: o amor, a justiça e o sentido da vida. Na perspectiva teórica na qual nos colocamos, a ordem de importância é a que segue. Em primeiro lugar o tema ético do sentido da vida, sem o qual todo o resto deixa, ele mesmo, de fazer sentido. Em segundo lugar, o tema moral da justiça. E em terceiro lugar, o tema afetivo do amor, entendido aqui não no seu sentido religioso, mas sim emocional. Os dados da amostra total mostram que tal é também a ordem de importância adotada pelos nossos sujeitos:

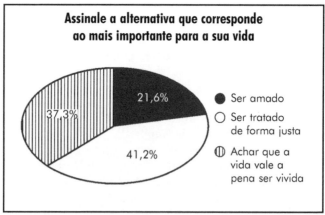

Fonte: ISME.

Como se vê, o "ser amado", com 21,6%, é a alternativa menos lembrada. A "justiça" (41,2%) e o "sentido" (37,3%) obtiveram resultados parecidos, com pequena vantagem para a justiça. O embate está, portanto, entre o ser tratado de forma justa e viver uma vida que vale a pena. Ora, as variáveis "tipo de escola freqüentada", "sexo" e "auto-avaliação" interferem na escolha dessas duas alternativas, sendo o "ser amado" sempre o menos escolhido. Comecemos com os dados referentes ao *tipo de escola*:

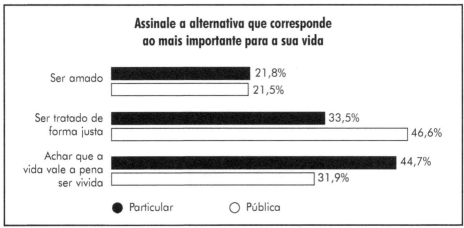

Fonte: ISME.

Pode-se dizer que as alternativas "justiça" e "sentido" dividem as opiniões. Mas é interessante notar que os alunos das escolas públicas optam mais pela justiça (46,6%) do que pelo sentido da vida (31,9%), enquanto acontece exatamente o contrário entre aqueles das escolas particulares (33,5% para a justiça e 44,7% para o sentido da vida). Uma forma possível de explicar esse dado é pensar na carência: muitos de nossos sujeitos teriam optado por aquilo de que eles sentem mais falta para eles mesmos. O fato de a justiça ser a alternativa mais lembrada pelos alunos de menor poder aquisitivo faria assim sentido: é de fato esta parte da população que mais sofre injustiças de todo tipo, a começar pela má distribuição de renda. Os alunos das escolas particulares, mais protegidos, pensariam menos na justiça, e mais no sentido da vida. Nossa hipótese pode ainda ser expressa como segue: o sentido da vida é tema de maior preocupação para jovens de classe média e alta, não porque ser tratado de forma justa esteja razoavelmente garantido, mas sim porque vivem uma vida que tende a carecer de sentido. Pode ser que as exigências concretas do dia-a-dia, típicas das pessoas mais pobres, confiram sentido à vida, enquanto um tempo maior para o lazer, a perspectiva ainda distante de entrar no mercado de trabalho, de fundar uma família, etc., deixem os jovens em um certo vazio existencial. Em suma, pode ser que quem tenha optado pela alternativa da "vida que vale a pena ser vivida" tenha-o feito porque não está satisfeito com o sentido que atribui à sua vida.

Os dados referentes à *auto-avaliação* tendem a confirmar essa última hipótese:

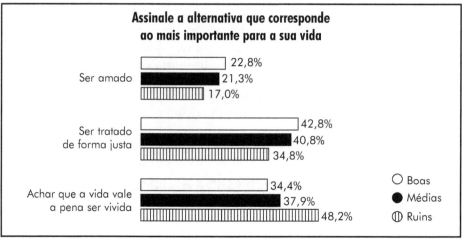

Fonte: ISME.

Como se vê, são os alunos com auto-avaliação negativa (notas ruins) que, em maior número, optam pelo sentido da vida (48,2%, contra 34,8% para a "justiça"). Seus colegas escolhem mais a justiça. Vimos ao longo de nossas análises que os alunos que julgam ter notas ruins tendem a ser, para praticamente todos os temas, mais críticos, mais negativistas, mais céticos que seus colegas. É bem provável que eles tenham mais dificuldades em dar sentido para suas vidas e que, por essa razão, tenham optado em maior número pela alternativa do sentido da vida.

Aconteceu o mesmo para as *meninas*. Eis os dados:

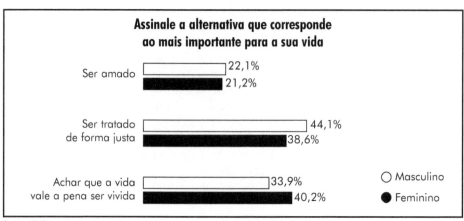

Fonte: ISME.

Note-se que, contrariamente a certos estereótipos bem freqüentes na nossa sociedade, as meninas não se diferenciam dos meninos quanto à escolha da alternativa "ser amado". Mas elas se diferenciam por optarem em maior número pela alternativa do sentido da vida. Se a hipótese segundo a qual as opções revelam maior carência para a alternativa escolhida, teríamos que um maior número de meninas ainda não sabe ao certo o que seria uma vida que vale a pena ser vivida, assim como acontece com os alunos de auto-avaliação acadêmica negativa, e para os alunos de escolas particulares em geral. Somente novas pesquisas, notadamente qualitativas, poderão nos permitir avaliar essa hipótese.

Vida realizada

Perguntamos a nossos sujeitos se eles *consideravam-se com grandes, moderadas, pequenas, as chances de se realizarem na vida, ou se elas eram inexistentes*. Os dados:

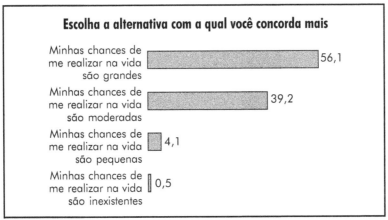

Fonte: ISME.

Como se vê, o otimismo está presente: 95,3% dos sujeitos acreditam nas suas chances, sendo que a maioria (56,1%) pensa que elas são grandes. Mas não deve passar despercebido o fato de 39,2% dos jovens limitarem-se a pensar que suas chances são apenas moderadas: pode tratar-se de prudência, mas também de sérias dúvidas a respeito do futuro.

Não encontramos diferenças entre os sexos, tampouco entre os alunos dos dois tipos de escola. Em compensação, a auto-avaliação acadêmica influi. Entre os alunos "notas boas", 67,4% pensam ter grandes chances de se realizarem na vida. Esse número cai para 51,3% entre os alunos "notas médias", e para 44,6% entre os alunos "notas ruins". Há mais: enquanto apenas 2,5% dos alunos "notas boas " e 4,4% daqueles "notas médias" pensam que suas chances são pequenas, são 12% os alunos "notas ruins" que pensam assim. E são 3,6% desses últimos que pensam ser suas chances inexistentes, contra 0,4% para os alunos "notas boas" e "notas médias". Mais uma vez se verifica o quanto o sucesso ou o fracasso escolar tem importante correlação com os valores dos jovens que freqüentam a escola.

CONCLUSÕES

Se, a partir de nossos dados, formos traçar, em linhas gerais, o perfil do aluno de ensino médio da Grande São Paulo, teremos um quadro parecido com o que segue:

- Trata-se de um jovem otimista em relação ao progresso da sociedade, no século que se inicia, e também razoavelmente otimista quanto às chances de se realizar na vida.
- Ele atribui grande confiança às pessoas de seu círculo privado (pais, amigos) e se sente por eles bem mais influenciado quanto a seus valores do que pela escola, pela mídia e pela religião.
- Em compensação, o espaço público lhe aparece como ameaçador, pois nele enxerga mais adversários do que amigos e mais agressividade do que diálogo.
- Ainda em relação ao espaço público, ele nutre uma grande desconfiança para com as instituições políticas e seus representantes.
- Coerentemente, ele elege a moral como essencial para a sociedade, com particular destaque para a justiça, a honestidade e a humildade.
- Ele acredita que pobres e negros são os que mais sofrem preconceitos, que a pior coisa é sofrer injustiça, e que os fenômenos da violência, da má preparação profissional, da crise econômica e do racismo são grandes obstáculos para se viver uma vida plena.
- Em relação à escola, instituição cujo papel é fazer, para o aluno, a transição entre o espaço privado e o espaço público, ele atribui grande importância ao papel social dos professores e neles tende a confiar, pensa que nela aprende coisa importantes para o enfrentamento de problemas sociais e para seu desenvolvimento pessoal.
- Quanto a seus desejos, eles recaem essencialmente sobre ser tratado de forma justa e viver uma vida que vale a pena ser vivida.
- Ter filhos e reconhecimento social são vistos como importantes, mas menos do que ter emprego e amigos.

Eis o perfil geral que a pesquisa permitiu traçar. Importante notar que, salvo no que tange à influência da religião na sua vida, tanto o jovem que freqüenta a escola pública quanto aquele que freqüenta a escola particular apresenta, *grosso modo*, o mesmo perfil (a religião tem mais importância para o jovem das escolas públicas). Tampouco as meninas diferem dos meninos, nas questões essenciais. Em compensação, o fato de se auto-avaliar com desempenho acadêmico ruim correlaciona-se com um menor otimismo em relação às chances de desenvolvimento pessoal, a uma maior crítica das instituições sociais e de seus agentes, a um sentimento de maior isolamento, mesmo no âmbito privado, e a uma maior demanda de sentido para a vida.

Podemos agora voltar à pergunta colocada na introdução: o adolescente é um ser que sofre de "vazio de sentido"? Não se pode responder de forma afirmativa, em razão do otimismo encontrado a respeito do progresso pessoal e do mundo. Contudo, um dado deve ser sublinhado com ênfase: o fato de o jovem parecer desertar o espaço público e recolher-se no espaço privado, pois ele não confia nas instituições de poder, tampouco parece confiar no outro "anônimo", antes visto como adversário e agressor do que como aliado e desejoso de cooperação. Para além das fronteiras do espaço privado, da família e dos amigos, o mundo aparece como ameaçador, como não digno de confiança, como estranho. Ora, como tanto o progresso da sociedade quanto a realização de uma vida que valha a pena ser vivida dependem das esferas públicas e dos demais membros da sociedade, íntimos ou não, podemos inferir um certo mal-estar no jovem de hoje. Se tomarmos a definição de perspectiva ética de Paul Ricoeur (1990), a saber a *busca de uma "vida boa", com e para outrem, em instituições justas*, temos um jovem que valoriza a justiça, mas pensa viver em um mundo injusto e violento; temos um jovem que pensa o "para e com outrem" essencialmente no círculo íntimo de suas relações; temos um jovem, portanto, que se julga privado das regulações morais essenciais aos projetos éticos. Nos termos de Durkheim, temos um jovem que, da sociedade contemporânea, faz um diagnóstico de *anomia*.

REFERÊNCIAS

Huntington, S. Le choc des civilisations. Paris, Odile Jacob, 1997.

Ricoeur, P. Soi-même comme un autre. Paris, Seuil, 1990.

Taylor, C. Les souces du moi. Paris, Seuil, 1998.